366 days of
Castle and Palace

歴史に思いを馳せる1日1ページの世界旅行

366日 世界の城と宮殿

はじめに

太陽王と呼ばれたフランスのルイ14世が築いたヴェルサイユ宮殿。バイエルン王ルートヴィヒ2世が中世騎士道の世界を再現したノイシュヴァンシュタイン城。天使が舞い降りたという伝説が残るローマのサンタンジェロ城。西太后が垂簾政治を行なった北京の故宮——。

当時最先端の技術を駆使して築かれた堅牢で威厳ある姿の城、莫大な予算をつぎ込み贅の限りを尽くして建てられた宮殿は、どれも個性的で同じ顔を持つものはふたつとありません。

ヨーロッパを旅して、ガイド本のおすすめ地を辿ると、毎日が城・宮殿めぐりとなってしまうほど城と宮殿はヨーロッパ観光の華であり、憧れの対象ともなっています。

そうした城や宮殿は、戦争や政治の舞台でもあり、一歩踏み入れると外観や内装だけではなく、そこで繰り広げられてきた幾多の人間ドラマや愛憎劇、陰謀劇、歴史のミステリー、また建築的な特徴など、さまざまな逸話に事欠きません。

深く刻まれた歴史のドラマも城や宮殿をより魅力的な姿にしているといってよいでしょう。

本書は世界に残る城や宮殿のなかから366件を厳選し、その来歴と関連するエピソードを紹介しています。城や宮殿の魅力的な姿を捉えた美しい写真とともに、そこに刻まれた366の物語を堪能していただければ幸いです。

小林克己

本書の読み方

世界遺産の構成資産として登録されている城や宮殿には、「世界遺産」マークを付けています。

曜日ごとに設定した7つのテーマ（「歴史の舞台に立つ」「愛憎劇と陰謀の舞台」「華麗なる宮殿」「訪ねたい城」「伝説とミステリー」「人物と逸話」「絶景の城」）のうち、その日の解説テーマを示したもの。各テーマの概要は5ページをご参照ください。

城・宮殿の所在地。

| 本日の
テーマ | 愛憎劇と陰謀の舞台 |

6月18日

サン・スーシ宮殿

世界遺産

所在地：ドイツ連邦共和国　ブランデンブルク州ポツダム

世界の美しい城と宮殿の景観を捉えた写真！

フリードリヒ大王が愛したサン・スーシ宮殿。フランス語で「憂いなき」という意味で、部屋数わずか12という質素な造りとなっています。

名君フリードリヒ2世を悩ませた幼少期の父の教育

　ドイツ北東部のポツダム市街にあるサン・スーシ宮殿は、プロイセン王国時代の1745年から1747年にわずかに2年余で建造されました。国王フリードリヒ2世は、オーストリアとの第二次シュレージエン戦争のさなかに建築計画を強行しました。「夏の王宮」として建設されたサン・スーシ宮殿ですが、首都ベルリンでの政治から切り離された場を求めたフリードリヒ2世は、ここを事実上の居館とし、自ら一部の設計を手がけています。

　父王ヴィルヘルム1世と王妃ゾフィーの子であったフリードリヒ2世は、幼少期から武骨な軍人気質の父と、宮廷の教養人であった母との教育方針の対立に翻弄されます。本人は母親に近い芸術好きであり、とくに音楽を好んでフルートの演奏会を開くこともありました。父王はそれを知ると怒り狂って杖で打ちすえ、食事を与えなかったり、蔵書を取り上げるなどの、厳しい教育をしました。後世に「フリードリヒ大王」と尊称される名君フリードリヒ2世ですが、父王の死によって28歳で即位するまで、辛い境遇に耐えたのです。そうした反動もあってか、フリードリヒ2世は激務の間を縫ってフルートを楽しむなどして過ごしたといわれます。

世界の城と宮殿の概要と逸話を紹介する深くてわかりやすい解説文。

もっと知りたい！　サン・スーシ宮殿はフリードリヒ2世の希望で外装は簡素に、室内を「フリードリヒ式ロココ」といわれる様式で壁から天井までを豪華に装飾しました。現在は「音楽演奏室」とよばれる部屋が、その特徴をもっとも残しています。庭園はフランス・バロック様式の典型とされ、王は自らの署名を「サン・スーシ宮殿の哲学者」とするほどこの宮殿を愛しました。

教養が深まる豆知識！

177

4

本書の7つのテーマ

　本書では、世界の城と宮殿を7つのテーマで紹介しています。1日1テーマ、つまり1週間で7つのテーマを学ぶことができます。

　たとえば、2021年の場合、1月1日は金曜日になりますので、1年を通じて、金曜日は「歴史の舞台に立つ」、土曜日は「愛憎劇と陰謀の舞台」、日曜日は「華麗なる宮殿」、月曜日は「訪ねたい城」、火曜日は「伝説とミステリー」、水曜日は「人物と逸話」、木曜日は「絶景の城」となります。

　下記の空欄に、曜日を書き込んでから、本書を読み始めてください。

曜日	歴史の舞台に立つ	政治・戦いの場である城や宮殿は、たびたび歴史的事件の舞台となっています。歴史に翻弄された城や宮殿の来歴を紹介します。
曜日	愛憎劇と陰謀の舞台	権力を巡る陰謀劇、王侯貴族の恋愛劇――。城と宮殿はこうした人間ドラマの舞台ともなりました。男女の愛憎劇や政治的陰謀を切り口に城と宮殿を巡ります。
曜日	華麗なる宮殿	ルイ14世が建設したヴェルサイユ宮殿を筆頭に、ヨーロッパの王侯貴族が優雅な暮らしを送った豪華絢爛な宮殿の世界をご堪能ください。
曜日	訪ねたい城	観光地として人々の人気を集める城や宮殿を紹介します。なかにはホテルとして営業し、実際に泊まれる城も登場しています。
曜日	伝説とミステリー	長い歴史を持つ城と宮殿には、不思議な噂が伝わるものが数多くあります。幽霊や怪現象、語り継がれてきた伝説など、謎とミステリーに彩られた城と宮殿を紹介します。
曜日	人物と逸話	歴史上の人物が愛した城と宮殿や、そこに暮らした人々の逸話は数知れません。ここでは城・宮殿にまつわる歴史上の人物のドラマを紹介します。
曜日	絶景の城	軍事拠点である城のなかには、居住性よりも見晴らしの良い場所に建てられたものが数多くあります。戦乱が遠い世の話となった今、美しい眺望が楽しめる場所となった城を紹介します。

※閏年の366日に対応しているため、通常の年は途中から曜日のテーマが変わります。

ようこそ!
歴史が創られた場所を巡る366日の旅へ!

カイルモア城（アイルランド）

アイリーン・ドナン城

001

所在地：イギリス（スコットランド）　ハイランド地方

ドゥイッヒ湖に浮かぶアイリーン・ドナン城。名誉革命の戦乱のなかで破壊された姿のまま佇んでいます。

スペインからイギリス艦隊が奪回した実戦の歴史

　スコットランド北西部のドゥイッヒ湖のほとりに、アイリーン・ドナン城が建てられたのは13世紀のこと。築城者は、スコットランド王アレキサンダー2世（3世説あり）です。深い緑に包まれたグレンシール渓谷を抜け、奥深い入り江に城が浮かんで見える景観は、おとぎ話の世界そのものであり、イギリス屈指の観光名所となっています。

　美しいアイリーン・ドナン城ですが、1719年にスペイン軍の急襲により、占領されてしまいます。イギリスの名誉革命に反対する勢力「ジャコバイト」を支援するのが目的でした。

　突如ジャコバイトの拠点となったアイリーン・ドナン城に対し、イギリスは3隻の軍艦で威圧しつつ和平交渉を試みますが、反撃にあってあきらめます。艦隊は城に十分な砲撃を加えた後、多数の小舟で兵を上陸させ、弾薬庫を爆破するなどして数日のうちに落城させました。そして、2日かけて城を使用不能になるまで破壊してしまったのです。

　こうしてアイリーン・ドナン城は、200年にわたり破壊されたままの状態で放置され、20世紀に入ってから行なわれた20年にわたる修築により、現在の姿となりました。一般公開は1955年から始まり、建物ではキープ（主塔）内部も見学可能です。

もっと知りたい！　アイリーン・ドナン城は、イギリス屈指の美しい景観が撮影できるスポットとして有名です。湖の向こうに青い空が湖面に映り込んで佇む古城、夕日を浴びてオレンジ色に染まる姿、夜のライトアップ、城のある島と陸地を結ぶ石橋も入れたパノラマ写真など、訪問時間ごとに絵になる写真が撮れます。映画やテレビのロケ地としてもしばしば利用されます。

シェーンブルン宮殿

002

世界遺産
所在地：オーストリア共和国　ウィーン市

噴水越しに眺めるシェーンブルン宮殿。女帝の名と関連して名付けられた美しい黄色の外壁が映えます。

6歳の恋を実らせた女帝と皇帝の華麗な生活

　ウィーン最大規模のシェーンブルン宮殿は、オーストリア観光の目玉であり、華麗な宮殿や庭園が人気を博しています。この宮殿の美しさは、ハプスブルク家の女帝マリア・テレジアの美意識によるものです。

　神聖ローマ帝国皇帝カール6世の長女であり、のちに「女帝」として君臨したマリア・テレジアですが、その結婚は6歳の時に憧れを抱いた9歳年上のロートリンゲン家次男フランツ・シュテファンへの恋心を成就させたもの。当時の支配階級にあって恋愛結婚は非常に稀です。

　1736年、マリア・テレジアは19歳になった時、少女時代の想いをかなえ、のちの神聖ローマ帝国皇帝フランツ1世と結婚しました。

　やがてヨーロッパの政争のただ中で忙しい日々を過ごすようになる夫婦が、ひとときの安らぎを求めたのがシェーンブルン宮殿でした。「マリア・テレジア・イエロー」と呼ばれる黄色い壁面とバロック様式の外観。内部はロココ様式で1400室もの部屋があります。現在、絢爛豪華な大広間やホール、皇帝一家の暮らした部屋など、約40室が公開されています。

もっと知りたい！　シェーンブルン宮殿内にあるウィーン動物園は、現存する世界最古の動物園です。1752年、夫のフランツ1世が、マリア・テレジアのために造ったとされます。現在、カフェに使われている「皇帝のパビリオン」は、動物園のほぼ中央にあり、園内へ道が放射状に延びています。皇帝夫妻は世界各地から集めた珍しい動物をながめながら、朝食を楽しんだそうです。

キルケニー城

003

所在地：アイルランド共和国　キルケニー州キルケニー

中世の趣をそのままにとどめるキルケニー城。

13世紀の中世アイルランドを今に伝える巨大な石造りの城

　キルケニーは、首都ダブリンの南のアイルランド南東部にある中世の建造物が数多く残るロマンあふれる街です。その中心というべきキルケニー城は、13世紀の築城から700年以上の時を経て往時の面影をとどめる巨大な古城です。

　代々領主であるバトラー家が一貫して生活してきたこともあり、石造りの重厚な外観はもちろん、城内も歴代領主の肖像画が飾られ、壁に据え付けられた暖炉や装飾品の数々も、まるで当時にタイムスリップしたかのように貴族気分にひたれる豪華さです。

　外は美しいデザインの噴水に緑の芝生が敷き詰められた壮大な庭が拡がり、いかめしい城門まで戻るにはかなりの距離があります。

　しかし、これほどの偉容を誇るキルケニー城も、1650年にはカトリック同盟軍の本拠地になり、イギリス国教会のクロムウェルの侵攻によって陥落した過去があります。その後、何度かの改装を経て19世紀にほぼ現在の姿になりましたが、華麗な大宮殿が多い隣国イギリスとはまた違ったアイルランド貴族の文化を実体験できる観光名所です。

もっと知りたい！　キルケニーは古くからビール醸造の街として知られ、とくに18世紀初頭に建設されたセント・フランシス・アビー醸造所が1960年代にギネス・グループの所有になると、古城散策とビール、アイルランドの工芸品ショッピングという楽しみが観光客を引きつけています。城の敷地内にはティールームもあり、城内のガイド付ツアーも行なわれています。

ヴァレッタ

世界遺産

所在地：マルタ共和国　ヴァレッタ市

地中海に臨むヴァレッタの町は、オスマン帝国との激しい攻防の末、キリスト教圏に残りました。

壮麗にして難攻不落の城塞都市であるマルタ共和国の首都

　地中海中央部に浮かぶマルタ島・ゴゾ島など5つの島からなるマルタ共和国。首都ヴァレッタは、聖ヨハネ騎士団が1530年に移り住み、ヴァレッタに城塞を築いたのが始まりです。

　15世紀から16世紀にかけて強勢を誇ったイスラム勢力のオスマン帝国の攻撃に備え、ヴァレッタの地を聖ヨハネ騎士団に与えたのは、神聖ローマ皇帝カール5世でした。1565年、マルタ島にオスマン帝国の大軍が攻め寄せると、聖ヨハネ騎士団は「マルタ包囲戦」という壮絶な戦いの末、撃退に成功します。

　以降、勝利を称えられたマルタ騎士団（聖ヨハネ騎士団とは別に呼ばれた）にはヨーロッパ中から膨大な寄付金が集まり、1566年からマルタの城塞都市建設がはじまりました。要塞と砦、大聖堂などを含め、1571年までに都市の大半が完成し、マルタは宗教的な敬虔さと商業の発展によって長い繁栄を謳歌しました。

　冬でも温暖な気候帯に属し、輝く太陽に青い海がきらめくヴァレッタは、リゾート地として人気を集める一方、中世都市に迷い込んだようなタイムスリップ感が味わえます。

もっと知りたい！　マルタは昔から、蜂蜜色に輝く「マルタストーン」という美しい石灰岩が採れる地です。ヴァレッタではマルタストーンによる建築物が立ち並び、その美観から「ルネサンスの理想都市」といわれます。1980年には「ヴァレッタ旧市街」として世界遺産に登録されました。また、マルタはヨーロッパでも治安が良いことで知られています。

プラハ城

005

世界遺産

所在地：チェコ共和国　プラハ首都特別区

ヴルタヴァ川越しに眺めるプラハ城。城はフラチャヌィの丘の頂にそびえ、聖ヴィート大聖堂があります。右の橋がカレル橋。

プラハ城と町を作ったとされる伝説の女王リブシェ

　チェコ共和国の首都プラハは、人口130万を抱える中央ヨーロッパ屈指の大都市です。6世紀後半に集落が生まれ、9世紀後半にはプラハ城が建設されました。

　1346年に神聖ローマ皇帝カール4世が首都をプラハに定めると、ローマとも比肩しうるヨーロッパ最大の都市となり、「黄金のプラハ」とも称されました。

　プラハには、そうした後年の繁栄を予言するかのような、古代の「伝説」が残っています。

　その昔、チェコの地では人々が平和に暮らしていましたが、そのうち争いが起こるようになり、優れたクロク王が裁定者となりました。クロクには3人の聡明な娘がおり、その死後はなかでも聡明で公明正大、未来を予見する能力を持つ末娘のリブシェが跡を継ぎます。

　ある時、争いの裁定でリブシェに不満を持った人物が、女性が自分たちを支配するのは納得いかないと抗議しました。するとリブシェは、ならばわが夫となる人物を連れてこようと、特別な能力を駆使し、プシェミスルという一人の農夫をわが夫と定めます。これ以後、女王リブシェはチェコの統治を夫とともに行なったとされています。

もっと知りたい！　リブシェは、このような予言をしたといいます。「ヴルタヴァ（モルダウ）川のほとりの丘に城がそびえる様子が見え、その城の栄光は天に届くほどだ。そこに行けば森の中で鴨居（または敷居）を作っている男がいる。それにちなんで城の名を百塔の街プラハ（Praha）としよう」。人々は予言に従って城を築き、プラハとプラハの歴史が始まったといわれます。

ユッセ城

006

世界遺産

所在地：フランス共和国　アンドル＝エ＝ロワール県レニ・ユッセ

『眠れる森の美女』が執筆されたといわれるユッセ城。さまざまな建築様式が入り混じり、メルヘンチックなたたずまいを見せています。

シャルル・ペロー『眠れる森の美女』の舞台になった城

　フランスの童話作家シャルル・ペローが、1696年に出版した『眠れる森の美女』。そのモデルとなった城がユッセ城であり、実際にシャルル・ペローはこの城に滞在して、現地の民話などをもとに作品を執筆したといわれています。

　ユッセ城の歴史は古く、11世紀にはヴァイキングの木造の要塞が築かれていました。その後、廃墟化していた要塞を基礎に15世紀に城が築かれ、17世紀に入るとゴシック様式やルネサンス様式といった各時代の様式が取り入れられて、現在のような城になりました。

　ロワール川とアンドル川のふたつを望み、緑豊かな森を背景にしたロマンチックな風景は、童話の世界に出てくる城そのものです。青いとんがり帽子の尖塔やヴェルサイユ式の庭園もメルヘンチックな外観に花を添えます。

　ユッセ城内では『眠れる森の美女』の物語を、登場人物のロウ人形を使って再現した展示があります。姫が老婆の紡ぎ車の糸を触ってしまうシーン（長い眠りの原因になる）、茨に囲まれた城に王子が訪ねてきて姫が目覚めるシーンなどが表現されています。

もっと知りたい！　ユッセ城には、ヴェルサイユ宮殿を手掛けた建築家フランソワ・マンサールによる大階段や、きらびやかなダイニング、芸術的な美しい内装が残されています。幾何学式の美しいフランス式庭園を手がけたのもヴェルサイユ宮殿の庭師アンドレ・ル・ノートル。ユッセ城は、『眠れる森の美女』の逸話を抜きにしても、一見の価値ある古城です。

ブレッド城

007

所在地：スロベニア共和国　ゴンレスカ地方ブレッド

スロベニア最古の城であり、かつスロベニア第一の絶景を誇るブレッド城。

湖に映り込む姿が圧巻のスロベニアを代表する観光地

　イタリア国土のブーツ型半島の付け根の東側に位置するスロベニア共和国。西北のオーストリアとの国境のゴンレスカ地方にあるブレッドは、1004年、ドイツ王ハインリヒ2世がブリクセン司教のアルブインに同地を寄進した時に、初めて文献に名前が見られます。

　ブレッドは現在、スロベニアを代表する観光地になっており、氷河の浸食によりできたブレッド湖は「アルプスの瞳」と呼ばれて有名です。そのほとりの高い断崖の上に美しい姿を見せるのが、ブレッド城です。

　ブレッド城はスロベニア最古の城のひとつで、外観にはロマネスク様式とゴシック様式が見られます。その後、一時期を除いて19世紀までずっとブリクセンの司教の所有でした。16世紀初めに地震で大きな被害を受けて改築されていますが、戦争の災禍を受けることなく、今日に優美な姿をとどめています。

　高さ130mの丘の上に建つ城の影がブレッド湖面に映り込み、背景に雄大なユリアナ・アルプス山脈が広がる光景は、まさにこの地方ならではの絶景です。

もっと知りたい！　ブレッド城に登って見下ろすと、湖に浮かぶブレッド島に聖マリア教会が見えます。ボートやカヌーでしか行けない場所です。聖マリア教会には、「鳴らすと願いが叶う」という伝説の鐘があり、観光客のお目当てになっています。教会への階段は98段あり、伝統的な結婚式では新郎は新婦を抱いてここを登り、その間、新婦は沈黙していなければならないそうです。

ダブリン城

所在地：アイルランド共和国　ダブリン

ヴァイキングの砦を起源とするダブリン城は、1688年の再建により現在の姿となりました。

ヴァイキングの砦だった要塞跡に建つイギリス700年支配の象徴

　アイルランド共和国の首都ダブリンを流れるリフィー川の南、旧市街のデイムストリートに面して立つダブリン城。1204年にヴァイキング（ノルマン人）の砦跡にイギリスのジョン王が築いてから800年を超える歴史があります。しかし度重なる戦乱や火災に見舞われ、1688年にウイリアム・ロビンソン卿の設計で再建されて現在の城の原形になりました。

　18世紀にはイギリスによる大増改築があり、1688年当時の面影はノルマン様式の石造りの円塔「レコード・タワー」が伝えるばかりです。

　それにしても「アイルランドなのに、なぜイギリスが城を？」と思われるかもしれません。じつはアイルランド共和国の歴史は浅く、1919年から1921年にかけてのアイルランド独立戦争を経て、1937年に憲法や国号が決まって独立するまで、700年にわたりイギリスの統治下にありました。ダブリン城には1922年まで、イギリス総督府が置かれていたのです。

　ダブリン城はその意味で、アイルランド人からは複雑な感情を抱かせる歴史のモニュメントになっています。

もっと知りたい！　敷地内には礼拝堂や庭園があり、ステート・アパートメントは今でも大統領就任式や不定期に議会で使われることもあります。城内には女王の王座、謁見の間、第一次世界大戦中に「イースター蜂起」を率いたジェームズ・コノリーの病室も残されています。この戦いがアイルランド共和国建国への最初の戦いになり、コノリーは"建国の英雄"と称えられています。

ウォリック城

所在地：イギリス（イングランド）　ウォリックシャー州ウォリック

家臣によってエドワード4世が幽閉されたウォリック城。

「キング・メーカー」といわれたリチャード・ネヴィルの国王幽閉

　ウォリック城はイングランド中部、元はアングロ・サクソン人の砦があった場所に、1068年にウイリアム征服王によって築かれました。その後、1088年頃に城主となったウォリック伯の所有になりましたが、1153年にアンジュー伯アンリ（のちのヘンリー2世）が接収すると「監獄」として使われ、14世紀の百年戦争期、イングランドがフランスに大勝したポワティエの戦いで得た捕虜も投獄されています。

　15世紀に城主だった第16代ウォリック伯リチャード・ネヴィルは、国王の即位や復位を左右したので「キング・メーカー」とよばれる実力者でした。

　リチャードは、1461年の薔薇戦争中のタウトン（ヨークシャー）の戦いでエドワード4世を勝利に導き、王位につけた立役者でした。しかし、フランス王室から王妃を迎えようと交渉中のところ、エドワード4世が平民の娘と密かに結婚していたことがわかったのです。大恥をかかされたリチャードは、国王との距離が次第に拡がっていき、ついに1469年に反乱を起こします。この過程でエドワード4世は捕らえられ、リチャードによって半年ほどウォリック城に幽閉されてしまったのです。

もっと知りたい！　現在ではイギリス政府から保護される中世ロマンを伝える観光地となったウォリック城ですが、とくに1337～1453年にイギリスとフランスの間で断続的に続いた「百年戦争」の期間は、軍事要塞として重要な存在でした。ちなみにエドワード4世の幽閉は一時的で、また王位に復帰していますが、「好色家」として晩年の評判は芳しくなかったようです。

ペレシュ城

所在地：ルーマニア　プラホヴァ県シナイア

カロル1世の「夏の離宮」として建設されたペレシュ城。おとぎ話に登場する城のような外観もさることながら、精緻で美しい内装も必見。

ヨーロッパで「もっとも壮麗な城」は外からも内部も圧巻

　1875年から8年の歳月をかけて完成したペレシュ城は、初代ルーマニア王カロル1世（1839〜1914年）の「夏の離宮」です。ドイツ・ルネサンス様式を基調とし、160もの豪華な部屋があり、「ヨーロッパでもっとも壮麗な城」のひとつといわれます。端正な塔に優美な壁画や彫刻、メルヘンチックな木組みの構造が見事に融合した優雅な外観です。

　城内は、博物館として公開されていて、豪華な部屋の数々に、カロル1世が蒐集した美術品や工芸品、武器などが展示されています。なかでも圧巻なのが、メインホールである「名誉のホール」。クルミの木をふんだんに使った重厚な空間が広がり、壮麗な彫刻による装飾に圧倒されます。「名誉のホール」を取り囲むようにして豪華な部屋が配置されており、なかにはイタリアやスペイン、トルコといったさまざまな国の様式を取り入れた部屋もあります。東方への憧れをうかがわせる「ムーリッシュ・ホール」は、イスラム建築の傑作、アルハンブラ宮殿の影響を受け、黄金色の漆喰装飾やカロル1世が集めた東方の武器が飾られています。ヨーロッパの城でありながら、イスラム文化の美に触れることもできるのです。

もっと知りたい！　他には、カロル1世の蔵書1万冊以上から選んで1500冊ほどが展示された図書室が見どころ。歴史や美術史、建築、地理などの分野を中心に、言語はルーマニア語や英語、フランス語、ドイツ語と多岐にわたります。棚の右から2番目は隠し扉になっていて、秘密の通路へとつながっているといわれています。

鳳凰古城
ほう　おう　こ　じょう

011

所在地：中華人民共和国　湖南省鳳凰

少数民族のトゥチャ族（土家族）とミャオ族（苗族）が多く暮らす鳳凰古城は、2001年、国家歴史文化名城となりました。

ミャオ族ら湖南省の少数民族が築いた文化が伝わる美しい街並み

　湖南省内湘西トゥチャ族・ミャオ族自治州に位置する鳳凰古城は、中国国家歴史文化名城に指定され、中国で一番美しい古城とも称えられています。鳳凰古城は清代の1704年に建てられたもので、300年以上も経過していますが、少数民族ミャオ族の文化を伝える昔ながらの面影を色濃く残しています。

　清時代の東門と北城門の古い城楼は当時のまま現存し、青石板を敷き詰めた通りに、川沿いに建てられた吊脚楼、朝陽宮、天王廟、大成殿、万寿宮などの鳳凰古城ならではの建物が独特の景観を生み出しています。

　鳳凰古城は新区と旧市街に分かれており、山に沿って広がる旧市街には沱江も流れ、水の都といった風情があります。南華山にある古い城楼は清の時代に建てられたもので、北の城門の下を流れる川には、狭い木の橋が架かっています。この橋は昔、城門を出る唯一の通路でした。沱江の両岸を繋いでいる屋根のある二階建ての「虹橋」は、鳳凰古城のシンボルといえる建築物で、２階は有料の眺望のいい休憩所になっており、街を一望することができます。

もっと知りたい！　鳳凰県は昔から、ミャオ族（苗族）やトゥチャ族（土家族）が暮らしてきました。川沿いに建てられた吊脚楼の建物はその独特の文化のひとつで、斜面の多い地形に柱を長く突き立て、高低差を柱の部分で調整し、床を並行にする建築法が用いられています。

ロンドン塔

世界遺産

所在地：イギリス（イングランド）　ロンドン

ロンドン塔の各所には、政争に敗れて処刑された人々の幽霊が現れるといわれます。

怖い話にあふれる血塗られた歴史と幽霊伝説の世界遺産

　11世紀にウィリアム征服王がロンドン防衛のために築いた要塞を起源とするロンドン塔は、のちにリチャード1世、ヘンリー3世と3代をかけて完成しました。王朝が変遷しながらも、歴代王が1625年まで居住する宮殿だった一方、1282年頃から身分の高い政敵や犯罪者を幽閉し、処刑する場にもなっていきました。

　とくにヘンリー8世の時代はひどく、1535年に最初の王妃との離婚に反対した聖職者ジョン・フィッシャーと大法官トマス・モアを処刑。1536年には姦通罪の濡れ衣で2番目の妻アン・ブーリン、1540年には気に入らない4番目の妻を紹介した側近トマス・クロムウェル、1542年にも姦通罪を理由に5番目の妻キャサリン・ハワードが処刑されています。

　キープ（天守）にあたる高さ27mのホワイト・タワーをはじめ、城壁内に建造物が多いロンドン塔ですが、幽閉された2人の王子が消息不明になった「ブラッディタワー（血まみれの塔）」、拷問器具が展示された地下牢を見学できる「ロウワー・ウェイクフィールド・タワー」など、背筋の凍るエピソードと歴史に事欠かない世界文化遺産（1988年登録）です。

もっと知りたい！　ロンドン塔にある「クィーンズ・ハウス」は、ヘンリー8世が2番目の王妃アン・ブーリンのために建てた邸宅です。しかし王妃になってわずか2年半で、次の女性に心移りした国王に姦通の罪を着せられて処刑されました。斬首されたのはこの屋敷のすぐそばの広場でした。その悲劇性からか、いまでもアンの幽霊がロンドン塔に出ると語られています。

アランフエス王宮

013

世界遺産

所在地：スペイン王国　マドリード州アランフエス

スペインの絶頂期を築いたフェリペ2世によって建設されたアランフエス王宮。

16世紀の絶対君主・フェリペ2世が築いたスペイン王国の王宮

　スペイン王国の王宮として造られたアランフエス王宮の建設は、1561年にスペイン帝国の全盛期の国王だったフェリペ2世の命によって始まりました。その後、改築・増築が繰り返され、18世紀後半のカルロス3世によってほぼ現在の姿になりました。

　フェリペ2世の父は、スペイン国王カルロス1世であるともに、カール5世として神聖ローマ帝国の皇帝でもありました。この父子はスペイン絶対王政の全盛期の君主とされます。父のカルロス1世が、所領の各地を巡視して「遍歴の国王」と呼ばれたのに対し、28歳で即位したフェリペ2世はスペインから動かず政務を執り、アメリカ大陸からアジアにまたがる広大な帝国から上がる月1000通の書類の処理を、多い時は日に14時間勤務でこなし、「書類王」と呼ばれています。

　一方でカトリックの盟主を自任するフェリペ2世は、プロテスタントやユダヤ教などを厳しく弾圧しました。1572年、フランスでユグノー戦争の最中に、カトリック勢力によるプロテスタントに対する「サン・バルテルミの虐殺」が起こると、生まれて初めて笑ったといいます。アランフエス王宮の構想は、こうした絶対君主によって着手されたのです。

もっと知りたい！　アランフエス王宮にある多くの庭園のうち、フェリペ2世が築いたものとして、タホ川と人工の川に囲まれた王宮の北側に「島の庭園」があります。庭園内にはミケランジェロ作のアポロの像やヘラクレスとヒドラの泉など、素晴らしい彫刻作品がいくつも配されています。大きな噴水も印象的で、野鳥の声や四季折々の草花を楽しみながら散策できます。

アーグラ城塞

世界遺産
所在地：インド　ウッタル・プラデーシュ州アーグラ

赤砂岩で築かれた外壁が夕日に映える"赤い城"アーグラ城塞。

ムガール帝国の繁栄を今に伝える壮大な「赤い城」

　ムガール帝国は、16世紀初頭から北インド、17世紀末から18世紀初頭にはインド南端部を除くインド亜大陸を支配して19世紀後半まで存続したイスラム王朝です。

　アーグラ城はムガール帝国・3代皇帝のアクバル大帝によって建てられました。当初は要塞としての意味合いが強かったのですが、5代皇帝シャー・ジャハーンが宮殿などを増改築しました。ちなみに、シャー・ジャハーンはタージ・マハルを建てた皇帝です。

　ムガール帝国初期に建てられたアーグラ城は帝国の象徴であり、赤い城壁が印象的で「赤い城」と呼ばれています。堀をめぐらした城壁の全長は約2.5km、城壁内には多くの宮殿や謁見の間、モスクもあります。

　イスラム教とヒンドゥー教の共存を目指したアクバルの理念のもと、アーグラ城塞の建築様式には双方の融合とペルシャ発祥の様式も見られ、さまざまな文化を受容しつつ強大化したムガール帝国の真髄に触れられます。アクバルが城塞を建てた1世紀後に外壁が造られたため、城は二重の城壁で守られています。1983年には世界遺産に登録されました。

もっと知りたい！　アーグラ城には、「囚われの塔」と呼ばれる悲しい歴史を伝える建築物があります。全盛期を築いた第5代皇帝シャー・ジャハーンが晩年、息子アウラングゼーブに幽閉され、その生涯を終えた場所として知られます。塔は実際に登ることができ、川の向こうにタージ・マハルを眺めやることができます。息子はデリーに遷都し、帝国は新しい段階に入ります。

ホーエンザルツブルク城

世界遺産

所在地：オーストリア共和国　ザルツブルク州ザルツブルク

ホーエンザルツブルク城は、1077年、教皇派の大司教ゲブハルト・フォン・ヘルフェンシュタイン1世によって建設されました。

皇帝VS教皇の聖職叙任権争がもとで生まれた城

　ホーエンザルツブルク城は、1077年の「カノッサの屈辱」をきっかけに建造された城です。当時の神聖ローマ皇帝ハインリヒ4世は、王権強化のためにローマ教皇を無視して司教の叙任を進めたため、教皇グレゴリウス7世から抗議を受け、破門されてしまいます。

　これによりドイツの諸侯が動揺し、反旗を翻す者も出たため、ハインリヒ4世は雪の中を3日間、教皇が滞在するカノッサ城の城門の前に立ち、赦しを乞うことになったのです。

　この「カノッサの屈辱」以後も、ローマ皇帝とローマ教皇の対立は続きました。皇帝の攻撃を警戒した教皇側の防御の拠点として、ホーエンザルツブルク城は建設されたのです。

　15世紀後半になると、ハプスブルク家など周辺諸侯の攻撃や市民の反乱に備えて強化され、鐘楼、囚人の塔、武器庫、穀物貯蔵庫などが建設されて城壁が強化されていきました。

　ナポレオンのフランス軍による占領後の1816年からは、ザルツブルク市街とともにハプスブルク家の支配下に入ります。ザルツブルクの街中のどこからでも望める断崖上に建つホーエンザルツブルク城は、700年以上におよぶ歴史を超えて現在の姿になりました。

もっと知りたい！　1996年、「ザルツブルク市街の歴史地区」として世界遺産に登録されたザルツブルクは、9世紀頃から1000年にわたって大司教が統治した宗教都市でした。その美しい景観のシンボル的存在なのが、ホーエンザルツブルク城です。現在では観光名所としてケーブルカーで山頂まで結ばれ、アルプスを望む雄大な景色を楽しめるオープンカフェがあります。

エカテリーナ宮殿

016

世界遺産

所在地：ロシア連邦　サンクトペテルブルク連邦直轄地

エカテリーナ宮殿の大広間。日本の漂流民・大黒屋光太夫は、この場所でエカテリーナ2世と面会したといわれます。

農家の娘から皇帝になった女帝エカテリーナを称えた宮殿

　1724年、ピョートル大帝の妃エカテリーナ1世のために建設された宮殿です。

　エカテリーナ1世は1684年にリヴォニア地方（現在のエストニア南部からラトビア東北部）の農家の娘として生まれますが、1701年にスウェーデンの兵士と最初の結婚をします。その後ロシア軍の捕虜となり、のちにピョートル大帝に献上されました。

　最初の妻を修道院に幽閉していたピョートル大帝はエカテリーナを気に入り、1707年に秘密結婚し、1712年にサンクトペテルブルクで正式に挙式し、彼女を皇后としました。快活なエカテリーナでしたが、歳とともに深酒によって容色が衰え、大帝に疎まれたといいます。

　しかし1725年にピョートル大帝の死が近づくと、エカテリーナは先妻が産んだ嫡子ピョートル2世アレクセーエヴィチをおさえ、自ら皇帝となりました。

　女帝エカテリーナ1世は2年ほどで崩御し、結局ピョートル2世が皇帝になります。しかしロシアを代表する壮麗な宮殿に貴族でもない女性の名が刻まれたのは、史上類を見ないことです。エカテリーナ女帝が実際にこの宮殿を利用したのは、ほんの3年ほどでした。

もっと知りたい！　エカテリーナ宮殿は、1872年、日本の廻船業者・大黒屋光太夫が誤ってカムチャツカ半島に漂流し、のちにエカテリーナ2世に拝謁して帰国を願い出た場所として日本人に知られています。現在もある「大広間」でのことだとされます。また宮殿内見学では、すべてを琥珀で埋め尽くした華やかな「琥珀の間」が必見です。1990年に世界遺産に登録されました。

リーズ城

所在地：イギリス（イングランド）　ケント州メードストン

美しい庭園が広がるリーズ城。イングランドの王妃たちに愛された城でした。

要塞から宮殿へ改築、6人の王妃が暮らした「貴婦人の城」

　857年に、サクソン人がレン川の2つの島に築いた木造の城に始まるリーズ城は、1119年に石造で再建築、1278年にイングランド王エドワード1世の王妃エリナー・オブ・カスティルの城となりました。それ以降、1552年までのおよそ300年間、英国王室が所有していました。

　エドワード1世が2番目の王妃マーガレット・オブ・フランスにリーズ城を譲ると、以降、未亡人になった王妃の居城になる慣習が続きます。合計6人の元王妃たちの居城となったリーズ城は、「貴婦人の城」の愛称でその優美な姿を愛されるようになりました。

　城が現在の姿になったのは16世紀後半、ヘンリー8世が大規模改修を行なったことによります。この時に要塞だった城に、「宮殿」の華やかさが加えられました。そして大資産家の娘で最後のオーナーになったレディ・ベイリーが1926年に城を買い上げて整備。彼女の死後、1976年から一般公開されています。

　広大な庭には、生垣の迷路、グロット（人工洞窟）、ゴルフコース、犬の首輪博物館、子供の遊具エリアなどが設けられ、すっかり観光地化が進んでいます。

もっと知りたい！　「世界一愛らしい城」と称されるリーズ城は、城内の雰囲気も華やかさよりも小ぶりで落ち着いた雰囲気です。城内見学（有料）では、日本語の案内シートをもらって見て回ることができます。各部屋の雰囲気もリッチなホテルのスウィートのイメージで、王族の部屋の華やかさはありません。ギフトショップも充実し、周辺の自然環境も素晴らしい場所です。

ネルトリンゲン

018

所在地：ドイツ連邦共和国　バイエルン州ネルトリンゲン

環状に市壁が広がるネルトリンゲンの町。

1500万年前の隕石落下によるクレーターにできた城塞都市

　1500万年前、直径1.5mの隕石が落下して生まれた、直径24kmの巨大なクレーター跡にあるネルトリンゲンは、その街も周囲2.7kmにおよぶ巨大な市壁に囲まれています。

　1327年建造の城壁が、ほぼ完全に近い状態で残されているのはドイツでも稀であり、ロマンチック街道の中間に位置することもあって、多くの観光客を集めています。

　ネルトリンゲンの中心に建つ聖ゲオルク教会は、南ドイツでもっとも美しい教会といわれ、1427年から1505年に建造された中世のゴシック教会です。教会には高さ90mのダニエル塔がそびえ、登ると街を一望できます。

　ネルトリンゲンの市壁は円状に街を囲んでおり、5つの楼門をくぐるとすべて市街の中心地に行けます。楼門の中で1番大きいのは南側のベルガー門で、西側にバルディンガー門、北側にレプジンガー門があって市壁博物館になっています。北東にダイニンガー門、東側にライムリンガー門とそれぞれの門でみな形が違うのが特徴です。城門に沿って道が整備され、中世当時のままの街を散策することができます。

もっと知りたい！　ネルトリンゲンの街並みは、日本の人気漫画『進撃の巨人』のモデルとなったともいわれます。ネルトリンゲンの壁の高さは10mほどで、作品の50mには及びませんが、同じ円状の構造である点など、イメージが重なるところが多くあります。

バーングル城塞

019

所在地：インド　ラージャスターン州バーンガル

恐ろしい伝説が伝わるバーングル城塞の廃墟。

400年放置された謎の廃墟の姫と魔術師の伝説

　インド北西部のラージャスターン州には、なぜか400年近くにわたって廃墟のまま放置され、「心霊スポット」として知られるバーングル城塞があります。16世紀に建造され、一時は隆盛を極めたようですが、18世紀頃には人の姿は消え、廃墟となりました。

　しかもその理由は明確でなく、戦乱によるかといえば、遺跡には破壊された跡などが見当たらないといいます。そのうえ「幽霊の目撃情報多数」とのうわさが高まっているのです。

　詳しく残る逸話としては、ある若い魔術師と美しい姫の悲劇があります。

　バーングル城塞に、ラトナヴァーティという名の美しい姫が住んでいました。ある若い魔術師が秘かに思いを寄せるのですが、相手が姫君ではその恋はかないません。

　魔術師は、ラトナヴァーティ姫が彼に夢中になる魔法のオイルを作りますが、姫はそれを惚れ薬と見抜き、地面に投げつけます。するとその液体は岩に変化し、魔術師を押しつぶしました。彼は最後の力を振り絞ると、ラトナヴァーティと彼女の宮殿に呪いをかけました。その後1年もせず大きな戦争が起こり、ラトナヴァーティは命を落としたのです。

もっと知りたい！　現在のバーングル城塞は、観光地として脚光を浴び始め、観光客相手の商売のため、周辺に小さな集落ができています。緑が生い茂る中に、広大な廃墟が埋もれる光景は昼間なら美しくもありますが、日没後は、観光客も立入り禁止になるそうです。首都デリーとラージャスターン州都ジャイプルの間に位置する、ミステリーな地域です。

白帝城
はく　てい　じょう

所在地：中華人民共和国　重慶市奉節県

三国時代の英雄・劉備が波乱の生涯を終えた白帝城。

蜀の劉備が遠征に敗れ、後事を託して没した城

　白帝城は、蜀に割拠した後漢初期の群雄・公孫 述 が建てた城に始まります。紀元36年、蜀の都・成都の防衛戦で公孫述は死去しますが、それから200年近くを経た221年、蜀漢の初代皇帝・劉備が夷 陵 の戦いで呉の陸遜に大敗し、逃げ込んだのが白帝城でした。

　この城で劉備が丞相・諸葛孔明をはじめ群臣を集めて後事を託す逸話は、『三国志演義』の名場面として日本人になじみの深いものです。まだ少年の嗣子・劉 禅 を託し、「其れ不才ならば、君自ら取るべし（取って代われ）」と全幅の信頼を寄せた主君に、「之に継ぐに死を以てせん」と涙とともに応える孔明。城内に、そのシーンを等身大の人形で再現した場面があります。

　白帝城は、『三国志』だけでなく、唐代の詩人・李白の「早発白帝城」の詩でも知られ、長江に面した風光明媚の地として古くから知られていました。しかし2006年に三 峡 ダムが完成して白帝城の周囲は水没し、白帝山はダム湖中に浮かぶ「島」になりました。

　『三国志演義』では、劉備を追撃してきた陸遜が、孔明があらかじめ配置した「石兵八陣」を恐れて撤退する話がありますが、今や空想のなかで再現するしかなくなっています。

もっと知りたい！　三峡ダムによって、白帝城の周囲は200mほど水面があがりました。しかし、観光用に橋が架けられており、白帝山の麓まで行き、350段の階段を登って廟内に向かうことができます。個人で行くのは難しく、「三峡クルーズ」などに申し込み、その途中で立ち寄るのが一番確実な訪問方法といえそうです。

コンウィ城

世界遺産
所在地：イギリス（ウェールズ）　コンウィ州コンウィ

8つの円塔と外壁が残るコンウィ城。エドワード1世がウェールズ支配のために次々に建設したエドワーディアン様式の城のひとつです。

美しい中世都市コンウィの要！ 街ごと世界遺産の絶景の城

　コンウィは、街ごと「コンウィタウンウォールズ」という全長1.2kmの城壁に取り囲まれています。その上を散策することもでき、コンウィ城の近くの市壁の上から望むコンウィ城は美しく、山並みや街並み、海までが一望できる絶景が広がっています。

　イングランド王エドワード1世は1283年、ウェールズ遠征の折にコンウィを占領すると、大規模な城塞都市の建設に着手しました。ウェールズ支配の拠点として4年をかけて1287年に完成したコンウィ城は、今も8つの円塔と外壁が残り、往時を偲ばせています。

　エドワード1世の治世が過ぎると、14〜15世紀は街そのものもさびれましたが、16世紀になってテューダー朝第2代イングランド王ヘンリー8世が城を修築しました。

　しかし、軍事的な重要性はすでに低くなっており、国王が賓客を迎える場所として、あるいは王室の倉庫として主に利用されました。18世紀には古城としての美しさが有名になり、イギリスロマン主義の画家ジョゼフ・マロード・ウィリアム・ターナーにも描かれ、日本ではカーナヴォン城とともに映画『天空の城ラピュタ』のモデルとして有名です。

もっと知りたい！　「グウィネズのエドワード1世の城郭と市壁」として、1986年にカーナヴォン城、ビューマリス城、ハーレック城とともに、コンウィ城と街の市壁は世界遺産に登録されています。この市壁から城壁への構造がほぼ完全に残っているのは貴重で、エドワード1世が街作りと一体で構想して造らせたという意味でも価値があります。

ホッホオスターヴィッツ城

022

所在地：オーストリア共和国　ケルンテン州ラウンスドルフ

高さ175mの岩山の上に築かれ、堅固な守りを誇るホッホオスターヴィッツ城は、オスマン帝国との最前線にあった城です。

全盛期のオスマン帝国を防ぎ続けた難攻不落の城郭

　オーストリア南東部のケルンテン州にあるホッホオスターヴィッツ城が建設されたのは、16世紀後半頃です。当時はオスマン帝国の全盛期、第10代スルタン（君主）のスレイマン1世は生涯13回の遠征を行なっていますが、オーストリアもその猛威にさらされました。

　首都ウィーンすら包囲された時代、ホッホオスターヴィッツ城には防衛の最前線の役割が期待されました。高さ175mの岩山の上に築かれ、本丸にたどり着くまでには14もの城門を突破しなければならないホッホオスターヴィッツ城は、難攻不落の名城でした。第4ゲートより内側に、敵が入ったことはないといわれています。

　ホッホオスターヴィッツ城の歴史は、もともと9世紀にさかのぼり、当時はオスターヴィッツ家のものでした。オスマン軍の頻繁な侵攻へ備えるための要塞でしたが、15世紀になると神聖ローマ皇帝フリードリヒ3世が入城し、オスマン帝国の侵攻に備えています。

　1571年にゲオルク・フォン・ケーヴェンフューラーが城を購入し、1586年まで増築作業を続けて現在の城ができました。城の所有者は、現在もケーヴェンフューラー家です。

もっと知りたい！　ホッホオスターヴィッツ城は、4月から10月にかけて一般に公開されています。ケーブルカーで上れるようになっていますが、敵の侵入を許さなかった14の城門を確かめながら歩いて登るのがおすすめです。頂上まで行き、緑に満ちたのどかな田園地帯を断崖から見下ろすと、美しい中世のままの風景を堪能できます。

熊本城

所在地：日本　熊本県熊本市

加藤清正によって建設された熊本城。天守などは西南戦争の際に焼失し、再建されたものです。

天下屈指の名城を造った加藤清正の息子は、なぜ改易_{かいえき}されたのか？

　"武者返し"の異名をとる急勾配の石垣と、黒漆や漆喰を利用した黒い壁が壮観の熊本城は、築城の名手といわれた戦国武将・加藤清正によって築かれました。築城年には諸説ありますが、完成は1607（慶長12）年とみる説が多いようです。

　しかし、わずか4年後の1611（慶長16）年、加藤清正が49歳で急逝します。京都の二条城で徳川家康に謁見した帰路に発病したことから、毒殺説が長くささやかれてきました。理由はとにかく、豊臣恩顧の大名の象徴として、徳川将軍家からとりわけ警戒されていたのは確かです。跡を継いだ世子・加藤忠広は、まだ11歳でした。

　藩政は5人の家臣の合議制で行なわれましたが、若い忠広にはまとめきれず、お家騒動に発展します。1632（寛永9）年、大御所・徳川秀忠（2代将軍）が亡くなったその年、3代将軍家光は「二十一箇条の罪」を突きつけて加藤家を改易に追い込んだのでした。

　54万石を没収された忠広は、出羽庄内（山形県）で余生を過ごし、父・清正が精魂を込めた天下の名城は、もとは豊臣恩顧の大名ながら幕府の信頼が篤い細川忠利に手渡されました。

もっと知りたい！　2016（平成28）年に震度7の地震に襲われて13棟の建造物が倒壊・破損、石垣も50か所が崩落した熊本城。2038年までの大規模な再建計画が進行中ですが、2019（令和元）年5月には大天守の外観が整備され、限定公開が始まりました。崩れた石垣は江戸時代に増築・補修した部分が多く、清正築城当時のものは軽微な損害しかなかったそうです。

レガレイラ宮殿

世界遺産

所在地：ポルトガル共和国　リスボン県シントラ

ゴシック、ルネサンス、マヌエルなど多様なの建築様式が混じり合ったレガレイラ宮殿。

20世紀初頭にポルトガルの大富豪が奇想の庭園を築く

　17世紀に王族の別荘として建てられたというレガレイラ宮殿は、1840年にこの城を買い取ったレガレイラ男爵にちなんで命名されています。しかし、この宮殿を有名にしたのは20世紀初頭に城を購入した、ブラジル出身の富豪アントニオ・モンテイロです。

　モンテイロはイタリアの著名な建築家ルイジ・マニーニに依頼して宮殿を大幅に改修します。ゴシック、ルネサンス、マヌエルなどの建築様式が混じり合った不思議な建造物になりますが、さらにレガレイラ宮殿の個性を際立たせているのは独特の庭園です。

　レガレイラ庭園は「宇宙」をイメージして作られており、鬱蒼とした森の中に、洞窟や井戸、滝、池などがあり、アップダウンも激しく、歩道もいくつかに分岐してまるで迷路のようになっています。

　とくに暗い洞窟を抜けた先にある深さ27mの空井戸は、9つの階層があり、ダンテの『神曲』にある「9つの地獄」「9つの煉獄」「9つの天」に触発されたものといいます。井戸には上にも下にも出口への洞窟があり、トリッキーな構造になっています。

もっと知りたい！ 　レガレイラ宮殿は1995年、シントラ宮殿やペーナ宮殿とともに「シントラの文化的景観」として世界遺産に登録されました。敷地内はゴシック様式の古い建物が所々にあり、外壁に施された彫刻もギリシャ神話や錬金術、テンプル騎士団に題材を得たものなど、「魔宮」のあだ名を持つ宮殿にふさわしいミステリアスな中世ロマンをかき立てています。

カルルシュテイン城

所在地：チェコ共和国　中央ボヘミア州カルルシュテイン

中世チェコ王国のシンボルとされたカルルシュテイン城。

神聖ローマ帝国の財宝庫になった観光名所の城

　プラハの南西にあるカルルシュテイン城は1348年、神聖ローマ帝国皇帝カール４世によって建てられました。その主目的は、王家の財宝や聖遺物、戴冠式で用いられる宝物の保管庫であり、別荘としても使用されています。1365年に17年の歳月をかけて完成しました。

　その外観の優雅さは城というより宮殿であり、各階ごとに段階的に役割分担された構造が特徴的です。城の一番下には「城伯の城」と当時の井戸があり、その上には王の寝室や従臣と貴族の寝室がある二階立ての「皇帝の城」が造られています。

　その上の階から祈祷所を付設した聖マリア小塔が、城の最も高い地点には堂々とした大尖塔がそびえています。ここに、ボヘミア王家の財宝が保管されていました。

　聖十字架礼拝堂は、城で最も高い建造物の大尖塔の中に設けられています。この礼拝堂を深く敬ったカール４世は、堂内には裸足で中へ入ったといわれており、３つの鉄の扉と９つの錠で厳重に守らせました。というのも、戴冠式用の宝石やカール４世の所蔵物の保管庫を兼ねていたからです。

もっと知りたい！　礼拝堂内の空間は天井から床にかけて３つに分けられており、それぞれ異なったコンセプトで装飾が施されています。空間上部は天国を意味しており、天井は青色で塗られて水晶がちりばめられています。そして空間下部は宝石や黄金によって飾られ、帝国の富や地球の豊かさを現しています。そして空間中央部には、129枚の聖人の壁絵が飾られています。

本日の
テーマ　伝説とミステリー

リーガースブルク城

所在地：オーストリア共和国　シュタイアーマルク州

雲海に覆われ、天空の城の様相を呈するリーガースブルク城には、中世に起こった悲劇が伝わっています。

「魔女狩り」が実際に行なわれた伝説と記録が残る城

　オーストリアで人口第2の都市グラーツの東の岩の上にそびえるリーガースブルク城は、その優美な外観とは裏腹に、悪名高い「魔女狩り」の具体的な逸話が残る城として有名です。城の内部には、15〜17世紀の内装を堪能できる古城博物館、武具の歴史を展示した武器博物館に加え、魔女伝説をモチーフにした魔女博物館があるほどです。

　17世紀、オーストリアがオスマン帝国からの侵攻に悩まされていた時代、リーガースブルク城の管理人の妻に、カタリーナ・パルダウフという女性がいました。庭師の娘で、花を育てて城の庭を美しく飾り、薬用のハーブなども育てていたといいます。

　1673年、この地方を前代未聞の悪天候が襲い、農作物が全滅する災禍がありました。友人のパン屋に「冬にも開花する花を育てている」と話していたカタリーナは、「魔法集会で魔術を使って農作物を全滅させた」などと密告され、魔女の罪に問われます。

　カタリーナは「魔女の地下室」に幽閉され、拷問を受けた後、リーガースブルク城に連れ戻されます。彼女の裁判記録はここで途絶え、城で処刑されたと伝わっているのです。

もっと知りたい！　カタリーナの悲劇は、「花の魔女」の伝説として今でも語り継がれています。リーガースブルク城の魔女博物館には、当時の魔女狩りの熱狂的な盛り上がりや、拷問器具、密告や裁判の記録など、さまざまな資料を見ることができます。魔女狩りは1590年から100年にわたり断続的に続き、一説には10万人が犠牲になったと推計されています。

ジークマリンゲン城

所在地：ドイツ連邦共和国　バーデン＝ヴュルテンベルク州ジークマリンゲン

ルーマニア国王を輩出したホーエンツォレルン＝ジークマリンゲン家の居城ジークマリンゲン城。

ドイツ軍人からルーマニア国王になったカロル1世出身の城

　ジークマリンゲン城は、日本ではあまり知られていませんが、高い崖のうえにそびえ、城内の部屋も豪華な装飾で残されています。1881年から1914年まで在位した初代ルーマニア国王カロル1世は、このジークマリンゲン城を居城としたホーエンツォレルン＝ジークマリンゲン家の出身です。ドレスデンとボンで教育を受け、プロイセンの軍人として活躍しました。1866年、母方の従兄であるナポレオン3世の仲介でルーマニア公となり、1881年にルーマニア王国が成立すると初代国王に即位します。

　内政改革、軍備拡張、産業振興に努めましたが、農民問題の解決を重視せず、1907年の大反乱を招きました。当初は、ドイツ寄りで不人気でしたが、ルーマニアの国際的地位を高め、オスマン帝国からの独立に外交手腕を発揮して国民の支持を集めました。

　1914年、第一次世界大戦が開戦すると、ドイツを中心とする三国同盟側と秘密条約を結んでいたカロル1世は、ルーマニアの政治家たちに参戦を持ちかけます。しかし国民がイギリス・フランス・ロシアの三国協商側の支持だったため、政府は中立宣言を出します。同盟国を裏切ることになった心労のためか、その年のうちにカロル1世は急死してしまいました。

もっと知りたい！　カロル1世の父カール・アントンの代にヨーロッパ中を巻き込んだ1848年革命が起こったため、ホーエンツォレルン＝ジークマリンゲン侯国は、プロイセン王国に吸収されていました。

本日の
テーマ　絶景の城

フェニス城

所在地：イタリア共和国　ヴァッレ・ダオスタ州フェニス

北イタリアのアルプスの風景に溶け込んだフェニス城。

イタリア北部国境の村で、風景に溶け込んだ一番人気の古城

　フェニス城は、フランスやスイスの国境に近いヴァッレ・ダオスタ州の中でもとくに有名で、訪問客も多い城です。人気の理由は、この地方の古城の中で、最も完全に近い形で残っているからだといわれています。中世古城では、他にサヴォイア城、ロイヤルサッレ城、フォート・バールがあります。

　13世紀に地元の伝統的な貴族シャラン家によって建てられたフェニス城は、14〜15世紀頃に現在の原型ができたとされています。この地方の古城はほとんどが山城ですが、フェニス城は平地にあり、フェニス村の中にあって、その景色に溶け込んでいます。

　そのため外敵から攻められる危険性が高く、侵入を防ぐための堅牢な石造りの城壁が二重にぐるりと張りめぐらされています。

　城内は写真撮影禁止ですが、寒い地域ならではの巨大な暖炉、当時の生活習慣や工夫の跡などが遺され、当時のイタリア地方貴族の暮らしぶりを垣間見ることができます。とくに礼拝堂のフレスコ画が人気です。

もっと知りたい！　ヴァッレ・ダオスタ州の州都アオスタには、古代ローマ遺跡がある他、自然派なら、グランパラディーゾ国立公園で何億年も前に造られた独特の地形を楽しむことができます。またモンテ・ビアンコ（モンブラン）、モンテ・チェルヴィーノ（マッターホルン）というアルプスの2大峰がヴァッレ・ダオスタ州とフランス、スイスとの国境にそびえています。

ロス城

所在地：アイルランド共和国　ケリー州キラーニー

ロス城は、清教徒革命では王党派の拠点となり、クロムウェルに抵抗した城でした。

クロムウェルの侵攻に最後まで持ちこたえた湖畔の古城

　アイルランド共和国南西部のキラーニーは、キラーニー国立公園にある風光明媚な都市です。しかし、この地に15世紀に建造されたノルマン様式のロス城は、清教徒革命で知られるオリバー・クロムウェルに最後まで抗戦した城として、激しい記憶を歴史に刻みました。

　クロムウェルは、1649年にイギリス国王のチャールズ1世を処刑し、共和国を樹立した市民革命の元祖として知られます。しかし「護国卿」となって軍事独裁政治を行ない、アイルランド、スコットランドを制圧していきました。

　ロス城がアイルランドで最後に攻略されたのは、1652年といいます。レイン湖畔の要害の城でしたが、攻城戦を得意とするクロムウェルの大軍の前には屈するほかなかったようです。

　四角形の石造りの塔を囲むように城壁が残り、城内もガイド付きの観光を申し込んで見学できます。城の最上階は城主とその家族の居住空間で、アーチ状の天井で覆われています。

　アイルランド初の国立公園のなかにある古城ですが、血なまぐさい戦いの跡が刻まれてきた歴史を背負っている城なのです。

もっと知りたい！　キラーニーは、ケリー州の州都であり、アイルランドではB&Bやホテルが2番目に多い街とされています。大西洋に面し、入り組んだ海岸線と起伏に富んだ山々、氷河によって削られたダンロー渓谷など、大自然の景観美に彩られています。観光地として派手さはありませんが、国内外のゆっくり過ごしたいリピーターに愛されています。

シュトルペン城

030

所在地：ドイツ連邦共和国　ザクセン州シュトルペン

シュトルペン城の全景。右上の塔がコーゼル伯爵夫人の幽閉先といわれます。

「アウグスト強王」の愛妾が49年間幽閉された城

　ドレスデン近郊のシュトルペン村の小高い丘に建つシュトルペン城は、「アウグスト強王」の名で呼ばれるザクセン選帝侯フリードリヒ・アウグスト１世の愛妾コーゼル伯爵夫人が、36歳から85歳まで、49年間にわたり幽閉された城として知られています。

　「コーゼル伯爵夫人」ことアンナ・コンスタンティア・フォン・コーゼルは、1703年に23歳で最初の結婚をしますが、離婚成立前からアウグスト強王に見初められ、愛人になります。アウグスト強王は信仰上の対立もあって正妃とは長く疎遠で、生涯にわたり多く愛妾を持ちましたが、コーゼル伯爵夫人は、そのうちの７年にわたり寵愛を独占しました。

　しかし、宮廷で強大な権勢をふるうようになると政治にも口を出すようになり、アウグスト強王は別の愛妾を持つようになります。コーゼル伯爵夫人は嫉妬心を燃やして策謀をめぐらしたため、ついに1716年に王命により逮捕・監禁され、シュトルペン城に幽閉されたのです。以後、1765年に没するまでこの城で余生を送りましたが、ドレスデンの宮廷で、王との３人の子供たちも大切に育てられしており、彼女も牢獄のなかで暮らすような生活ではなかったようです。

もっと知りたい！　コーゼル伯爵夫人は野心旺盛でプライドが高く、激しやすい性格の一方で、したたかな女性でした。愛妾になって間もない頃、アウグスト強王に「王妃が死んだら自分が妻になる。王との間の子は嫡出子として認める」という内容の約束状を書かせていたのです。コーゼル伯爵夫人はこれを拠りどころに、シュトルペン城に幽閉される直前まで交渉を目論みました。

本日の
テーマ 華麗なる宮殿

リンダーホーフ城

所在地：ドイツ連邦共和国　バイエルン州オーバーアマガウ

バイエルン王ルートヴィヒ2世が建設した3つの城のひとつリンダーホーフ城。

ルートヴィヒ2世の「夢」をかたちに変えた絢爛たる城

　リンダーホーフ城は、ドイツの名城として知られるノイシュヴァンシュタイン城、プリーン湖に浮かぶヘレンキームゼー城とともに、バイエルン国王ルートヴィヒ2世が建設した3つの城に挙げられています。しかも、唯一完成した城とされています。

　ルートヴィヒ2世は、美のためなら金に糸目はつけない夢想家気質の持ち主で、あまりの浪費ぶりにバイエルン首相らによって精神病と認定され、廃位されてしまった人物です。

　だまし絵のフレスコ壁画で有名なオーバーアマガウ郊外の、周囲をバイエルン州の山並みで囲まれ、色とりどりの花や緑が溢れる広大な庭園のなかを進んでいくと、城が見えてきます。

　城館前には、中央に金色に輝くフローラ（花と豊穣と春の女神）と天使の像が置かれた噴水池があり、像の間から30mの高さまで噴水が上がっています。この噴水池からヴィーナスの神殿までの間は、テラス状に設営された「ひな壇式庭園」があります。

　イタリア風庭園から始まり、上に行くにしたがってフランス風庭園、英国式庭園と三種類の趣向を凝らした美しい庭園となり、一番上にヴィーナスの神殿が設置されています。

もっと知りたい！　リンダーホーフ城は、ルイ14世へのあこがれから、ロココ様式で建てられました。ルイ14世を真似て朝夕の謁見ができる60畳の寝室を造り、テーブルが床ごと上下し、誰にも会わずに食事ができるダイニングルームもあります。庭園には、ワーグナーの歌劇「タンホイザー」の世界に浸るための洞窟を造るなど、妥協なく「美の世界」が追求されています。

プブリコ宮殿

032

所在地：イタリア共和国　トスカーナ州シエナ

プブリコ宮殿の内庭より。見えている塔がマンジャの塔です。

中世にタイプスリップできる古都シエナの「ゴシック建築の宝庫」

　ルネサンス時代にはフィレンツェとともに繁栄を競った、イタリア中部トスカーナ地方の都市シエナ。その中心部、「世界一美しい広場」と称されるカンポ広場に面してゴシック様式のプブリコ宮殿はあります。13世紀に建設が始まり1342年に完成し、現在の形になったのは14世紀初めといわれています。

　古くから政庁（市庁舎）として使われてきた建物で、「執権の間」のシエナの画家マルティーノ・ディ・バルトロメの作品をはじめとして、宮殿内部は華麗なフレスコ画で彩られています。また、宮殿は、現在は市庁舎や市立美術館になっており、宮殿の左隣には、高さ102mのマンジャの塔がそびえています。

　現在は1階が市庁舎、2階部分が美術館になっており、シエナを代表する美術品が展示されています。ゴシック期シエナ派の画家シモーネ・マルティーニの『荘厳の聖母』や、アンブロージオ・ロレンツェッティの『よき政府と悪しき政府の寓意』『双子に乳を与える牝狼』のブロンズ像などが所蔵されています。

もっと知りたい！　世界一美しいというカンポ広場のマンジャの塔上からは、眼下の広場が一望できますが、その美しい扇形は「貝殻を広げたよう」とも例えられます。扇の付け根部分に向かって緩やかに下るスロープを描いて、その外縁にプブリコ宮殿やマンジャの塔が堂々とそびえ、広場北西の端には、14世紀に造られた、『ガイア（喜び）の泉』があります。

ミケーネ遺跡（城塞都市）

033

所在地：ギリシャ共和国　アルゴリダ県アルゴス・ミキネス

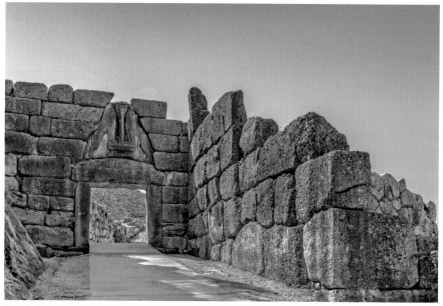

ミケーネの遺跡は、トロイアを陥落させたアガメムノン王の居城とされ、シュリーマンの手により発掘されました。

シュリーマンが「伝説」を掘り当てた現場になった城塞都市

　ミケーネはペロポネソス半島北部にある古代都市遺跡で、紀元前15世紀から紀元前12世紀にかけて東地中海世界に勢力を張り、クレタ文明後期にあたるミケーネ文化の発展に重要な役割を果たしました。

　伝説によると、ミケーネはトロイ戦争の英雄アガメムノン王が統べるミケーネ王国の都とされ、トロイ遺跡の発掘に成功したドイツ人考古学者のハインリッヒ・シュリーマンが、2年後の1876年に遺跡を発掘しました。

　ミケーネ遺跡入口の獅子門をくぐると、すぐ右手に地盤を掘り下げて周囲を石垣でサークル状に取り囲んだ「円形墳墓A」があります。シュリーマンはここにイーリアス（トロイ）を破ったアガメムノン王が眠っていると信じ、私財を投じて発掘に挑んだのです。

　結果、「黄金のマスク（アガメムノンのマスク）」を発見し、他にも金の重量にして14kgになったというおびただしい副葬品を発掘しました。ホメロスの叙事詩『イーリアス』では、ミケーネを「黄金に富むミケーネ」と讃えていますが、その伝説を証明して見せたのです。

もっと知りたい！　ミケーネ遺跡の手前（徒歩5分）に、「アトレウスの宝庫」といわれるミケーネ時代の最大規模の墳墓があります。ミケーネ文化独特の石積み技術で造られ、城塞都市ミケーネ遺跡から外れていたため保存状態がよく、貴重な建造物です。しかしシュリーマンの発掘以前から知られており、副葬品などは盗掘にあって一切見つかっていません。

ポー城

所在地：フランス共和国　ピレネー＝アトランティック県ポー

アンリ4世の出身地であるポー城は、スペインとフランスの国境に近いガスコーニュ地方にあります。

丸ごと美術館となったブルボン朝初代アンリ4世生誕の城

　フランスとスペインの国境ピレネー山脈のふもとの町ポーは、ブルボン朝の初代国王アンリ4世の出身地です。

　1553年12月にポー城で生まれたアンリ4世は、父母が熱心なユグノー（カルヴァン派カトリック）であったため、ユグノー派の盟主としての運命を背負い、ユグノー戦争や権力争いを乗り越えて、1589年にフランス国王として即位します。

　太陽王ルイ14世の祖父であり、1598年に「ナントの勅令」を出してカトリックとプロテスタントの国内融和に務めたため、「良王アンリ」と呼ばれています。

　ポー城は、白い壁にグレーのとんがり屋根の小ぶりな城で、防御面での強みが薄く、1789年からのフランス革命では略奪に遭って荒らされました。アンリ4世にまつわるものは、生誕時に使用された「海亀の甲羅のゆりかご」だけですが、観光の目玉になっています。

　城内には王の寝室や大臣の控室などが残りますが、今は丸ごと美術館になっています。当時収集された家具や調度品、タペストリーを展示する国立美術館として公開されています。

もっと知りたい！　ポーの街並みはポー城と同じ白い壁とグレーの屋根の建物が多く、高さや色に統一感があることが中世的な町の景観を醸し出しています。高いところから眺めるとピレネー山脈が一望でき、フランス人が休暇に訪れる観光地となっています。ポー城はその中心的存在で、ルネサンス様式の庭園も必見です。

マンサナレス・エル・レアル城

所在地：スペイン王国　マドリード州マンサナレス・エル・レアル

15世紀に建設された要塞宮殿マンサナレス・エル・レアル城。

中世古城塞の威容が残るマドリード郊外の城

　首都マドリード郊外にあるマンサナレス・エル・レアル城は、15世紀スペインの軍事的要塞として建築され、カスティリーヤ王国の大貴族メンドーサ家の居城となりました。

　メンドーサ家の城や要塞はイベリア半島にいくつか残されており、この城はその中でも最も知名度が高く「メンドーサ城」の名でも知られています。

　マドリードに流れるマンサナレス川の源流に近いこの城のある場所には、1075年にロマネスク・ムデハル様式の庵が作られていたといいます。その後13世紀まで、さまざまな権力者に領有権が移った後、14世紀にカスティーリャ王フアン1世がこの地を手にし、フアン1世の侍従長を務めていたペドロ・ゴンザレス・メンドーサの領地となりました。

　当時の城は「マンサナレス・エル・レアル旧城」と呼ばれ、現城壁の一部を残すのみです。現在の「マンサナレス・エル・レアル新城」は1475年、インファンタード公爵家が父子2代にわたって建造しました。15世紀に築城された姿がそのまま現在に残されており、保存状態がよく、城内も全域がほぼ見学可能な点でも貴重です。

もっと知りたい！　マドリード市内のバスターミナルから40分ほどというアクセスの良さであり、城内も観光化されています。タペストリーや美術品、当時の兵士の甲冑や生活用品などを集めたミュージアムがあるほか、夏にはコンサートなどのイベントも開催されます。外から眺めても城内を見学しても中世ロマンを堪能できる古城です。

ウインザー城

036

所在地：イギリス（イングランド）　バークシャー州ウインザー

ウインザー城の中央にあるラウンド・タワー。 タワーに掲げられた旗がイギリス国旗の時は女王が不在であることを示します。

ヨーロッパ最古の王宮「900年」の歴史を体感する

　首都ロンドンから西へ34km、テムズ川南岸に築かれたウインザー城は、エリザベス2世が週末を過ごす城として世界的に知られています。ヨーロッパでもっとも長く使われている王宮であり、現在でも居住者がいる城として世界最大といわれています。

　1089年、ウイリアム1世が木造の砦を築いて始まった歴史は、その後、ヘンリー2世が防壁を木造から石造りにし、初めてキープ（主塔）が建設されます。その後、ヘンリー3世が築いた西側の防壁は、ウインザー城に現存する最古の建築物として残ります。

　1350年にはエドワード3世によって一部を除いて取り壊して再建築され、それをもとに増改築が繰り返されて現在に至っています。中世古来の様式から、テューダー式、バロック式と、歴代の王が手に入れたので、さまざまな建築様式が混在しているめずらしい城です。

　ウインザー城の主な見どころは、中心の丘にそびえる円筒型の「ラウンド・タワー」、タワー右側の「聖ジョージ礼拝堂」、女王が滞在する「ステート・アパートメント」などが挙げられます。11世紀から現在に至るイギリス王室の歩みを、五感で体験することができます。

もっと知りたい！　人口3万人のウインザーの街に、城を目当てに年間700万人の観光客が訪れます。ラウンド・タワー上に掲揚されるイギリス国旗は、エリザベス2世の滞在中はイギリス王室の旗になります。2018年のヘンリー王子とメーガン妃の結婚では12万人が詰めかけるなど、今のイギリス王室を広大な敷地と自然のなかで身近に感じられるのも、人気の理由だといえます。

カーナヴォン城

037

世界遺産
所在地：イギリス（ウェールズ）　グウィネズ州カーナヴォン

カーナヴォン城は、イギリス皇太子の称号である「プリンス・オブ・ウェールズ」の由来となった城です。

ウェールズ公国を滅ぼしたエドワード1世が築いた拠点

　1272年に即位したイングランド王エドワード1世は、内政面では法整備や模範議会招集などで後世の評価を得る一方、外交面では戦争に明け暮れた君主として有名です。

　なかでもグレートブリテン島統一をめざし、ウェールズ公国に4次にわたって派兵し、ウェールズ大公サウェリン・アプ・グリフィズを謀略によって急襲し、1282年に敗死させました。弟ダヴィズは山岳地帯で抵抗しましたが、翌年捕えられて処刑されています。

　ウェールズ大公家を滅ぼす一方、エドワード1世が支配の強化のため1283年に建造したのがカーナヴォン城です。1301年、出産間近の王妃を城に招き、皇太子（のちのエドワード2世）が無事誕生すると「プリンス・オブ・ウェールズ」の称号を与えました。これは本来サウェリンが名乗っていたものであり、さらにウェールズ人の乳母を付けて養育させたのです。

　今日でも、イギリス皇太子が「プリンス・オブ・ウェールズ」に叙位されるのは、ここに由来しています。1900年代からは、叙位式典の場所もカーナヴォン城内となり、ウェールズの併呑・支配は、その後のスコットランドなどに比べ、順調に浸透していきました。

もっと知りたい！　カーナヴォン城は、世界遺産「グウィネズのエドワード1世の城郭と市壁」に登録された4つの城のうちのひとつになります。いずれもエドワード1世治政下に築かれた13世紀の古城で、ウェールズ支配に対する抵抗に備えたものといえます。いずれもマスター・ジェイムズという、地元ウェールズの石工の棟梁の手による城とされます。

ニンフェンブルク宮殿

所在地：ドイツ連邦共和国　バイエルン州ミュンヘン

バロック建築のニンフェンベルク宮殿は、バイエルン選帝侯の夏の居城とされました。

歴代当主が増築を加えた壮大なミュンヘンの観光資源

　ベルリン、ハンブルクに次ぐドイツ第3の都市ミュンヘンは、バイエルン州の州都です。観光都市であるミュンヘンの観光資源として有名なのが、12世紀からこの地を統治したヴィッテルスバッハ家が所有するニンフェンブルク宮殿です。

　1664年、バイエルン選帝侯フェルディナント・マリアと妻ヘンリエッテ・アーデルハイト・フォン・ザヴォイエンが、イタリア人建築家アゴスティーノ・バレッリに設計を依頼して建築が始まり、中央の建物は1675年に完成しました。

　その後、バイエルン選帝侯を継いだマクシミリアン2世エマヌエルは、1701年から宮殿の拡張をはじめ、バレッリの設計した中央の建物の南北に建物を追加しました。のちに南側に厩舎、北側には温室（オランジェリー）が増築されています。

　その息子である神聖ローマ皇帝カール7世が、「雄大な円」と呼ばれる庭園と、それを取り囲むバロック建築「騎士の家」を完成させ、現在の姿になりました。白亜の壮大な建物が連なり、馬車博物館、陶磁器博物館のほか、20万haという広大な庭園も見学できます。

もっと知りたい！　1180年から1918年までバイエルンを統治したヴィッテルスバッハ家により、代々「夏の離宮」として使われたニンフェンブルク宮殿は、歴代当主が増築を重ねたことで、バロック、ロココ、新古典主義などさまざまな建築様式を見ることができます。庭園も当初はイタリア式、のちにフランス式に改められ、さらにイギリス式の要素が加えられています。

ビューマリス城

039

世界遺産

所在地：イギリス（ウェールズ）　アングルシー州ビューマリス

ビューマリス城は建設途中で放棄された城ながら、中世城郭建築の白眉とされます。

未完成に終わったため、美しい城壁が遺された世界遺産の城

　1986年に世界遺産に登録された「グウィネズのエドワード1世の城郭と市壁」に含まれる4つの城（他にカーナーヴォン城、コンウィ城、ハーレフ城）のひとつであるビューマリス城は、唯一未完成に終わった城塞です。

　1295年、イングランド王エドワード1世がウェールズ遠征の拠点として、グウィネズ地方に築城を開始した一連の城のうち、最後に着工されたのがビューマリス城でした。六角形の城壁の中に四角形の城壁がさらに美しい二重環状城壁は、後世のヨーロッパの築城でしばしば模倣されたといわれます。

　しかし、エドワード1世は1307年にスコットランド遠征へ向かう途中に没し、築城は息子のエドワード2世に引き継がれましたが、1320年に完成を目前に中止となりました。エドワード2世には父のように莫大な戦費を使って拡大路線を取る器量はなかったのです。

　周囲の堀には水がたたえられ、戦火で破壊されることもなかった城壁をはじめとする構造物は、中世城塞の端正な雄姿を今に伝えてくれています。

もっと知りたい！　ビューマリスは、アングルシー島にあるリゾートの街で、メナイ海峡というウェールズとの間の幅の狭い海峡に面しています。ウェールズ本土とは橋でつながり、バスでの往来が可能です。ビューマリス城は城壁の上を歩けるよう整備され、ウェールズの雄大な自然や裏手ののどかな牧草地を眺めることができます。

タフテ・ソレイマーン

所在地：イラン・イスラム共和国　西アーザルバーイジャーン州

ゾロアスター教の重要な聖地でもあったタフテ・ソレイマーンの遺跡。

「イスラム文化」の粋を集めた壮麗な内装のデザイン性

　タフテ・ソレイマーンは、ペルシア語で「ソロモンの玉座」という意味です。2003年に世界遺産に登録されました。イランの首都テヘランから西へ400km離れた渓谷のタカブ近郊にあり、この遺跡にソレイマーン（ソロモン王）の名前がつけられた由来は、かつてソロモン王がこの土地の深さ100mの火口湖に、怪物を閉じ込めたという伝説に由来します。

　旧約聖書に登場する王のなかでも、ソロモン王はもっとも栄華を極めたという紀元前10世紀頃の古代イスラエル第3代の王で、英明さと堕落の双方が語り継がれています。

　タフテ・ソレイマーンの遺構は直径約100m・水深約100mという火口湖を中心に建てられており、ササン朝時代（226～651年）などの後世に建造された宮殿遺跡群も含んでいます。ゾロアスター教の寺院跡も多く、聖地になっています。

　また、他に火口湖跡がいくつもあり、これらの窪地からは湧き水があふれています。その窪地も、ソロモン王が作ったと言い伝えられています。考古学調査は進められていますが、いまでもよくわからないことが多い謎の遺跡のひとつです。

　考古学調査では、タフテ・ソレイマーン遺跡の周辺からは、紀元前5世紀のアケメネス朝やアルサケス朝パルティア（前247～後224年）の住居なども、多数発見されています。伝説によると、ササン朝の歴代の君主たちは、王位を受ける前にタフテ・ソレイマーンを訪問し、火をささげて祈ったと言われています。

松本城

041

所在地：日本　長野県松本市

松本城はもともと深志城と呼ばれ、武田信玄の軍師・山本勘助によって縄張りが行なわれたという伝説があります。

徳川の裏切り者・石川数正・康長父子が築城した国宝天守

　天守が国宝に指定されている松本城は、「烏城」と呼ばれる黒塗りの外観が独特の威容を保つ名城です。築城したのは、1585（天正13）年に徳川家康のもとから出奔した重臣・石川数正です。家康の幼少期から近侍していた数正の出奔は、徳川家中に衝撃を与えました。

　豊臣秀吉の家臣となった石川数正は、1590（天正18）年に徳川氏が関東に移封されると、信州松本に10万石を与えられました。松本城と城下町はただちに大々的な修復に入りますが、3年後に数正は61歳で亡くなります。

　跡を継いだ息子の石川康長が築城事業を継続し、現在の松本城が完成します。ところが徳川の世になった1613（慶長18）年、死後に不正蓄財の疑惑を持たれた大久保長安と縁戚関係にあったために連座し、康長は豊後（大分県）佐伯に流罪となりました。

　その後、松本城は前領主の小笠原秀政に与えられ、秀政は信州松本藩初代藩主となります。松本城はその後も城主が変遷しながら、5層6階の国宝天守とともに今日まで維持されますが、石川数正・康長父子は、後世に評価される形で語り継がれることはありませんでした。

もっと知りたい！　石川数正の出奔は、いまだに定説がない謎とされています。対豊臣秀吉の外交役を担っていた数正が、秀吉の器量に惚れ込んで出奔した、莫大な恩賞に吊られた、対豊臣強硬派の徳川家臣団の重臣たちと対立が深まったなどの理由が挙げられています。今日に遺された松本城の美しい外観を見るにつけ、石川父子の武将としての優れた資質が伝わってきます。

ヌフ＝ブリザック

所在地：フランス共和国　オー・ラン県ブリザック

ヴォーバンによって建設されたヌフ＝ブリサック要塞。上空から見ると、八角形の城壁に囲まれているのがよくわかります。

星形城塞の壁に守られたデザイン性の高い城塞都市

　ライン川に近いフランス北東部のアルザス地方にあるヌフ＝ブリザックは、フランス王ルイ14世の時代にドイツとの国境をライン川に定めたことから、国境の都市を城塞化する必要性を感じ、城塞建設の天才セバスティアン・ル・プレストル・ド・ヴォーバンに建設を命じたものです。1699年から1707年にかけて建設されました。

　ヌフ＝ブリザックの街は、中心部は直径500〜600mほどの八角形の城壁で囲まれています。この外側には、何重にも橋堡（堡塁）があり、全体の直径は1kmほどになります。城塞都市はヨーロッパに多くありますが、星形城塞を得意としたヴォーバンならではの緻密な幾何学文様のような美しさが特徴です。

　この要塞都市は、難攻不落でなかなか落ちませんでしたが、建設から170年ほどを経た普仏戦争（1870〜1871年）では、プロイセン軍（ドイツ軍）に取り囲まれ、フランス軍の増援を得られずに落城しました。遠距離から城壁を越えて、市内へ大量に大砲が撃ち込まれ、3か月ほどで降伏・開城に至っています。

もっと知りたい！　ヌフ＝ブリザックを含むヴォーバン式要塞は、中世ヨーロッパの火砲が発達した時代に一世を風靡した「稜堡式」と呼ばれるものです。突き出た角の部分を造ることで死角をなくし、全方位の敵の砲撃に対応可能としました。ヴォーバンはその天才で、フランス国内12の要塞が「ヴォーバンの防衛施設群」としてくくられ、2008年に世界遺産に登録されました。

ハドリアヌスの長城

043

世界遺産

所在地：イギリス（イングランド）　カンブリア州ブラントン

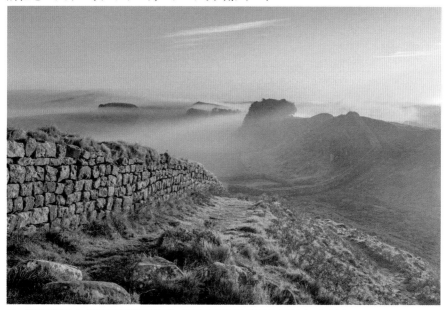

ローマ帝国の境界だったイギリス北部に残る城壁の跡。兵の駐屯所が各所に設けられ、国境を守っていました。

1世紀半ばにローマ帝国が築いた最北端の国境の長城

　イングランド北部のスコットランドとの境界に残るハドリアヌスの長城は、同地がローマ帝国支配下にあった122年、第14代ローマ皇帝ハドリアヌスが建造を命じたものです。帝国支配の各地から動員され、10年の歳月をかけて全長118kmにおよぶ城壁が築かれました。高さ4〜5m・厚さ3mで、6km間隔で要塞が築かれたといいます。

　要塞には500〜1000人程度のローマ兵が配備されたと推定されていますが、防御の壁を築いたことは、ローマ帝国の拡大路線が止まった証しでもありました。ハドリアヌス帝は拡大よりも国境安定を重視し、内政に力を入れた皇帝であり、グレートブリテン島南部の属州ブリタニア保持を重視したため、4世紀まではローマ帝国の支配が続きました。

　5世紀には西からアイルランド人、東からサクソン人の攻撃を受け、帝国支配は終焉を迎えますが、これによりグレートブリテン島はブリテン人による部族国家の乱立状態になり、一方でアングロ・サクソン人の侵入を招くことになります。中国の万里の長城を彷彿させるハドリアヌスの長城は、ローマ帝国最北端の影響力を語り継ぐ記念碑の遺跡となりました。

もっと知りたい！　ハドリアヌスの長城は、「チェスターズ・ローマン・フォート」「ハウスステッズ・ローマン・フォート」という2つの観光スポットがあります。このうち「ハウスステッズ・ローマン・フォート」の方が保存状態がよいとされ、当時の階段から病院跡、共同トイレ跡などが、石組みの壁ばかりになって残っています。

グリプスホルム城

所在地：スウェーデン王国　セーデルマンランド県マリエフレード

夕闇のメーラレン湖に映えるグリプスホルム城。

王室で幽閉合戦が演じられた美しい城の暗い歴史

　スウェーデン南東部、メーラレン湖に面している町マリエフレードの近郊に建つグリプスホルム城は1537年、デンマーク支配下のスウェーデンを独立させた初代スウェーデン王グスタフ1世の公邸として建設されました。

　ところがその後の城の歴史は、むしろ王室による親族の幽閉用の建物になりました。

　1563～1567年、グスタフ1世はバルト海地域のエストニアへの進出で意見対立していた異母弟ヨハン3世とその家族を、グリプスホルム城に幽閉します。しかし、1568年にヨハン3世が即位すると、暴政がひどいため退位させた第2代国王エリク14世とその家族を2年間、城へ幽閉します。1577年、エリク14世は牢獄に入れられ、のちに毒殺されました。

　さらに1809年にはロシアと戦ってフィンランドを失った責任を問われた国王グスタフ4世アドルフ王が、グリプスホルム城に9か月間幽閉されました。退位を誓う文書に署名させられ、一族ともどもスウェーデンから追放されています。その端正な中世古城の外観からは想像できないほど、グリプスホルム城にはスウェーデン王室内の暗い歴史が刻まれているのです。

もっと知りたい！　1773年、グスタフ3世が城の修繕に取り掛かった際、ルネサンス様式の塔を劇場に改築しました。1781年にはさらに改築され、城はスウェーデンのネオクラッシック様式建築の傑作といわれています。現在、グリプスホルム城には国立絵画コレクションが所蔵されるほか、16世紀の当時のままの調度品などが保存・展示されています。

ウエストミンスター宮殿

世界遺産

所在地：イギリス（イングランド）　ロンドン

ウエストミンスター宮殿にはイギリス国会も入り、今もイギリスの中枢であり続けています。

1100の部屋を持ち、イギリス王室と議会政治の誇りを象徴

　ウエストミンスター宮殿は、テムズ川のほとりにあって、中世から交通の要衝でした。中世後期にはイングランド王の住居でしたが、イギリス議会議事堂や裁判所として使用されるようになります。ところが、1834年の大火で宮殿の大半が焼失してしまいます。

　再建は設計をイギリスの建築家チャールズ・バリー、細部はゴシック建築を得意とする若手建築家オーガスタス・ピュージンが担当しました。

　テムズ川西岸の３万㎡の敷地に、川と並行して南北に建物が配されています。ロイヤル・ギャラリーと上院議場が南側、下院議場が北側にあって、議長席は中央ロビーをはさんで向かい合う作りになっています。

　テムズ川対岸からの眺望を意識して、川に並行して建てられ、対岸から眺めると、右側にロンドンの象徴ともいえる高さ97mの時計塔「ビッグ・ベン」、左に「ヴィクトリア・タワー」がそびえます。全長約265m、1100を超える部屋と100か所の階段、11の中庭があるという壮大なスケールは、まさにイギリス議会政治のシンボルとして世界的に有名です。

もっと知りたい！　「ウエストミンスター宮殿、ウエストミンスター大寺院および聖マーガレット教会」は、1986年にユネスコの世界文化遺産に登録されました。ロイヤルウエディングや戴冠式の舞台になったウエストミンスター大聖堂があり、また聖マーガレット教会は、ウィンストン・チャーチル首相が結婚式を挙げています。

ベルファスト城

所在地：イギリス（北アイルランド）　ベルファスト

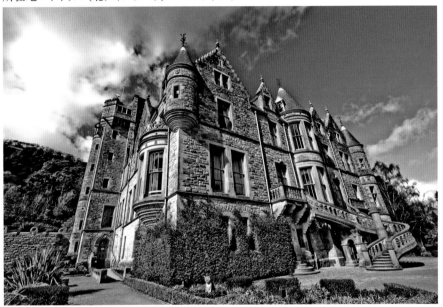

19世紀に再建されたベルファスト城は、北アイルランドの首府ベルファストのランドマーク的存在です。

北アイルランドの首府ベルファスト随一の観光名所

　北アイルランドの首府ベルファストは、イギリスで12番目の規模の都市で、北アイルランドでは最大、アイルランド島で見ると2番目の都市です。

　ベルファスト城は、ケーブヒルカントリーパークの街を見下ろす斜面に建ち、伝統的な砂岩で造られた美しい古城です。

　ベルファスト城は最初、現在シティセンターになっている場所に12世紀頃ノルマン風の城として建てられましたが、火事で焼け落ちてしまったため、第3代ドネガル公爵が1862年にケーブヒルの中腹に新たに建設しました。1934年にはベルファスト市に寄贈され、1978年から10年かけて改修されました。

　城内は無料の常設展示場になっていて、装飾品などの展示と並行して、この城での城主一族の暮らしやベルファストへの貢献などについてが解説されています。

　ベルファスト城は街のシンボルであり、街のどこからでもその姿を目にすることができます。街から見上げた城の姿も、城から街の眺望も素晴らしい、まさにベルファスト随一の観光名所です。

もっと知りたい！　城の周りでは、アイルランド地方に生息する動植物を見ることができ、隣にはケーブヒルカントリーパークのハイキングコースが広がっています。ベルファスト城は、ベルファストの端を走るアントリム通り沿いにあり、市街地からは車で10分です。バスも運行していますが、停車する城門から城の建物まで歩いて15分ほどかかります。

マラハイド城

所在地：アイルランド共和国　ダブリン県フィンガル市マラハイド

中世の佇まいが残るマラハイド城にはいくつもの幽霊伝説が伝わっています。

失恋して自殺した使用人の霊が出る800年の歴史を伝える古城

　首都ダブリンから北へ電車で30分ほどのマラハイドは、ヨットハーバーもある静かなリゾート地です。この地には、アイルランド王ヘンリー2世より領地を賜った騎士リチャード・タルボットが1185年に建築したマラハイド城が、800年の歴史を超えて残されています。

　長い歴史の中で何度も改修や増築がありましたが、中世ロマンあれる姿で広大な敷地に佇んでいます。しかも1976年までは、タルボット家の子孫が実際に居住していたのです。

　その美しい外観と裏腹に、この城には語り継がれる「幽霊話」があります。なかでもよく紹介されるのが、失恋して自ら命を絶ったという使用人ポーク（パックとも）の幽霊です。城主の来客をもてなす係だったポークは、ある高貴な夫人に恋をしてしまい、かなわぬ恋に身を焦がした末に城内の自室で首を吊ったそうです。

　他にも5人の霊が出るらしいのですが、1970年代以降は確認されていないとか。城は国により管理され、ガイド付きの城内ツアーがあります。各部屋がきれいに整備され、今でも貴族が暮らしているような「絵になる」撮影ポイントがたくさんあります。

もっと知りたい！　マラハイド城には、城主一家の悲話も伝わっています。1690年、ボイン川の戦いにアイルランド・フランス連合軍として参戦したタルボット一族は、出撃前に14人で朝食をとりました。しかし結果はイギリス・オランダ連合軍に惨敗、1人も生きて帰らなかったそうです。その朝食時のテーブルは、今も見学可能な状態で残されています。

ベレン宮殿

048

所在地：ポルトガル共和国　リスボン県リスボン

ポルトガルの勢力拡大に貢献したジョアン5世の絶頂期に築かれたベレン宮殿。

教皇の権威を駆使して絶対王政を敷いたジョアン5世の宮殿

　1707年、父王ペドロ2世の薨去を受けて17歳で王位を継いだジョアン5世は、翌年には神聖ローマ皇帝レオポルト2世の娘マリア・アンナを王妃に迎えています。父の代からスペイン継承戦争（1701〜1714年）で敵対していたフランス・スペインに対抗するためです。

　ベレン宮殿は、この頃にジョアン5世が購入し、増築して内装を大きく改めています。だからといって宮殿建築にうつつを抜かしたわけではなく、ジョアン5世は1713年のユトレヒト条約では戦勝側として、スペインからラプラタ川左岸の土地コロニア・デル・サクラメント（現在のウルグアイ）とアマゾン川両岸を獲得し、南米大陸の植民地を拡大。ブラジルから産出される金と、のちに新たに発見されたダイヤモンドなどの富を背景に絶対王政を敷きました。

　さらに1717年に教皇クレメンス11世に応じて対オスマン帝国戦争に参戦し、見返りにリスボンに総大司教座の創設を実現します。宗教権威を活かした統治によって、「寛大王」と呼ばれたジョアン5世の絶頂期に築かれたのがベレン宮殿なのです。王の薨去から5年後のリスボン地震（1755年）でも、ベレン宮殿はまったく被害を受けませんでした。

もっと知りたい！　その後も王家の宮殿のひとつでしたが、1912年にポルトガル共和国が樹立すると、大統領が邸宅として使い、今日に残されました。宮殿正面のアフォンソ・デ・アルブケルケ広場は、当初は船着き場であり、1807年にフランス革命軍に侵攻され、女王マリア1世と摂政ジョアン王子（のちのジョアン6世）一家は、ここからリオ・デ・ジャネイロに向けて亡命しました。

フォート・バール

049

所在地：イタリア共和国　ヴァッレ・ダオスタ州フェニス

イタリア北西部に位置し、アルプスへ抜ける交通の要衝を守ってきたフォート・バール。

サヴォイア家が築いた国境の断崖に建つ要塞

　バール村はイタリア北西部、アルプス越えのルートの戦略上重要な位置にあり、古代ローマ帝国の時代の前から、何らかの要塞があったと考えられている土地です。記録に残っているのは6世紀、東ゴート王国を興したテオドリック大王の時代に、駐屯地が置かれたことがあります。1242年、サヴォイア家のアメーディオ4世によって征服されています。

　16世紀後半には、四角形の主塔（ドンジョン）を中心にした幾つかの建物を二重の城壁で囲み、物見塔が設けられました。1661年、サヴォイア公カルロ・エマヌエーレ2世は、付近の要塞を廃止し、バールの要塞にすべての大砲を移し、サヴォイア公国の軍隊の拠点としました。しかし19世紀末には要塞の劣化が始まり、1975年に軍事施設から外されました。

　フォート・バールの要塞跡から見下ろすアオスタ渓谷は、高い山並みに抱かれて中世の雰囲気を残す街並みが山あいに広がり、素晴らしい景観です。

　下から見上げるフォート・バールは、まさに"難攻不落"というべき崖の上の高みにあり、軍事拠点として重要な役割を担っていた時代に思いを馳せることができます。

もっと知りたい！　1800年にはナポレオンの侵略を阻止したというフォート・バールですが、1990年にヴァッレ・ダオスタ州によって買い取られて現在に至ります。長期の修復を経て、博物館としての利用が開始され、フォート・バールの歴史のほか、アルプスの自然の解説や、さまざまなアート作品の企画展示がされています。

カリュー城

050

所在地：イギリス（ウェールズ）　ペンブルックシャー州

夕暮れのカリュー城。2000年前にはすでに砦が築かれていたようですが、15世紀から16世紀にかけての改修で現在の姿になりました。

ボズワースの戦いでテューダー朝成立に功のあった騎士が手にした城

　カリュー城の入口付近には、11世紀のものと見られる石造りの十字架が立っています。これはノルマン人に征服される前にいたケルト人とヴァイキングの両方の特徴を併せ持つ貴重な遺跡だといわれています。

　カリュー城は、1100年頃、ノルマン人のジェラルド・オブ・ウィンザーがこの地に木造の城を建てたのが始まりです。現在の石造りの城になったのは13世紀に入ってからで、ニコラス・オブ・カリューが建て直しました。

　ニコラス・オブ・カリューは1485年、亡命先のフランスからリチャード3世とのイングランド王位を巡る戦いのためにウェールズに上陸したヘンリー・テューダー（のちのヘンリー7世）に味方し、天下分け目のボズワースの戦いでの功績により、この城を与えられました。

　その後、1558年にヘンリー8世の庶子の1人が所有しましたが、大逆罪で逮捕されロンドン塔で死亡したため所有者を失い、1686年まで放置されていました。

　現在はペンブルックシャーコースト国立公園に管理されています。

もっと知りたい！　カリュー城の内部はほぼ廃墟ですが、主に16〜17世紀のテューダー朝後期の様式を見ることができます。ペンブルックシャーから5kmほどの城で、ペンブルックからの路線バスのバス停が城の前にあります。カリュー城の脇には水車小屋や中世に作られた橋なども残っています。水車小屋は博物館になっていて粉引きの歴史などが展示されています。

シーギリヤ王宮

051

世界遺産

所在地：スリランカ民主社会主義共和国　中部州マータレー県マータレー

獅子を象った岩山の頂上に広がるシーギリア王宮。密林にそびえたつ姿は圧巻です。

「父殺しのカッサパ」……相克の果てに残された空中宮殿

　古代スリランカのシーギリヤ王宮は、5世紀に父を殺して王位を奪ったアヌラーダプラ国王カッサパ1世が建造したとされています。父殺しという仏教徒として最大の罪を犯したカッサパは、民衆や仏僧から「父殺しのカッサパ」と軽蔑されたといいます。

　それに加え、弟の反撃にも備える必要のあったカッサパは、首都アヌラーダプラを離れ、シーギリヤ・ロックの上に王宮を築いたのです。王宮の工事には7年かかっています。

　シーギリヤ・ロックは周囲が直立断崖となった標高370mの巨大な岩山であり、見晴らしが非常によく、カッサパは王都として整備をすすめました。

　岩山の周囲に塁壁や堀を築き、堀にはワニを放ったといいます。堀の内側には「水の庭園」が築かれ、複数の池や噴水などが設置されました。これらを維持するための高度な配水技術は、現在も利用されています。

　山の中腹にはフレスコ画「シーギリヤ・レディ」が描かれています。当初は500体あったとされていますが、現在は風化が進んで18体しか残っていません。

もっと知りたい！　万全の備えをとったカッサパでしたが、のちに南インドへと逃れていた弟モッガラーナに敗れ、自らの剣で命を絶ち、495年、シーギリヤ王宮は陥落しました。弟はモッガラーナ1世として即位し、シーギリヤは仏教僧に寄進されました。1982年には、「古都シーギリヤ」として世界遺産に登録されています。

ドルマバフチェ宮殿

052

世界遺産
所在地：トルコ共和国　イスタンブール県イスタンブール

西洋のバロック建築とオスマンの建築様式を融合させて築かれたドルマバフチェ宮殿。

バロック様式とオスマン様式が融合したオスマン帝国最後の宮殿

　オスマン帝国第31代皇帝アブデュルメジト1世は、トプカプ宮殿からボスボラス海峡に面した埋め立て地に新たな宮殿の建築を命じました。1843年に着工され、1856年に完成したドルマバフチェ宮殿は、1922年に最後の第36代皇帝メフメト6世が亡命のため退去するまで、オスマン帝国の王宮として利用されました。

　ヨーロッパから取り入れたバロック様式と伝統のオスマン様式を折衷した豪華な宮殿で、外観や装飾は近代西洋風ながら、建物の内部は男性の空間と女性のみの空間（ハレム）に二分割されています。ボスポラス海峡側には門と桟橋を備え、宮殿から直接船でイスタンブール市内を自由に行き来できるようになっています。

　宮殿の面積は45,000㎡で、285の部屋、46のホール、6の浴場（ハマム）、68のトイレがあります。贅の限りが尽くされた宮殿の他、庭園、時計塔、モスクもあります。

　トルコ共和国初期には大統領の執務所となり、初代大統領ムスタファ・ケマル・アタチュルクは、1938年にドルマバフチェ宮殿内の寝室で死去しました。

もっと知りたい！　ドルマバフチェ宮殿は、豪華絢爛たる部屋を順次巡る2時間ほどのガイドツアーで見学できます。男性向け区画では国の政治上の執務が行なわれた部屋を、ハレムでは王室のプライベートエリアやムスタファ・ケマル・アタチュルク大統領が亡くなった寝室が見られます。1日の見学人数に制限があるので、事前予約がおすすめです。

ヨーク城

053

所在地：イギリス（イングランド）　ノースヨークシャー州ノースヨークシャー

円く小高い丘の上に建つヨーク城。

中世イングランドに浸れる城と街並み

　イングランド北部のローマ帝国時代から商工業や宗教の都市として栄えたヨーク市（現在はノースヨークシャー市に合併）は、今でも11〜12世紀に造られた城壁に囲まれ、街全体が中世都市の風情を色濃くとどめています。

　ヨーク城は、半球のような円く小高い丘の上に建つ13世紀の建造物です。クリフォード・タワーと命名されたキープ（天守）は、円型や四角形型のものが多いのに対し、断面が四つ葉のクローバー型になるめずらしい構造が特徴です。丘の下から城に続くまっすぐで急な階段を登って内部見学ができます（有料）。城内には井戸やトイレの跡、中心柱を支えた台座などが残るばかりですが、城壁に上がると歴史あるヨークの街並みが見渡せます。

　ヨーク城の築城形式は「モット＆ベイリー」といわれます。モット（小高い芝の土塁）とベイリー（外郭）から成る、ヴァイキングの築城様式です。10〜12世紀に流行し、ベイリーには住民も住ませて街を形成しました。のちにこの様式が中世城郭の基礎となっていきます。13世紀築造のヨーク城は、少し古いスタイルで設計されたといえます。

もっと知りたい！　ヨーク城は、キープの建つモットと城内の街であるベーリィは橋で結ばれ、昔は水をたたえた濠に囲まれていました。今は痕跡が残るのみです。近くにはヨーク城博物館やバイキングセンターもあり、風情ある街並みのダウンタウンへのアクセスも容易な場所にあります。

名古屋城

054

所在地：日本　愛知県名古屋市

尾張名古屋の象徴であった名古屋城は、東海の守りの要として尾張徳川家が代々城主を務めてきた巨城です。

名古屋城の天守には、なぜ「金の鯱」があるのか？

　名古屋城は、徳川家康の命を受けた加藤清正や福島正則ら豊臣恩顧20大名による「天下普請」によって、1615（元和元）年に完成しました。大坂城、江戸城に匹敵する大きさとなった天守は、1612（慶長17）年に1年余りで完成しています。

　これほど急ピッチで工事を進めた背景には、大坂城にいる豊臣家とその恩顧の大名たちに、次の天下人としての威光を知らしめる目的がありました。

　大天守は層塔型で5層5階、地下1階、天守台19.5m＆建屋36.1mの合計55.6mで、18階建てビルに匹敵する高さです。大きさは江戸城や大坂城におよびませんが、延べ床面積4,424㎡は日本の城で最大です。天守の屋根に置かれる金の鯱は、天下人の権力の象徴として信長や秀吉も好んで使っていました。名古屋城は御三家筆頭・尾張徳川家の居城ですが、天下人に準じた扱いだったことがわかります。鯱は「姿は魚で頭は虎、尾ひれは常に空を向き、背中には幾重もの鋭いとげを持っている」という想像上の動物で、金の鯱を屋根に置くと、口から水を吐いて消火するという伝説があります。

<hr>

もっと知りたい！　明治維新後にも名古屋城は築城当時の姿を保ち続け、1930（昭和5）年には城郭として国宝第1号に指定されます。しかし、太平洋戦争の空襲で焼夷弾が直撃し、ついに焼失します。1959（昭和34）年、全国から寄付を募って鉄筋コンクリートの天守閣が完成しましたが、それも耐震性が疑問視され、近年は木造天守再建への気運が高まっています。

山海関
（さん　かい　かん）

世界遺産
所在地：中華人民共和国　河北省秦皇島

万里の長城東端の守りを担ってきた山海関の巨大な城門。

難攻不落の「長城の東端」を守備した明末の武将・呉三桂とは
（ご さんけい）

　山海関は、近年まで万里の長城の東端とされていた渤海に面した要塞です。海に城壁が突き出た「老龍頭」が印象的で、満洲方面の防衛拠点として軍事上の要衝でした。
（ぼっかい）

　明代末期、父の代からこの地を守備していたのが呉三桂です。1644年に李自成の反乱軍が北京に迫ると、明朝はその防衛を呉三桂に命じます。ところが北京に向かう途中に首都陥落を聞くと、山海関に引き返して清軍に投降し、清を関内に招き入れて李自成を滅ぼしました。

　以後、約30年にわたり、呉三桂は平西大将軍として大陸南部の明の残存勢力を討ち、清の中国全土統一に貢献します。しかし、その強大な軍事力と財力、雲南・貴州両省を中心とした人材掌握や鉱山開発などによる強大化が、清朝の警戒を招くことになります。

　1673年、呉三桂は雲南で挙兵し、耿精忠（靖南王）、尚之信（平南王）ら軍閥と協力して「三藩の乱」を起こします。長江南岸まで攻めあがりますが、1677年から清軍が反撃に転じ、翌年、清との決戦を前に衡州で周の建国を宣言し、帝位について昭武と改元します。
（こうせいちゅう）　　　　　　　　　（しょうししん）

　しかし、その年に呉三桂は66歳で病死し、周王朝は1681年には清に滅ぼされてしまいました。

もっと知りたい！　山海関の城郭は、約4kmにわたる城壁で四角形に囲まれています。煉瓦を積んだ城壁は、高さ14m・厚さ7mあります。東の壁の南北の両側は万里の長城と連結し、東・南・北の城壁外側には深さ8m・幅17mの堀があり、吊り橋が渡されていました。まさに難攻不落の要塞で、1622年の記録では明の守備軍約8万が入っていたといわれる厳重さでした。

本日の
テーマ　絶景の城

ストーカー城

所在地：イギリス（スコットランド）　アーガイル・アンド・ビュート地方

リニ湾入り江に佇むストーカー城は、現在個人所有の城となり、夏期のみ公開されています。

リニ湾入り江の小さな島の上に建つ中世ロマンの城

　スコットランド西部アーガイル・アンド・ビュートは、島嶼部も含めた海岸線の延長がフランス全土よりも長いという入り組んだ地形の行政区画です。そのリニ湾の入り江の小さな島で、まるで湖に浮かぶような美しい佇まいを見せるのがストーカー城です。

　中世趣味の古城が建つ島の周囲は海に囲まれ、奥に山麓が連なるその景観は、ストーカー城の保存状態の良さもあって、絶景として多くの人々を魅了してきました。

　地元の氏族であるマクドゥガール一族が1320年に城を建てたのが始まりとされ、1388年に城主となったスチュワート侯によって現在の外観になりました。

　1620年頃にはスチュワート侯と地元氏族のキャンベル侯がストーカー城を巡って賭けをし、勝ったキャンベル一族が所有者になったという逸話が残っています。

　1840年頃にキャンベル一族が手放すと、しばらく荒廃していましたが、20世紀になって民間に購入され、美しく復元されました。現在も個人所有の城ですが、夏季限定で内部を一般公開しています。

もっと知りたい！　四方を海に囲まれ、入り江の波ひとつ立たない水面が鏡ようになって、湖上にあざやかに写り込む景色は幻想的です。干潮時には陸側の水が引き、砂州を歩いて渡れるようになります。こういう島を「ダイタル・アイランド」といいます。ちなみに、「ストーカー」とは、スコットランド・ゲール語で「猟師」「鷹匠」の意味だということです。

ピッティ宮殿

世界遺産

所在地：イタリア共和国　トスカーナ州フィレンツェ

メディチ家のコレクションが並ぶピッティ宮殿のギャラリー。

メディチ家の興亡を見届けたフィレンツェの大宮殿

　中世には毛織物業と金融業で栄え、フィレンツェ共和国としてトスカーナ州の大部分を支配したメディチ家は、15世紀にフィレンツェをルネサンス文化の中心地にしました。市街中心部は「フィレンツェ歴史地区」として世界遺産（文化遺産）に登録されています。

　1587年、第3代トスカーナ大公フェルディナント1世が即位してから戦後に至るまで、ピッティ宮殿はメディチ家からサヴォイア家に所有が移りつつ、宮殿として使用されました。約400年にわたり多数の芸術家を支援し、収集してきた宮殿の絵画や宝飾品のコレクションは膨大で、現在は収蔵美術品を公開する美術館として一般に開放されています。

　1737年、第7代トスカーナ大公ジャン・ガストーネが、跡継ぎに恵まれず死去。1743年には姉のアンナ・マリーア・ルイーザ・デ・メディチも世を去りました。メディチ家の人間として最後にピッティ宮殿に住んだアンナは、「メディチ家のコレクションをフィレンツェから持ち出さない」ことを条件に、すべての美術品をトスカーナ政府に寄贈すると遺言しました。これにより、メディチ家の収集品は散逸を免れて今日に残ったのです。

もっと知りたい！　ピッティ宮殿の主を継いだのは、ハプスブルク・ロートリンゲン家でしたが、彼らも美術品の収集や宮殿の修築を続け、いまのピッティ宮殿は19世紀末にようやく完成したものです。1799年にナポレオンの攻撃を受けた時、一部はフランスに持ち出されたといいますが、アノル川を挟んで並ぶウフィツィ美術館とともに、トスカーナの美の殿堂となっています。

本日の テーマ 愛憎劇と陰謀の舞台

ツヴィンガー宮殿

058

所在地：ドイツ連邦共和国　ザクセン州ドレスデン

ツヴィンガー宮殿内には陶磁器博物館が併設されています。

子供が350人以上いたというフリードリヒ・アウグスト1世の絶倫伝説

　ザクセン選帝侯フリードリヒ・アウグスト1世（ポーランド国王としてはアウグスト2世）は、芸術と建築のパトロンとして歴史に名を刻んでいます。ザクセン選帝侯国の首都ドレスデンに芸術家や音楽家を招聘し、ヨーロッパの主要な文化都市に変貌させました。

　また、優れた芸術作品を蒐集し、ドレスデンとワルシャワに美しいバロック様式の宮殿を建設しました。ドレスデンのツヴィンガー宮殿は、1711年から1719年にかけて建造させたもので、ドイツ・バロック建築の傑作といわれています。

　アウグスト1世は一方で「強王（強健王）」の異称を持ち、素手で馬の蹄鉄をへし折る怪力と、子供が350人以上はいたという絶倫王でした。アウグスト1世の妻クリスティーネは敬虔なプロテスタントであり、夫と同じカトリックに改宗するのを拒み、ポーランドに行くこともなく、ドイツ東部のエルベ川沿いにあるプレッツシュ城で孤独な生涯を送っています。

　一方のアウグスト1世はどこ吹く風で、その時々の愛人と過ごし、多くの子供が生まれながらも、庶子として認知したのはわずか8人でした。

もっと知りたい！　ツヴィンガー宮殿は現在、1855年公開の「古典絵画館」（アルテ・マイスター）として、ドレスデン美術館の施設として重要な役割を担っています。ラファエッロの『システィーナの聖母』をはじめとするルネサンスやバロックの名画が展示され、世界に30数点しかないフェルメールの作品が2点所蔵されています。

ヘレンキームゼー城

059

所在地：ドイツ連邦共和国　バイエルン州キーム湖

ルイ14世に憧れるルードヴィヒ2世によって建設されたヘレンキームゼー城

「鏡の間」の圧巻！ ルートヴィヒ2世による最大の宮殿

　第4代バイエルン王ルードヴィヒ2世（在位：1864〜1886年）は、建築と音楽をこよなく愛し、国家が破綻するほどの浪費を繰り返して「狂王」と呼ばれました。最後は重臣たちに廃位され、謎の死を遂げていますが、多くの美しい建築物を後世に遺しました。

　まさに廃位の年、1886年に完成したのがヘレンキームゼー城です（正しくは湖での水死による中断）。そのうちの一番大きな建物は、ルードヴィヒ2世が憧れたフランス皇帝ルイ14世へのオマージュとして建造されたもので、外観も内部もヴェルサイユ宮殿に似た造りです。

　ヘレンキームゼー城に入ってすぐにある大階段は、「ヴェルサイユの大天使の階段」といわれ、壁も床も一面にさまざまな色の大理石を使用したモザイクが見事。ヴェルサイユ宮殿にもある「鏡の間」は長さ約100mと、本家より大きく造られ、ルードヴィヒ2世の力の入れようがうかがえます。

　食堂はドイツの名門磁器メーカーのマイセンによる世界一大きなシャンデリアによって飾られ、部屋にあるほぼすべてがマイセンの磁器で作られている絢爛豪華な「マイセンの間」があります。

もっと知りたい！　キーム湖に浮かぶ小島に建つヘレンキームゼー城には、船で渡ることになります。城内はガイドツアー見学のみで、指定時間に集合して30分ほどで巡ります。城の周囲は噴水が点在し、完璧な左右対称でデザインされたフランス式の庭園になっています。城内には建造者を記念した「ルードヴィヒ2世博物館」があります。

アシュフォード城

所在地：アイルランド共和国　メイヨー県

5つ星ホテルとして生まれ変わったアシュフォード城。

「5つ星ホテル」となった溜息が出る美しき13世紀の古城

　アイルランド西部のコノート地方、コングという小さな村にあるアシュフォード城は、ノルマン系イギリス人バーク家が1281年にコリブ湖畔の修道院跡に建造しました。

　その後、持ち主が幾度か替わり、17世紀にブラウン家という貴族の所有となりますが、この時はまだ、フランス風の城建築による狩猟用の建物でした。それが現在のような壮麗な城に生まれ変わったのは1852年、ベンジャミン・リー・ギネス準男爵に所有されてからです。

　あのギネスビールで有名な醸造家の3代目であるベンジャミンは、販路を整備して売り上げを30倍に拡大した敏腕経営者でした。ベンジャミンはアシュフォード城の敷地を110k㎡（山手線の内側より広い）に拡大し、ヴィクトリア朝様式の建物を2棟増やしました。

　その後も優秀な後継者が続いたギネス家が着実に城と敷地を増築し、1970年に所有者だったジョン・マルケイが、ゴルフコースや庭を造成し、ホテルとして開業します。その後、所有者の入れ替わりが続きましたが、2015年4月にロンドンのレッドカーネーション・ホテルが改築して再開業すると、アシュフォード城はついに「5つ星ホテル」となりました。

もっと知りたい！　ホテル「アシュフォード・キャッスル」には82の客室があり、無料Wi-Fiが利用可能、プラズマテレビがあり、「5つ星」ホテルにふさわしい広さと装飾・アメニティを備えています。ゴルフコースは18ホール、テニスコート、サウナ、フィットネスセンターに3つのレストラン……。多くの人を魅了してやまない古城の外観で、充実した設備の高級ホテルです。

本日の
テーマ　伝説とミステリー

アーカート城

所在地：イギリス（スコットランド）　ハイランド地方インヴァネス

ネス湖の畔にたたずむアーカート城。この城にいればいつかはネッシーに会えるかも?

6世紀から怪物伝説があったネス湖に面した古城

　"謎の生物ネッシー"で有名なネス湖に臨む丘の上に建つアーカート城は、13世紀から16世紀にかけて建造され、今は廃墟となった城です。

　14世紀にはイングランドからの独立戦争の舞台になり、その後もたびたび戦火があって17世紀中頃には廃城になっていたようです。20世紀に州の管理下に置かれ、一般公開されるようになりました。ハイランド地方でも人気の観光スポットです。

　ネッシー伝説は、早くは6世紀から記録があり、キリスト教の布教に同地に来た聖職者コロンバの記録にあります。とくに大ブームとなったのは20世紀になってからで、目撃報告や写真、映像までメディアに公開されて日本でも大きく報道されました。

　そのほとんどがねつ造や他の生物との誤認とされていますが、アーカート城を含んで撮影された写真もあり、「ネス湖の怪獣」の存在はまだ完全否定されてはいません。

　その写真にも写された湖畔寄りに建つグランドタワーは、城のシンボルであり、未解決の伝説とともにミステリアスな廃城の景観美を演出しています。

もっと知りたい！　城跡は、くまなく見学することが可能です。ネス湖北西部の三角形に突き出た岬に築かれたアーカート城は、岬の北東側は低い崖で、内陸側の兵士を召集したであろう広場があります。遺構の上部ほど13世紀の築造初期の建物跡が残されており、要害の地を選んで築かれたアーカート城が、増改築を繰り返して要塞化していった歴史を想像させます。

チェプストー城

062

所在地：イギリス（ウェールズ）　モンマスシャー州チェプストー

ウィリアム・マーシャルによって基礎が築かれたチェプストー城。

試合で500戦全勝の騎士ウィリアム・マーシャルが残した城

　チェプストー城は1067年、イングランド王ウィリアム1世の重臣ウィリアム・フィッツオズバーンによって築かれました。以降、ウェールズ侵攻の拠点となるなど、長い歴史を刻んでいますが、現在の遺構の基礎を築いたのは13世紀に城主だったウィリアム・マーシャルです。

　下級騎士の3男であったウィリアムは1152年、6歳の時に父ジョン・マーシャルから敵に人質に出されます。戻ってからも相続する土地や財産はなく、親戚のタンカーヴィル家の城に住んで騎士としての修業を積み、1167年に21歳で騎士の称号を得ています。

　ウィリアムは、この頃から「馬上槍試合」のトーナメントで稼ぐようになります。負ければ馬も甲冑も没収、相手の捕虜にされる代わり、勝てば負けた相手から身代金が入ります。相棒とふたりで各地の試合を渡り歩き、10か月で103人を捕虜にしたといいます。

　やがてイングランド王家に仕官したウィリアムは、5人の王に仕え、幼いヘンリー3世の摂政にまで上り詰めます。「試合で500戦全勝」という伝説の騎士は、見事な出世を成し遂げたのです。1219年に73歳で死去すると、ロンドンのテンプル教会に埋葬されました。

もっと知りたい！　ウィリアム・マーシャルは、1189年に主君のすすめでベンブルック伯爵家の娘イザベル・ド・クレアと結婚しました。婿に入った形になり、爵位と膨大な財産と土地を相続し、チェプストー城主となりました。城は代々マーシャル家が保持し、増改築を続けました。17世紀には廃城となりましたが、イギリス政府が整備し、1984年より一般公開されています。

サンテルモ城

063

世界遺産

所在地：イタリア共和国　カンパニア州ナポリ

ゲーテが賞賛したナポリとヴェスビオ火山の絶景を楽しめるサンテルモ城。

ポンペイを滅ぼしたヴェスビオ火山まで一望の絶景スポット

　14世紀、ロベルト賢王（アンジュー家・カルロ1世の孫）によってヴォメロの丘に建てられたサンテルモ城は、フランス王国のアンジュー地方を統治したアンジュー家（カペー家の分家）のナポリにおける居城として建設されました。

　16世紀、スペイン・ハプスブルク家の支配下にあったサンテルモ城は、同家のカルロ5世の時代に、スペイン総督の命令で堅固な要塞へと改築されました。そうした歴史から、入口には、現在でもカルロ5世の皇室の紋章が掲げられています。この時代、フランスがナポリ王国の領有をもくろみ、サンテルモ城はしばしば覇権争いの舞台となりました。

　サンテルモ城の魅力のひとつは、展望台からの眺めの素晴らしさです。天気がよければナポリの街並みの向こうに、西暦79年に大噴火してポンペイなどの町を埋没させたヴェスビオ火山や、カプリ島、プロチーダ島など、まさにナポリ全体の景観を一望できます。

　ヴォメロの丘には現在、古城としてのサンテルモ城のほか、14世紀建築の修道院を改築したサン・マルティーノ国立博物館があります。

もっと知りたい!　20世紀に入り、1900年代初頭から1970年代まで、サンテルモ城は軍の刑務所として使われていました。その後、修復作業が始まり、1988年5月に一般公開されました。サンテルモ城の星形に張り出した城壁は非常に珍しく、「ナポリを見て死ね」といわれる観光都市ナポリの名所のひとつとなっています。

カノッサ城

所在地：イタリア共和国　エミリア＝ロマーニャ州カノッサ

世界史の教科書には必ず載っている「カノッサの屈辱」の舞台となったカノッサ城。

皇帝が教皇に裸足で詫びを入れた「カノッサの屈辱」の舞台

　1077年、神聖ローマ帝国皇帝ハインリヒ4世が、教皇グレゴリウス7世に破門の許しを乞うため、3日間雪の中を裸足の修道士の姿でカノッサ城の城門の前に立ち、断食と祈りを続けました。「カノッサの屈辱」と呼ばれる世界史上でも有名な事件です。

　北イタリアでの影響力を増すため、皇帝ハインリヒ4世は子飼いの司祭たちをミラノ大司教や各地の司教などに次々と任命します。教皇グレゴリウス7世は司教の任命権（叙任権）は教会にあるとその中止を求めますが、皇帝は聞き入れません。教皇が破門をほのめかすと、ハインリヒ4世は激怒して独自の教会会議を開き、教皇の廃位を宣言しました。一方の教皇も皇帝の破門と王位の剥奪を宣言します。

　あくまで皇帝は強気でしたが、これを皇帝弱体化の好機と見たドイツの諸侯が皇帝に叛旗を翻し、破門が解かれない場合は新しいローマ皇帝を決めるとして、教皇グレゴリウス7世を会議へ招聘しました。皇帝ハインリヒ4世は完全に手詰まりとなり、会議に向かう途中、教皇がトスカーナ女伯マティルデの居城カノッサ城にいると知った皇帝は突如訪問して謝罪し、これが「カノッサの屈辱」となったのです。

もっと知りたい！　その真摯な謝罪に教皇グレゴリウス7世は破門を解く旨を伝え、ローマへ戻りました。しかし皇帝ハインリヒ4世はドイツに戻ると直ちに反対派の諸侯を制圧、のちに軍勢を率いてローマ包囲をします。教皇グレゴリウス7世は辛くも逃れますが、南イタリアで客死しました。「カノッサの屈辱」は後世、「強制されて屈服、謝罪すること」の慣用句となりました。

会津若松城

065

所在地：日本　福島県会津若松市

会津若松城は、戊辰戦争に際して、甚大なる被害を受けましたが、再建によって白亜の城としての姿を取り戻しました。

幕末の会津藩は、なぜ「朝敵」として討伐されたのか？

　1868（明治元）年9月22日、会津若松城は1か月におよぶ凄惨な籠城戦の上、降伏・開城しました。壮麗な天守や城壁は砲撃により無残に崩れ、城内には死体の山が築かれ、人々は食糧の枯渇にあえいでいました。有名な白虎隊の少年隊の悲劇も、この時のものです。

　会津が「朝敵」（朝廷の敵）として新政府の討伐を受けることになったのは、薩長による陰謀とみるのが一般的です。15代将軍・徳川慶喜が蟄居・謹慎し、江戸が無血開城となったため、新政府側は旧体制を武力で打倒する目標を失いました。

　会津藩主・松平容保は、幕末動乱期には京都守護職に就任し、長州を中心とする勤王の志士を取り締まっていました。同志の恨みを晴らす上でも、会津藩は絶好の討伐対象でした。

　会津若松城で武装はしながらも、「恭順」の意を示していた会津藩ですが、新政府側は許そうとせず大軍を送ります。あまりに一方的な経緯に、仙台藩・米沢藩などを中心に奥羽越列藩同盟が結成されて東北戊辰戦争となりますが、兵数と兵器の質でまさる新政府軍に各地で敗北し、旧幕府側の完敗に終わったのです。

もっと知りたい！　現在の白亜五層の天守は、1965（昭和40）年に鉄筋コンクリート造で再建されました。2001（平成13）年に本丸内の干飯櫓と南走長屋が木造で復元され、2011（平成23）年には、黒瓦だった天守の屋根瓦を戊辰戦争当時の赤瓦葺に復元する工事が完成しています。

ヴェルサイユ宮殿

066

世界遺産

所在地：フランス共和国　イヴリーヌ県ヴェルサイユ

贅の限りを尽くしたヴェルサイユ宮殿の象徴的存在である「鏡の間」。

「太陽王」ルイ14世が作ったフランス国王絶頂期の宮殿

　パリの南西およそ約20kmにあるブルボン王家の離宮・ヴェルサイユ宮殿は、「太陽王」ルイ14世の宮廷として造営されました。「朕は国家なり」の名言で知られるルイ14世の雄渾な精神を具現化した、フランス絶対主義王制を象徴する建造物で、バロック建築の代表作です。

　宮殿の中核は、父王ルイ13世が1626年に建立させた狩猟用別荘でしたが、ルイ14世はこの中核部に連なる翼屋の増築から着手しました。工事はルイ14世の治世にはとても終わらず、すべて完了したのはフランス革命を経たルイ・フィリップ（在位1830〜1848年）の時代です。

　１万人を収容するといわれるヴェルサイユ宮殿のファサード（建物の正面部分）は400mあり、古典的デザインが施されています。屋内の中心部は、儀式や外国の賓客の謁見で利用する有名な全長73m・幅10mの「鏡の間」で占められ、その両端には「戦争の間」と「平和の間」が配されています。

　宮殿の建設よりも労力を費やされているという噴水庭園には、「水なき地に水を引く」「貴族を従わせる」「民衆の心をつかむ」というルイ14世の３つの意図が込められています。

もっと知りたい！　今日では、宮殿中央部、礼拝堂、劇場などを除いて、南北両翼部には豊富な美術品が展示され、庭園ともども歴史美術館として一般公開されています。1979年に宮殿、庭園ともに「ヴェルサイユの宮殿と庭園」として世界遺産に登録されています。ちなみに、第一次世界大戦後の対ドイツとの講和条約であるヴェルサイユ条約が調印されたのは「鏡の間」です。

ヴァチカン宮殿

067

世界遺産

所在地：ヴァチカン市国

ローマ教皇が暮らすヴァチカン宮殿。

国全体が「世界遺産」であるヴァチカン市国の象徴

　世界でもっとも小さな独立国家で、世界中のカトリック信徒の総本山であるヴァチカン市国は、国全体が世界遺産に指定され、歴史的にも非常に貴重な存在です。

　ヴァチカン宮殿は、世界最大規模の教会サン・ピエトロ大聖堂に隣接するローマ教皇の住居です。1308年から70年にわたるフランスによる「教皇のバビロン捕囚」のあと、教皇の住居になりましたが、のちの1583年からはクイリナーレ宮殿がしばらく住居でした。

　しかしヴァチカン宮殿の増築は以後も続けられ、図書館や博物館、システィーナ礼拝堂が完成していきました。1870年にイタリア統一運動に伴い教皇領が消滅すると、教皇は再びヴァチカン宮殿に戻ったのです。

　現在の宮殿は、16世紀に教皇シクストゥス5世によって建設されました。ヴァチカン宮殿の大半を占めるのは、ヴァチカン博物館です。「署名の間」のラファエロによる天井画と壁画は特に有名で、絵画館にはルネサンスやバロック期の作品、ピオ・クレメンテ美術館には、古代ギリシャ・ローマの美術コレクションが収蔵・公開されています。

もっと知りたい！　ヴァチカン観光で外せない絶景は、サン・ピエトロ大聖堂頂上のクーポラ（半球形の天井）から開ける360度のパノラマ。大聖堂に面する「サン・ピエトロ広場」からローマ市街を望むと、広場の向こうにコンチリアツィオーネ通りが続きます。この通りとテヴェレ川の交わる所の左側にあるのが、ローマ市の円筒形の要塞であるサンタンジェロ城です。

ドゥカーレ宮殿（ヴェネツィア）

世界遺産

所在地：イタリア共和国　ヴェネト州ヴェネツィア

ゴンドラが行き交うヴェネツィアの運河とドゥカーレ宮殿。

囚人のものか、恋人たちのものか？「ため息橋」をめぐる伝説

　中世にヴェネツィア共和国の首都として栄えたヴェネツィアは、「水の都」として世界中にその美しい景観が知られています。ビザンチン様式の建物の外壁をイスラム風の装飾が彩るドゥカーレ宮殿は、ヴェネツィア共和国の総督邸兼政庁であり、ドージェ（総督＝国家元首）の公邸でした。

　8世紀頃から12世紀まで宮殿として使われましたが、14世紀から16世紀にかけて邸宅としてだけでなく、行政府、立法府、司法府、刑務所という複合機能の建物として整備されました。内部はティツィアーノやティントレットなどヴェネツィア派の画家たちの作品で飾られた「十人委員会の間」や「大会議の間」などが最大の見どころとなっています。

　当初、宮殿地下にあった牢獄は、のちに水路をはさんだ向かいに新設され、橋が渡されました。「ため息橋」の名前は、獄に入る囚人が橋を渡る時、最後に外の景色を見てため息をついたからだと伝えられています。ところが、いつしか恋人同士でゴンドラに乗り、夕暮れ時に「ため息橋」の下でキスをすると、永遠の愛がかなうという伝説が広がり、ロマンチックな観光名所に話が変わってしまいました。囚人のため息は、「恋のため息」へと変わったのです。

もっと知りたい！　「ため息橋」の恋愛成就伝説が世界中に知れ渡ったのは、映画『リトルロマンス』（1979年）からです。ゴンドラが橋の下を抜ける景色が観光写真としても流布し、若い世代の人気スポットになりました。

ヴェッキオ宮殿

069

所在地：イタリア共和国　トスカーナ州フィレンツェ

フィレンツェの政庁として機能したヴェッキオ宮殿。

ダ・ヴィンチとミケランジェロの共演が幻となった「五百人の間」とは

　1314年にフィレンツェ共和国の政庁として建設されたヴェッキオ宮殿は、ルネサンス期イタリアでフィレンツェの事実上の支配者だったメディチ家が、ピッティ宮殿に移るまでの邸宅としていました。現在でもフィレンツェの市庁舎として使われています。

　内部は「フランチェスコ1世の仕事部屋」「五百人の間」「レオ10世の間」「ゆりの間」などの部屋に分かれており、とりわけ「五百人の間」が有名です。たしかに長さ53mの壁や天井は、ジョルジョ・ヴァザーリのメディチ家を称えるフレスコ画で埋め尽くされ、ミケランジェロの彫刻「勝利の像」も当時のまま飾られています。

　しかし、「五百人の間」がロマンをかき立てるのは、ルネサンスの2大巨匠レオナルド・ダ・ヴィンチとミケランジェロ・ブオナローティが壁画を競作する予定があったことです。

　1503年、フィレンツェ共和国はダ・ヴィンチに東側の壁に「アンギアリの戦い」を依頼、その後にミケランジェロに西側の壁へ「カッシーナの戦い」を描くように頼んだのです。しかしいずれも未完成となり、"夢の共演"は実現することはありませんでした。

　共演が幻となったのは次の理由から。ダ・ヴィンチは下絵が冠水によって損傷してあきらめ、ミケランジェロはローマ教皇から呼び出されてしまったためです。しかし2007年、イタリア文化庁はヴァザーリの壁画の裏側に、ダ・ヴィンチの『アンギアリの戦い』が隠されていると発表しました。

城塞都市クエンカ

070

世界遺産

所在地：スペイン王国　カスティーリャ・ラ・マンチャ州クエンカ

急峻な崖にせり出して建てられた「宙吊りの家」。クエンカを象徴する建物です。

「魔法にかけられた街」と呼ばれる断崖上の建物

　スペイン中央からやや東に位置するクエンカの歴史は、9世紀にイスラム勢力が築いた断崖上の要塞に始まります。やがて後ウマイヤ朝の10世紀から11世紀にかけて街として発展しました。ところが、1177年にカスティーリャ王国のアルフォンソ8世が攻略し、キリスト教圏に取り込まれています。

　クエンカは織物工業を中心に16世紀まで順調な成長を遂げ、低地の市街地なども整備されていきました。しかし17世紀になると、断崖上に宗教的な建造物が集まってきます。経済的な後退とともに宗教的な都市として発展するようになったのです。

　そのクエンカでもっとも有名なのが、「宙吊りの家」と呼ばれる急峻な絶壁からはみ出すように建てられた14世紀建造のカスティーリャ王家の別荘です。周囲にも奇岩が連なり、旧サン・パブロ修道院など宗教的建造物もいくつか崖の上に見られることから、クエンカは「魔法にかけられた街」とも呼ばれるようになりました。

　1996年、「歴史的城塞都市クエンカ」として世界遺産にも登録されています。

もっと知りたい!　旧市街にクエンカ大聖堂、マヨール広場、ペトラス修道院、旧司教館、サン・ミゲル聖堂、サン・ペドロ聖堂、エル・サルバドル聖堂などの見どころが連なるクエンカですが、17世紀後半から19世紀には老朽化が進み、再建や修復事業の一方、取り壊される建物もありました。1940年代以降になって、計画的な景観保存が進むようになりました。

デリー城（レッド・フォート）

071

世界遺産
所在地：インド　デリー連邦直轄市

ムガール帝国第5代皇帝シャー・ジャハーンがデリーに建てた新しい居城。回廊には複雑な装飾が施されたファサードが続きます。

ムガール帝国全盛期と植民地化時代の2つの記憶を刻む城

　ムガール帝国第5代皇帝シャー・ジャハーンが、アーグラから遷都し、自らの名を冠した新都シャージャハーナーバードでの居城として築いたのがデリー城です。1639年から9年をかけて1648年に完成したこの城は、「レッド・フォート（赤い城）」の別名でも呼ばれます。城壁に赤砂岩が用いられ、城全体が赤褐色に見えることに由来しています。

　シャー・ジャハーンは、先立たれた愛妃ムムターズ・マハルのために、総大理石の白亜の霊廟タージ・マハルを建設するほどの権勢を持った、ムガール帝国の全盛期の皇帝でした。

　ところが時代は下り、1857年のインド大反乱（セポイの反乱）の時にイギリス・東インド会社に接収されたデリー城は、軍の駐屯地として利用されました。兵舎が建設されるなど、城内は大きく造り替えられ、インド独立後も近年まで軍の施設として使用されていました。

　2007年に、隣接するサリームガル城と併せて「赤い城の建造物群」としてユネスコの世界遺産に登録されましたが、デリー城の内部は、ムガール帝国時代のままの部分と植民地時代に改築された部分が混在する歴史の語り部として残ったのです。

もっと知りたい！　デリー城西側のラホール門内にある「チャッタ・チョウク」は、当時から城の女性たちのショッピング街であり、今でも土産物屋が並ぶアーケードになっています。広い城内には「真珠モスク」といわれる大理石造りの「モーティ・マスジド」、戦争記念博物館になっている「中門」など、多くの見どころがあります。

チットールガル城

072

世界遺産
所在地：インド　ラージャスターン州

宮廷の悲劇が伝わるチットールガル城。ラージャスターン州を代表する城塞のひとつです。

落城時に宮廷の女性たちまで自害した戦士一族の誇り

　インド北西部の砂漠のなかにあるラージャスターン州には、戦士と城の女性たちを巡る悲劇の歴史を今に伝えるチットールガル城があります。

　9世紀にラージプート族のメーワール王国の首都になりましたが、14世紀にはデリーのイスラム王朝アラウッディン・ハルジーによる激しい攻撃にさらされます。

　1535年にはグジャラート王国のスルタン、バハドゥール・シャーに、1567年にはムガール帝国のアクバル大帝によって総攻撃を受けて陥落、やがて廃墟になりました。

　チットールガル城の歴史は、こうしたイスラム勢力との攻防の歴史でもあり、そのたびに誇り高いヒンドゥのラージプートの戦士たちは死を賭して城を守りました。

　男たちが戦場に倒れると、妻や親族の女性たちは火葬の火のなかにすすんで身を投じたといわれています。城の陥落の時も宮廷の女性たちは死を選び、焼け落ちる城と運命をともにしたと伝わります。一説によれば、こうした長い戦いの歴史に散った女性たちは1万人を超えるといわれます。

もっと知りたい！　チットールガル城は、2013年に「ラージャスターンの丘陵城塞群」の6つの城塞のひとつとして世界遺産に登録されました。かつてメーワール王国の首都であり、ストリンガー・チョーリ寺院（ジャイナ教の寺院）や勝利の塔（ヴィジャイ・スタンバ）、ミーラー・バーイ寺院（ヒンドゥー教）など、宗教的にも建築的にも多彩な遺跡が残されています。

アジュダ宮殿

所在地：ポルトガル共和国　リスボン県リスボン市

アジュダ宮殿は18世紀の焼失後、バッキンガム宮殿をモデルに再建されました。

「バッキンガム宮殿」をめざして築かれたブラガンサ王家の王宮

　アジュダ宮殿は、ポルトガルの首都リスボンのアジュダ地区に建つネオ・クラシカル様式の宮殿です。19世紀にブラガンサ王家の王宮として建造されました。ブラガンサ家は、1640年から1910年まで続いたポルトガル王国最後の王朝です。

　もとは1761年に木造建築で建てられましたが、1794年に火災で焼失。現在の建物は、19世紀初めにイギリスのバッキンガム宮殿をモデルに再建されたものです。1908年、国王カルロス1世と王太子が暗殺され、立憲王政が崩壊したことで一時は荒廃しましたが、現在は国の迎賓館である一方、宮殿部分が博物館として公開されています。

　外観は白を基調にした控えめな建物ですが、内部は美しい王朝文化の粋で飾られています。入城して最初の部屋が王家と賓客が日常的に使用した「射手の間」で、「射手」と呼ばれる護衛に守られていました。国王が政務にあたった「謁見の間」、大理石を使った調度品で飾られた「青の間」、王妃がドイツのザクセン地方から集めたマイセン陶器で埋め尽くされた「ザクセンの間」など、たくさんの壮麗な部屋で彩られています。

もっと知りたい！　暗殺されたカルロス1世の両親は、ルイス1世と王妃マリア・ピアです。2人はアジュダ宮殿をこよなく愛し、ファサードを側部ファサードに改築するなど、外観に美術的変化を加え、宮殿内の各部屋を充実させました。夫のルイス1世に先立たれ、息子のカルロス1世を殺された王妃マリア・ピアですが、1910年の王政廃止まで、アジュダ宮殿で暮らしました。

デ・ハール城

所在地：オランダ王国　ユトレヒト州ハールザイレンス

中世のネオ・ゴシック様式で建設された城の周囲には美しい庭園が広がります。

まるでファンタジー！ 19世紀に再建されたオランダ最大の城

　オランダ中部の商工業都市ユトレヒトは、ローマ帝国が1世紀に要塞を建設して入植した頃に起源を持つ歴史ある街です。その郊外の“赤い町”ハールザイレンスにあるデ・ハール城は、いかにも中世ヨーロッパのメルヘンな城といった風情です。

　とはいえデ・ハール城は、14世紀に建造された時はもっとシンプルだったようです。当時ユトレヒトはカトリックの司教区で、オランダでの事実上のキリスト教の中心でした。城主ファン・ザウレン・デ・ハール家の男子は、みなカトリック司教の封臣でした。

　しかし、17世紀のフランスによる攻撃などで城は廃墟になり、ファン・ザウレン家も城主の座を追われました。19世紀になって、ユダヤ人の富豪ロスチャイルド家の令嬢と結婚したファン・ザウレン家の子孫がこの地を相続し、城の再建を手がけたのです。

　アムステルダム中央駅を手がけたことでも有名な19世紀オランダを代表する建築家ピエール・カイパースの設計により、廃墟だった城はオランダを代表する壮麗な城として注目を集める存在になりました。今日のデ・ハール城は、近代の建築家による傑作なのです。

もっと知りたい！　デ・ハール城は、ガイドツアーで内部を見学できます。城が保有する数々のコレクションも多彩で、なかには徳川家の葵の御紋がついた日本の籠まで展示されています。庭園では四季折々の花々が咲き、園内の池越しに望むデ・ハール城は、まさにおとぎの国にいるかのような情景です。

城塞都市ロードス

075

世界遺産
所在地：ギリシャ共和国　ロードス市

ロードスの港には入口をまたぐようにして立つヘリオス像がそびえていたといわれます。

聖ヨハネ騎士団が城塞都市を建設する以前にあった「巨像」

エーゲ海の南に浮かぶロードス島は、古代ギリシャ人の都市国家が造られ、紀元前から交易で栄えました。かつて港には太陽神ヘリオスの巨像が立ち、ギザのピラミッドなどとともに「世界の七不思議」のひとつに数えられています。

紀元前284年、アレクサンドロス大王の侵攻を跳ね返したロードスの人々が、太陽神ヘリオスへの感謝の証しとして築いたこの巨像は、彫像自体の高さは34m、台座を含めると約50mに達したといいます。

しかし完成から58年後の紀元前226年、大地震が発生して膝から折れて倒壊してしまったのです。ロードスの住民は神に似せた彫像を造ったことが神の怒りに触れたと考えて再建をせず、残骸のまま800年にわたって放置されました。その残骸の見物には多くの人が訪れたといい、像の手の指は、人間が腕を回せないほど太かったという記録が残っています。

654年、イスラム国家のウマイヤ朝にロードスが征服されると、青銅製の像の残骸は細かく分解され、商人に売却されてしまいました。

もっと知りたい！　1309年にロードス島へ入った聖ヨハネ騎士団は、厚さ10mを超える城壁を4kmにわたり巡らせ、ここを根拠地に聖地奪還を目指しました。この当時の建築が「ロードス島の旧市街」として世界遺産に登録されています。

コッヘム・ライヒスブルク城

所在地：ドイツ連邦共和国　ラインラント＝プファルツ州コッヘム

モーゼル川を見下ろす高台に立つコッヘム・ライヒスブルク城。

神聖ローマ皇帝アドルフの戴冠式の借金のカタになった城

　1292年に、ドイツ西部ライン地方の貴族ナッサウ家からアドルフ・フォン・ナッサウが、神聖ローマ帝国皇帝に選出されました。その戴冠費用を捻出するために、コッヘム・ライヒスブルク城は借金のカタとして選帝侯（皇帝の選挙権を持つ）トリーア大司教に差し出されたのです。

　結局、借金は返済されず、城は大司教の所有になりましたが、大司教にとって重要だったのは、城そのものより城主が有していたモーゼル川を航行する船舶からの徴税権でした。

　皇帝アドルフは、就任の経緯からもローマ・カトリック教会の傀儡的立場にあり、王権を強化しようと領土拡大を狙います。しかし、ドイツの諸侯はそれに反発し、1298年に選帝侯である大司教らに廃位され、同年に新皇帝に就任したハプスブルク家のアルブレヒト1世と戦って戦死してしまいます。ナッサウ家からは最初で最後の皇帝となりました。

　1688年、コッヘム・ライヒスブルク城はライン地方に侵攻したフランス軍に占領され、以後、19世紀半ばにベルリンの実業家が夏の別荘として修復するまで廃墟になりました。

もっと知りたい！　コッヘム・ライヒスブルク城は、11世紀に建てられた城で、創建当時の重厚な佇まいで高さ100mの丘にそびえるコッヘムの街のシンボルです。旧市街から徒歩15分とアクセスがよく、城門をくぐって城の中に入ると、中世のそのものの雰囲気を味わえます。城内見学のガイドツアーに参加すれば、数々の部屋や調度品を見学できます。

モンテベロ城

世界遺産
所在地：スイス連邦　ティチーノ州ベリンツォーナ

モンテベロ城は、中世の姿をそのまま残す貴重な城です。

中世城郭をほぼ完全に保存して美しい雄姿をとどめる城

　スイス南部のベリンツォーナでは、都市を守るための城が3つも築かれました。城と城の間は城壁でつながれており、2000年に「ベリンツォーナ旧市街の3つの城と防壁・城壁群」として世界遺産に登録されました。

　3城のなかでもっとも古くて一番大きいのがグランデ城、もっとも高所に建つのがサッソー・コルバロ城、そして、最も整ったかたちで残された古城がモンテベロ城です。

　ベルクフリード（天守）を囲む内郭が1300年頃の建築ともっとも古く、ゆがんだひし形のような特殊な城郭に巡らせた城壁は1400年代末頃の建設とされます。

　緑に覆われた小高い丘に、修復が整った姿でそびえるモンテベロ城は、外観の美しさはもちろん、城内では敵の侵入を防ぐためのさまざまに入り組んだ仕掛けが確認できます。狭い跳ね橋や渡り廊下を通って敵に侵入された場合、落とし格子で退路を塞ぎ、廊下の上の通路から矢や銃弾を浴びせる構造など、往時に想像を巡らせながら見学することができます。

　城内から望むベリンツォーナの街並みもまた、中世ロマンをかき立てます。

もっと知りたい！　かつての居城と塔の部分を改修し、1974年にオープンした市立歴史博物館では、ベリンツォーナを中心に、ティチーノ州各地で発見された墓地や遺跡からの埋葬品が展示されています。古代だけでなく、15世紀から19世紀にかけての展示も充実し、世界遺産になった城塞都市ベリンツォーナの歴史に触れることができます。

メヘラーンガル城

078

所在地：インド　ラージャスターン州ジョードプル

メヘラーンガル城は、マールワール王国の歴代城主によって増改築が繰り返され、姿を変えていきました。

1459年の築城以来、1947年まで城主が保持した激動の歴史

　北インドのメヘラーンガル城は、1459年、ヒンドゥー王朝のマールワール王国がマンドールから遷都するとともに建設され、戦いのたびに拡張・改築されてきました。

　1678年にマールワール王国の名君ジャスワント・シングが死去すると、翌年、敵対していたムガール帝国の第6代皇帝アウラングゼーブに接収されました。しかし、1707年にアウラングゼーブが死去すると、マールワール王国に返還されています。

　その後は戦乱のなかで持ちこたえるものの、1818年にマールワール王マーン・シングは、イギリス東インド会社と軍事保護条約を締結します。王国はジョードプル藩王国となり、イギリスに従属することで支配権を保つ道を選んだのです。

　メヘラーンガル城は、マールワール王国の末裔によって1947年まで藩王の居城であり続けました。途中に30年ほどの空白があるにせよ、戦乱の激しかった北インド地方で、500年近くにわたって同じ一族が城主であり続けたのです。

　現在は博物館になっていますが、城の内外ともに当時の遺構がきちんと残されています。

もっと知りたい！　メヘラーンガル城の入口から見上げると、その壮大かつ堅牢な造りに圧倒されます。エレベーターで一気に城の上にあがることができ、見下ろすと、「青い街」として知られるジョードプルの街並みが見渡せます。城内にはマハラジャ（大王）の邸宅らしい豪華絢爛な内装の部屋や調度品、武具などが展示されています。

長安城
ちょう あん じょう

079

所在地：中華人民共和国　陝西省西安市

きらびやかに飾られる明代の城壁と楼閣。

冷徹に政敵を追い落とし、女性初の皇帝に上り詰めた則天武后
そくてんぶこう

　古くは紀元前12世紀後半に周の武王が殷王朝を滅ぼして都を構えたのを始まりとする長安
は、合計11の王朝が都を構えた古都です。とくに漢代、隋代、唐代は大いに繁栄し、皇帝・英
雄・宰相の数多い逸話に彩られていますが、なかでも唐代に中国史上唯一の女性皇帝になった
則天武后（中国では「武則天」）は、特筆すべき強烈な個性の持ち主でした。

　則天武后は類まれな美貌の持ち主で、13歳で唐の太宗の後宮に入り、帝の死後は尼になり
ますが、高宗の寵愛を得ると皇后を陥れて655年に自身が皇后になります。旧貴族層を排斥し、
高宗が病気がちになると実権を掌握。高宗が683年に病没すると、中宗・睿宗と自分の子を皇
帝にして一族で周囲を固め、対抗勢力を厳しく弾圧しました。

　690年、国号を「周」として自ら皇帝に即位します。中国史上唯一の女性皇帝で、705年に
81歳で崩御する直前まで権勢をふるいました。悪辣な策略と残虐な弾圧を繰り返す冷酷さの
一方、周の伝統にならった暦や官名の改革など、政治・社会・文化面での思い切った施策は高
く評価されています。

> **もっと知りたい！**　現在の西安市は、14kmにわたる城壁で囲まれています。唐の長安を基礎にして、明代の1370年から1378
> 年にかけてレンガを積んで造られた城壁です。東西に長く南北に短い形となっており、東側の文昌門、西側の安定門、南側の永寧
> 門、北側の安遠門と4つの門があります。城壁の上はかなり幅広く、ゆったり散策することができます。

カースル・ハワード

080

所在地：イギリス（イングランド）　ヨークシャー州ヨーク

ヨーロピアン・バロック様式を取り入れたカースル・ハワード。

英国一美しい壮麗な建物と庭園を持つ私有建築

　1699年から1712年にかけて、第3代カーライル伯爵チャールズ・ハワードが、建築家ジョン・ヴァンブラの設計で建設させたのが、カースル・ハワードです。ヴァンブラはオックスフォードシャー州にある世界遺産ブレナム宮殿の設計者であり、当時最先端のセンスでイギリス初のヨーロピアン・バロック様式を取り入れたことでも評価されています。

　約36km²の広大な敷地には湖や森林もあり、そのうちの7割は農場として使われています。庭園は広大すぎるため、館に隣接するウォールド・ガーデンがおすすめです。とくに2000種もの薔薇が咲くローズ・ガーデンは、初夏に訪ねてみたいところです。

　映画やテレビロケなどで使われる、豪華なインテリアの屋敷の各部屋も見学可能。300年以上にわたって同じハワード家が所有し、居住してきた現役の宮殿であるため、本物の豪華な装飾やインテリア・調度品に圧倒されます。

　カースル・ハワードは、城郭を持たないので厳密には「城」ではないのですが、16世紀以降は城が新築されなくなり、貴族の邸宅にしばしば「カースル（城）」と名付けられました。

もっと知りたい！　カースル・ハワードの現在の所有者は第13代カーライル伯爵ジョージ・ハワードで、館の一部を観光向けに公開しています。1年を半分ずつ、アメリカの邸宅とカースル・ハワードで家族が過ごすようです。アクセスは車があれば便利ですが、ヨーク駅からバス便があり、1時間半ほどで城の入口に停車します。

モーリッツブルク城

所在地：ドイツ連邦共和国　ザクセン州モーリッツブルク

人工の島の上に建てられたモーリッツブルク城。周囲に広がる庭園も見どころのひとつとなっています。

SLで森を抜ける中世ロマンあふれる古城への道

　モーリッツブルク城は1546年、ザクセン選帝侯モーリッツによって狩猟の館として建てられました。4つの丸い塔があり、人工島の上で、池に浮かぶように建っています。周囲の森林と湖は、ザクセン州の貴族たちのお気に入りの狩猟エリアでした。

　1884年に、狭いゲージの鉄道であるラーデボイル-ラーデブルク線が建設され、地区の首都ラーデボイルとラーデブルクが結ばれると突然アクセスがよくなります。

　このレスニッツグルント鉄道は130年以上を経た現在も現役で、運行区間は全長16.6km。途中11か所の駅に停車しながら森や住宅街のなかを抜けています。レトロな蒸気機関車に乗って中世古城へ旅するのは、なかなか得難い経験です。

　城は当初ルネサンス様式でしたが、1723年から1736年にかけて、ザクセン選帝侯フリードリヒ・アウグスト1世（強健王）の手でバロック様式の狩猟館兼離宮に改築されました。周囲を大小30もの池や庭園が囲み、城だけでなく、周囲の建物や島までもが左右対称に配され様式の美しさが際立っています。

もっと知りたい！　現在バロック博物館として公開されている館内では、古伊万里のコレクションや専用馬車の展示、65もの赤鹿の角が展示されている食堂や、数万枚もの鳥の羽で作られたタペストリーなどに飾られた「羽の間」が見どころです。芸術を愛したアウグスト1世がこだわって完成させた、華麗なる空間を楽しむことができます。

彦根城

所在地：日本　滋賀県彦根市

大津城から移築された彦根城の天守では、さまざまな種類の破風を見ることができます。

国宝天守を琵琶湖周辺の他の城から移築したときの伝説

　1952（昭和27）年に国宝指定を受けた彦根城天守は、3階3重の構造で、1607（慶長12）年頃の完成とされています。国宝指定の5年後から行なわれた解体修理による推定ですが、この時に5階4重の天守を移築して改装したものであることが判明しました。

　『井伊年譜』という史料に、「天守は京極家の大津の殿守也」とあり、彦根の天守は同じ琵琶湖畔の大津城（大津市）天守を移築したものである可能性が高いとされています。

　彦根城は、関ヶ原の戦いで西軍の中心になった石田三成の佐和山城を破却した後に造られており、大津城は合戦の時、城主の京極高次が籠城戦で西軍から守り切った城でした。

　この天守の据え付け工事が難しく、工期が大幅に遅れそうになった時、井伊直継（2代藩主・直孝の兄）に普請担当の家臣が、「人柱」を要求したという逸話があります。直継は却下しますが、ある家臣の娘が志願したため、白木の箱に入れて埋めることにしました。

　無事に天守が完成して普請担当者が直継に報告に行くと、人柱になったはずの娘がいるのです。じつは直継は箱だけを埋め、無駄に人の命を損なうことを避けたのでした。

もっと知りたい！　徳川四天王の井伊直政は、関ヶ原の合戦後に佐和山18万石を与えられ、大坂城の豊臣秀頼への備えとされました。直政は彦根藩初代藩主とされますが、1602（慶長7）年に佐和山城で死去しています。琵琶湖に面した金亀山に彦根城を築城することは、直政の死後に、遺臣の木俣守勝が、徳川家康に相談しながら進めたと伝わっています。

犬山城

083

所在地：日本　愛知県犬山市

標高40mほどの小高い丘に建つ犬山城は、現存最古の天守といわれます。

日本最古の国宝天守を後世に遺した武将・石川光吉とは？

　木曽川の左岸に面する標高40mほどの小高い丘に建つ犬山城は、中国の名勝「白帝城」の名で呼ばれる風光明媚な城です。1537（天文6）年に織田信長の叔父にあたる織田信康が築城したのが始まりといわれます。

　国宝にして日本の現存天守12城のなかでも最古の様式の犬山城ですが、現在の望楼型・3重4階地下2階の複合式天守のもとを造ったのは、めまぐるしく代わった城主のなかのひとり石川光吉（定清）という豊臣秀吉の家臣でした。

　石川光吉は、1590（天正18）年頃に犬山城1万2000石の城主になりましたが、木曾の太閤蔵入地12万石の代官も務めました。木曾の建材は太閤秀吉時代の建築ラッシュを担い、光吉も事実上12万石の財政力があったといいます。

　1600（慶長5）年の関ヶ原の合戦では、徳川家康の誘いに乗らず、西軍側として犬山城に籠城します。しかし、東軍の攻撃がはじまると協力の諸将にも内応者が続出。城を開城した光吉は、ほぼ単身で宇喜多秀家の陣に加わり、関ヶ原で奮戦したといいます。

もっと知りたい！　石川光吉は、一命は許されましたが領地没収となり、京都・妙心寺の世話になって茶人となり、のちに商人として成功しました。また犬山には1617（元和3）年に、尾張藩の家老・成瀬正成が入り、代々成瀬家の居城となりました。国宝指定は1935（昭和10）年ですが、なんと2004（平成16）年までは成瀬家個人所有の城として維持管理されていました。

本日の
テーマ 絶景の城

平遥古城
へい　よう　こ　じょう

世界遺産

所在地：中華人民共和国　山西省平遥

2700年余りの歴史を持ち、明清代の趣の伝える平遥古城の街並み。

明清時代がそのまま残された近世金融都市の風景

　平遥古城は、西周の宣王の時代（紀元前827〜紀元前782年）に創建されたといわれ、2700年余りの歴史を誇ります。今残る街並みや城壁は明や清の時代のものですが、中国の歴史の中心になった漢民族の伝統的な城郭都市がもっとも完全に保存されています。

　平遥は明代から清代末期まで「晋商」とよばれる山西商人の拠点であり、清代末期は中国史上初の為替・預金・貸し付け業務を専門に扱う近代銀行の雛形「日昇昌票号」が誕生し、一大金融都市となりました。しかし、西欧列強が進出して動乱期に入ると業務継続が困難になり、街の美しさと裏腹に現代では貧しい地域になってしまいました。

　しかし、県財政に余裕がないため都市の再開発ができず、結果として14世紀の明代始めに造営された街がそのまま残されたのです。

　市楼を中心に4つの「大街」、8つの「小街」に曲がりくねった路地が交差し、役割ごとに区分された市街が秩序立てて配置されています。住民の家はすべて青レンガ、灰色瓦の伝統的な四合院造りで、きれいな左右対称型で往年の歴史的な街並みを見事に保持しています。

もっと知りたい！　1997年に世界遺産に登録された「平遥古城」は、台形に巨大レンガを積み上げた城壁も見事です。明の1370（洪武3）年に現在の規模に拡張され、650年という時を超えて雄姿をとどめています。全長約6kmの古城壁には、孔子の3000人の弟子と72賢人にちなんで、3000の射撃用の金口と72の見張り台が造られています。

ジョグジャカルタ王宮

所在地：インドネシア共和国　ジョグジャカルタ特別州ジョグジャカルタ

オランダによって攻略されたジョグジャカルタ王宮。

18世紀からのヨーロッパ植民地支配に翻弄された王宮

　赤道に近い南国の雄大な自然と王朝文化が魅力のインドネシアのジャワ島中央部には、古都ジョグジャカルタがあります。8世紀、ヒンドゥー教の王国が成立しましたが、18世紀以降はイスラム教のマタラム王国の首都として栄えました。

　街の中心部に建つジョグジャカルタ王宮（クラトン）は1756年に建設され、スルタン（国王）が代々暮らした場所です。現在もスルタンが実際に暮らしている宮殿です。

　現在のインドネシアのほとんどは、「オランダ領東インド」（蘭印）と呼ばれ、16世紀末頃から勢力を伸ばしてきたオランダの植民地になりました。しかし、ナポレオン戦争の影響でオランダの国力が低下すると、18世紀末、イギリスがジャワ島に侵攻。1812年、1200人のイギリス部隊に急襲されたジョグジャカルタは1日で陥落し、王宮も炎上します。王宮が初めて攻略され、スルタンはイギリスの植民地支配に従属しました。

　1816年にインドネシアはオランダに返還されますが、1825年にスルタン家がオランダに反抗しジャワ戦争が勃発し、ジョグジャカルタ王宮の兵も多数加わりました。

　もっと知りたい！　ジャワ戦争は、指導者のディポネゴロ王子が捕らえられて終結します。ジャワ島の死者は20万人で、ジョグジャカルタの人口は半分になったといいます。その後、オランダによる植民地支配は1942年の日本軍の侵攻で終焉を迎えますが、日本の敗戦後はオランダが支配を再開しようとしたため、1945年にはインドネシア独立戦争が勃発することになります。

愛憎劇と陰謀の舞台

ヒルデスハイム・マリエンブルク城

所在地：ドイツ連邦共和国　ニーダーザクセン州マリエンベルク

ハノーファー王国のゲオルク5世が、10年以上の歳月をかけて建設したヒルデスハイム・マリエンブルク城。

ハノーファー王が王妃への愛のために10年をかけて建設した城

　1843年、当時王太子だった24歳のハノーファー王ゲオルク5世は、1歳年上のマリー・フォン・ザクセン＝アルテンブルクと結婚しました。

　1857年、王妃マリーの39歳の誕生日に、ゲオルク5世がプレゼントしたのが、ヒルデスハイム・マリエンブルク城です。妻にちなんで地名をマリエンベルクに変え、建設する城を「マリエンブルク城」として証書に記載しました。

　ネオ・ゴシック様式で建築された城は、ハノーファー王家の夏の離宮を兼ねていました。その完成は1867年と、10年以上の歳月がかかっています。

　しかし、1866年の普墺戦争でオーストリア側に与したことで、ハノーファー王国はプロイセン軍に占領されて降伏、ゲオルク5世はオーストリアに亡命します。マリー王妃と娘のマリー王女は1年だけヒルデスハイム・マリエンブルク城に住めましたが、のちに一家そろってオーストリアで亡命生活を送ることになります。ハノーファー王国はプロイセン王国に併合され、マリエンブルク城で夫妻が暮らすことはついに叶いませんでした。

もっと知りたい！　ヒルデスハイム・マリエンブルク城は、築城年代は新しいものの、高いベルクフリート（天守）や跳ね橋、張り出し廊下などを備え、中世古城のイメージで建造されています。王妃に贈られた城だけあって優美でやさしい外観が好まれ、城内のチャペルでは多くの結婚式が行なわれています。

バッキンガム宮殿

所在地：イギリス（イングランド）　ロンドン

バッキンガム宮殿は、ヴィクトリア女王が移り住んで以来、イギリス王室の公式の宮殿となりました。

首都ロンドンに約1万坪あるイギリス王室の現役宮殿の壮麗さ

　バッキンガム宮殿の始まりは1703年、バッキンガム公ジョン・シェフィールドが煉瓦造りの邸宅をこの地に建てたのが始まりです。その後、1761年にジョージ3世が、王妃シャーロットと子供たちのために譲り受け、私邸として使うようになりました。

　その後、ジョージ4世は、1825年から12年かけて全面改築に着手し、それまでルネサンス様式だった建物をネオクラシック様式に改装しました。1837年にヴィクトリア女王の即位の際にセント・ジェームズ宮殿から移り住み、以後バッキンガム宮殿はイギリス王室の公式の宮殿となったのです。

　バッキンガム宮殿の敷地は約1万坪で、舞踏会場、音楽堂、美術館、接見室や図書館なども設置されています。部屋数はスイート19、来客用寝室52、スタッフ用寝室188、事務室92、浴室78、総数775という壮大さ。宮殿に勤務する人は約450名で、年間の招待客は4万人にもなるといいます。宮殿正面広場には、クィーン・ヴィクトリア記念碑がそびえ、観光名物の衛兵交替式はその前を行進します。

もっと知りたい！　イギリスの観光イベントとして世界的に有名な衛兵交代式は、4月から7月までは毎日1回、他の月では2日に1回ずつ午前11時30分（日曜日は10時。大雨の日は中止）に行なわれています。近衛歩兵隊はグレナディアガーズ、コールドストリームガーズ、スコッツガーズ、アイリッシュガーズ、ウェルシュガーズの5つの連隊からなっています。

本日の
テーマ 訪ねたい城

ボディアム城

所在地：イギリス（ウェールズ）　イースト・サセックス州ロバーツブリッジ

14世紀以来、戦渦に巻き込まれることなく当時の姿を残すボディアム城。

戦火を受けず、中世城塞の魅力を14世紀から今に伝える城

　イングランド王に仕えた騎士エドワード・ダリングリッジは、百年戦争（1337〜1453年）で10年にわたり傭兵としてフランス各地を転戦し、戦功を重ねて財を築きました。その後、ボディアム領主の娘と結婚し、1385年にボディアム城を築きました。

　それ以降、戦乱が続いた時代を乗り越え、ボディアム城は幸運にも戦火を受けることなく現代に遺されました。キープ（主塔）を省いて四角形に築かれた城壁をより堅牢にし、四隅の円塔が中世末期の城郭の特徴を示しています。

　城を囲む濠には、近くのロザー川など複数の水源から引かれた水が今でも満々とたたえられ、往時にタイムスリップしたような偉容を目の当たりにできます。

　城郭内は、大ホール、食糧備蓄庫、炊事場、使用人室、チャペルなどが城壁に沿って設けられ、中央は広い中庭になっていました。ただ外観は修築されていますが、内部は朽ちたままになっています。北側正門の端から城内に入ることができ、塔の上にあがると、周辺ののどかな田園風景が見渡せます。

もっと知りたい！　ボディアム城は、現在はイギリスの環境保全団体「ナショナル・トラスト」が所有・管理しています。今でも城壁の補修は続けられ、美しい姿を保っていますが、17世紀に廃城になり、18世紀にはツタの絡まる美しい古城として人気を博したそうです。整備された美しい観光地になるのは、1925年にナショナル・トラストが時の城主から寄贈を受けて以降のことです。

チリンガム城

所在地：イギリス（イングランド）　ノーサンバーランド州チリンガム

展示される拷問具が中世の闇を伝えるチリンガム城。

生々しい拷問具が残る最前線の中世古城は幽霊多発地!?

　スコットランドとの国境に近く、イングランドとの紛争の地に近いチリンガム城は、13〜14世紀に築かれたとされています。拷問や大量処刑が行なわれた城として、幽霊がたいへん多く出るという「恐怖の心霊スポット」といわれています。実際は観光客が多く、「怖い」印象はないのですが、公開されている地下牢獄や処刑場に入ると、背筋に寒いものを感じます。

　暖炉やしゃれた家具がある部屋に小さく長方形に切られた地下への入口。そこを階段で降りていくと、昼間でも薄暗く湿気の多い空間が広がっています。牢獄はひとりが寝られる程度の狭さで、処刑場にはさまざまな拷問具が無造作に展示されています。

　もっとも目を引くのは、「アイアン・メイデン（鉄の処女）」という拷問具です。高さ2mほどの女性をイメージした空洞の人形は、扉を開けるとトゲが内側に前後から突き出ており、入れられた者の全身に突き刺さる構造になっています。

　美しい居住空間の下にこのような施設があることに触れるだけでも、陰謀と戦乱の時代であった中世の真実を目の当たりにできます。

もっと知りたい！　チリンガム城は、牢獄・処刑場部分を除けば、中世貴族の暮らしが再現された優雅な部屋が多く、騎士の戦いでの装備や武具などもあり、普通に観光地化された古城です。幽霊の目撃談や体験談なども具体的には見受けられず、幽霊伝説はイメージ先行のうわさ話レベルという印象です。

ロータス城塞

090

世界遺産
所在地：パキスタン・イスラム共和国　パンジャーブ州ジェラーム

1541年にシェール・シャーによって建設が開始されたロータス城塞は、3万の兵が駐屯できる大城塞として完成しました。

一代でスール朝を建国したシェール・シャーが築いた要塞

　ロータス城塞は、1541年にシェール・シャーによって建設が始められました。シェールは現在のアフガニスタンやパキスタンに起源をもつパシュトゥン人の家系で、当初はインドのムガール帝国に仕えていました。

　現在のインドのビハール州一帯の統治者に出世していた1531年、シェールはムガール帝国からの独立を宣言。わずか10年で北インドを席巻し、ムガール皇帝を駆逐してスール朝を樹立したのです。

　要塞建設の目的は、現在のペシャワールとラホールを結ぶ街道と、近くにある世界最大級の岩塩鉱の防衛にありました。しかし、1545年にシェール・シャーが事故死すると、スール朝は早くも衰退に向かいます。内紛で四分五裂している隙を突いてムガール帝国が勢力を盛り返し、1555年には滅ぼされてしまいました。シェールの死後、わずか10年での王朝崩壊でした。

　ムガール帝国による占領以降は、ロータス要塞が使用されることはほとんどなく、3万人の軍が駐在できたという大要塞も、戦闘で1度も使われることはありませんでした。

もっと知りたい！　ロータス城塞は、首都イスラマバード南東の都市ジェーラムの郊外にあります。ジェーラムへは、首都イスラマバード市内ないしベナジル・ブット国際空港から鉄道かバスで行けます。最寄り駅はジェーラム駅ではなくディーナ駅で、空港からこちらへバスで向かうこともできます。所要時間2時間半ほどで行ける、アクセスしやすい1997年登録の世界遺産です。

97

ブールシャイト城

091

所在地：ルクセンブルク大公国　ブールシャイト

ボウシート地方の歴史を見つめてきたルクセンブルク国内最大の城跡ブールシャイト城。

城からの圧巻の眺望と大公国の歴史がわかる

　ルクセンブルクにある廃墟化した城の中でも、土台などがしっかり残っているルクセンブルク国内最大の城跡です。蛇行するシュール川が作り出す起伏のある美しい丘陵地帯に、かつての威容を偲ばせて佇んでいます。しかし立地的に、その美しい全容を眺められるのは、空撮しかないほどの巨大さです。

　11世紀終わりには石造りの城があったようで、敷地からはローマ時代、メロヴィング朝、カロリング朝、オスマントルコ時代の痕跡が発掘されています。最初期に建てられた内側の城壁と建物はロマネスク・ゴシック様式、1384年には8つの塔を含む外城郭が完成します。

　その後16世紀にブールシャイトの領主の家系が絶えても、城は新しい持ち主の居城として増築を繰り返して使用され続けました。フランス革命が勃発して封建制が崩壊すると、城の所有権はトリーア大司教の手に渡り、ブールシャイト城の家財一切が競売にかけられ四散してしまい廃墟化したのです。その後、1936年に歴史的モニュメントとして登録され、1972年に国有化されたのち、記録をもとに復元されたのが現在の姿です。

もっと知りたい！　ヨーロッパの歴史を体現したようなブールシャイト城は、ルクセンブルク市内からのアクセスが便利です。空撮を眺めるのもいいですが、実際に城からシュール川とブールシャイトの丘の風景を歩いて自分の目で眺め、この地を移動しながら城の全体像を想像することがもっとも楽しく勉強にもなります。

ヒヴァ

所在地：ウズベキスタン共和国　ホラズム州ヒヴァ

ヒヴァのイチャン・カラ地区を囲む煉瓦造りの城壁は、高さ10mに及び、10世紀に基礎が築かれ、17世紀に現在の姿となりました。

オアシス都市ゆえに戦乱に翻弄された砂漠の古都

　中央アジア・ウズベキスタンの北西部アムダリヤ川下流域に位置し、ホラズム州都ウルゲンチ南西部にある歴史都市ヒヴァ。カラクムル砂漠の出入口にあるオアシス都市であり、17世紀にはイスラム国家ヒヴァ・ハン国の首都となりました。

　ヒヴァは、2つの街に分けられます。城壁の外側は、「ディチャン・カラ」と呼ばれる地区で、かつては11の門が街を守っていた地区です。城壁の内側は、世界遺産にも登録されている「イチャン・カラ」地区で、10世紀には建設されたといわれている高さ10mの煉瓦の城壁に守られています。砂漠の城塞都市らしく、広大な城壁で街ごと防御する堅牢さでしたが、つねに周辺諸国との争いが絶えませんでした。1869年、クリミア戦争に敗れたロシアが中央アジアからの南下政策に転じてヒヴァ・ハン国に侵攻すると、1873年、ムハンマド・ラヒム2世が降伏して同国は事実上の保護国となります。

　ヒヴァ・ハン国は1920年に滅亡しますが、「イチャン・カラ」を囲む全長約2.2kmの土壁とその内部のイスラム建築に、中世そのままの面影を残しています。

　1990年登録の世界遺産「イチャン・カラ」は、モスク、マドラサ（神学校）、ミナレット（塔）、霊廟、ハレムなどのイスラム建築と、往時のままの家並みが残る一般居住区で構成されています。ウズベキスタン共和国の首都タシケントから遠く、独自の文化が残されているヒヴァでは、中世以来の生活が今でも続けられています。

チェイテ城

093

所在地：スロバキア共和国　トレンチーン県チェイテ

惨劇の舞台となったチェイテ城。現在は廃墟となり当時の面影は伺えませんが、犠牲者の魂が彷徨っていると恐れられています。

600人の若い女性を虐殺した「血の伯爵夫人」の居城

　1560年にハンガリーの貴族に生まれ、600人以上の若い娘を殺してその血を浴びて愉悦に浸ったというエリザベート・バートリ。彼女が15歳でナーダシュディ・フェレンツ伯爵と結婚し、新居としたのがチェイテ城でした。フェレンツとの間には6人の子に恵まれますが、オスマン帝国の圧迫とヨーロッパが激しく戦った時代であり、夫は戦争続きで不在がちでした。

　エリザベートは性別を問わず多くの愛人を持ち、贅を尽くすことと、自らの美貌を保つことに執着したといいます。夫婦仲は良かったのですが、1604年に夫が亡くなると、贈与されたチェイテ城を居城として残虐行為がエスカレートします。

　当初は領内の農家の娘を誘拐したりして惨殺していましたが、やがて下級貴族の娘を「礼儀作法を習わせる」と誘い出し、「鉄の処女」（アイアン・メイデン／拷問器具）で殺してその血を浴びたりするような異常性欲者になっていきます。

　1610年、監禁されていた娘の1人が脱走したことから露見。捜査の手がおよび、死刑は免れましたが、死までの4年間をチェイテ城の地下牢で過ごしました。

もっと知りたい！　岩山の上にそびえるチェイテ城は、逆に脱出も非常に難しいことが想像できます。エリザベートの非道に捜査が入った時、役人たちは地下牢に残虐行為が行なわれた死体と衰弱した若干の生存者を発見します。また、城のあちこちに多くの死体が埋められていることも発覚しました。チェイテ城は、現代でも「心霊スポット」として語られています。

ファルネーゼ宮

所在地：イタリア共和国　ローマ県ローマ

現在フランス大使館として利用されるファルネーゼ宮。

ルネサンス建築のお手本の宮殿は、今のフランス大使館

　「16世紀のイタリア建築で、もっとも壮大で素晴らしい」といわれるファルネーゼ宮は、サン・ピエトロ大聖堂の建造に携わったアントニオ・ダ・サンガッロ・イル・ジョヴァネによって設計されたルネサンス建築の宮殿です。

　1493年にローマの枢機卿に抜擢されたアレッサンドロ・ファルネーゼの命で、1515年から建造がはじまりました。戦争による中断を経て、1534年1月、アレッサンドロが教皇パウルス3世になると、3階部分の完成と中庭デザインの変更を巨匠ミケランジェロに依頼します。

　以降完成までにほぼ50年かけたファルネーゼ家の威信の象徴ファルネーゼ宮は、荘厳なファサード（建物の正面部分）もミケランジェロによるもので、以降多くのルネサンス建築のモデルとなりました。

　現在は在イタリア・フランス大使館として使用されており、内部見学はできませんが、ルネサンス全盛期の傑作建築です。途中からミケランジェロのコンセプトでかなり設計を変更しており、美の巨匠が手を入れて遺した巨大な作品としても価値あるものです。

もっと知りたい！　ファルネーゼ家は、アレッサンドロ・ファルネーゼがローマ教皇に即位してから、急速に勢力を拡張しました。教皇パウルス3世は、都市パルマとピアチェンツァを教皇領から切り離し、1545年、息子のピエール・ルイージ・ファルネーゼを初代パルマ公にしました。その後1731年まで、ファルネーゼ家がパルマ公を世襲しています。

サン＝ジェルマン＝アン＝レー城

所在地：フランス共和国　イヴリーヌ県サン＝ジェルマン＝アン＝レー

国立考古学博物館となった太陽王ルイ14世生誕のサン＝ジェルマン＝アン＝レー城。

ルイ14世の生まれた城は、現在の「国立考古学博物館」

　パリから西へ約20kmの位置にあるサン＝ジェルマン＝アン＝レー城は、長く歴代国王の居城のひとつでした。1122年頃にカペー朝ルイ6世が城塞として築き、1230年代にルイ9世が拡張しています。しかし1346年、百年戦争に際してイングランド軍のエドワード黒太子に火を放たれて焼失、1360年代にシャルル5世が再建し、その後、歴代国王が増築・拡張しています。

　1638年、太陽王ルイ14世が、このサン＝ジェルマン＝アン＝レー城で生まれました。ルイ14世は、1669年から1673年にかけて庭を改修し、現在も城の名所として知られる全長2.4km・幅30mの遊歩道「テラス・ル・ノートル」を築かせる一方、王宮をヴェルサイユ宮殿に遷しました。1688年には名誉革命で亡命したイングランド王ジェームズ2世の居城として提供されるなどしましたが、さまざまな用途に転用されるうちに荒廃していきます。いよいよ取り壊しも検討され始めた時期、1862年にナポレオン3世の考古学コレクションがサン＝ジェルマン＝アン＝レー城に集められることになり、現在の国立考古学博物館になったのです。

もっと知りたい！　大規模な修復工事によって、ルネサンス様式の城としてよみがえったサン＝ジェルマン＝アン＝レー城は、1867年のパリ万博の年に国立博物館としてオープンしました。現在は約200万点の収蔵品を持つ世界有数の考古学の殿堂になっています。

バチアーツ城

096

所在地：スイス連邦　ヴァレー州マルティニ

山の中腹に建てられたバチアーツ城。フランスとの国境にあり、国境の監視役を務めてきました。

13世紀の聖職者がなぜ国境防備の城塞を造ったのか？

　ヴァレー州の州都シオンは、スイスで初めて司教領となった地域で、999年から1798年まで
シオン司教が治めました。

　バチアーツ城は、13世紀に国境防備のためシオン司教が築かせた城で、ローヌ川を見下ろ
す急峻な断崖の上に、天守にあたる巨大な円塔がそびえます。その勇壮な姿は、軍事目的で築
かれた中世古城らしい力強さにあふれています。

　スイスとフランスの国境近くにあり、アルプス山脈を越えて12kmほどでフランス領になる
ため、つねに外敵の侵入に備える必要があったのです。

　しかし、1518年にジョージ・スパーサコという人物に破壊されると、そのまま廃城になっ
てしまいます。

　300年ほどしか現役の城だった時期はないながら、城を守備していたのが兵士ではなく聖職
者や住民だった点に特徴があります。司教を「ビショップ」といいますが、チェスの駒にもなっ
ているように、戦いの中心になることもあったのです。

もっと知りたい！　ローマ・カトリック教会は、ローマ教皇を頂点に、大司教、司教の順で序列があります。司教はそれぞれ司教区
を管理し、「司教座」の置かれた教会で信徒の指導に当たり、教区内の教会の司祭を指導する役割でした。シオン司教も司教区
ではキリスト教の指導者でありながら領主でもあり、国境ではバチアーツ城のような堅牢な城も必要としたのです。

城塞都市アッシジ

世界遺産

所在地：イタリア共和国　ウンブリア州アッシジ

聖フランチェスコ修道院とアッシジの街が山の中腹に広がっています。

聖フランチェスコが生まれた信仰と城壁に包まれた都市

　　イタリア中部のスバシオ山西麓の丘陵上に築かれたアッシジは、紀元前1000年には周辺の高台に要塞化された集落ができていたといいます。

　　古くから侵略者との武力衝突が続き、破壊と支配が繰り返されたアッシジの街は、12世紀に聖フランチェスコが生まれ、活動したことで、信仰と祈りの街になりました。

　　1182年、アッシジの富裕な家庭に生まれたフランチェスコは、若い頃は仲間と贅沢に遊ぶ暮らしをしていましたが、23歳の頃、郊外の聖堂で祈っていたところ磔の像からイエスの声を聞いたのを機に、父の財産を持ち出して施しを行なうようになり、親から勘当されます。

　　生家を出て貧しい生活を送ったフランチェスコは、神の栄えと人々の永遠の救いのために自分の人生を捧げます。1226年、44歳で死去すると、フランチェスコ会の創立などの功績がバチカンに認められ、聖人に列せられました。アッシジに建立された聖フランチェスコ大聖堂には、その一生を描いたたくさんのフレスコ画が飾られています。中世でもっとも有名な聖人を生んだアッシジは、その後、カトリック教会の巡礼地となったのです。

もっと知りたい！　聖フランチェスコの始めたフランチェスコ修道会の教えは、ヨーロッパ中に拡大しました。生誕の地であり、往時の街並みがよく遺されたアッシジは、「アッシジ、フランチェスコ聖堂と関連修道施設群」として2000年に世界遺産に登録されました。その中心となる大聖堂の下には、聖フランチェスコが埋葬されています。

ジャイサルメール城

世界遺産
所在地：インド　ラージャスターン州ジャイサルメール

陽光を受けて黄金に輝くジャイサルメール城。

黄金に輝く美しい城が砂漠に浮かぶ城塞都市

　インドのラージャスターン州のタール砂漠の丘陵に、蜃気楼のように浮かんで見える城塞都市ジャイサルメール。砂岩でできた城壁に囲まれたこの街は、夕日に照らされると黄金に輝いて見えることから、「ゴールデンシティ」の愛称で呼ばれます。

　ラージプート族の統治者ラワル・ジャイサルによって1156年に岩山に築かれたジャイサルメール城と城塞都市は、かつてはインドと中央アジアを結ぶ交易の中継地点として栄え、莫大な富がもたらされました。

　富裕層は競うようにして「ハヴェーリー」と呼ばれる豪華な邸宅を建て、現在も旧市街を散策するとその繁栄の名残を見ることができます。ジャイサルメールはやがて砂漠の東西交易路の要衝の地位から没落しますが、結果として手つかずの古い景観が残されました。

　また、世界遺産「ラージャスターンの丘陵城塞群」に登録された6つの城のうち最古のものながら、旧市街の人口の4分の1が、今も城塞のなかで暮らしているのです。ジャイサルメール城は、現役の城塞都市として機能している世界的にもめずらしい古城です。

もっと知りたい！　城塞内には博物館があり、そのテラスからジャイサルメールの街を見渡すことができます。観光客向けのホテルやレストラン、ショップなどがある一方、ジャイナ教寺院やヒンドゥー教寺院では祈りを捧げる住民の姿が見られます。観光地であると同時に、地元の人々の生活の場としての息吹を感じる、活きた中世の城下町を堪能できるスポットです。

デュルンシュタイン城

099

所在地：オーストリア共和国　ニーダーエスターライヒ州デュルンシュタイン

リチャード獅子心王が幽閉されたデュルンシュタイン城は、山上の高所に廃墟の城となって残っています。

英雄「獅子心王」リチャード1世を幽閉した城主の悲劇

　ドナウ川下流のヴァッハウ渓谷に近いデュルンシュタイン城は、観光人気の高い景勝地の断崖上に遺る廃城跡です。クレムスの西にある、オーストリア公バーベンベルク家時代の1140年に建てられた城で、家臣であるハートマール1世が築いたとされます。

　1192年、次の城主ハートマール2世は、主君のオーストリア公レオポルト5世の命により、十字軍遠征から帰還する途中のイングランド王リチャード1世（獅子心王）を捕え、デュルンシュタイン城に幽閉しました。第3回十字軍に参加したレオポルト5世が、アッコンを攻め落とした際に掲げた旗をリチャード1世が叩き落とし、侮辱したのが発端とされています。

　のちにリチャード1世は、莫大な身代金と引き換えに神聖ローマ皇帝ハインリヒ6世に引き渡されました。しかし、この事件はローマ教皇ケレスティヌス3世の怒りを買い、レオポルト5世は破門、事件から2年後の1194年には落馬事故であっけなく死去してしまいます。

　デュルンシュタイン城には、中世の英雄リチャード1世を見事に捕えた結果、主君が非業の死を遂げるという数奇な歴史があるのです。

もっと知りたい！　デュルンシュタイン城は、1618年からの三十年戦争でプロテスタント側のスウェーデン軍に破壊され、1645年頃から放置されてきた廃城です。しかし今ではハイキングコースも整備され、頂上では城壁や門、牢獄跡などとともに迫力ある景観を楽しむことができます。デュルンシュタインの街自体も、城壁に囲まれて中世そのものの面影が残っています。

姫路城

世界遺産

所在地：日本　兵庫県姫路市

白鷺城の異名を取る姫路城の天守群。大天守を中心に渡櫓で連結された3つの小天守が周囲を囲む形をとります。

豊臣秀頼の妻だった千姫が、幸せな再婚の日々を過ごした城

　築城者の池田輝政と、利隆、光政の池田氏3代の治世の後に姫路城へ入ったのは、桑名藩主だった本多忠政です。1617（元和3）年、長男・忠刻と豊臣秀頼の元正室・千姫の結婚がきっかけでした。千姫は2代将軍・徳川秀忠の長女であり、家康の孫にあたります。

　関ヶ原の合戦のあととはいえ、大坂城の豊臣家の力を軽視できなかった徳川家康は、2代将軍・秀忠の長女である孫娘を、秀頼に嫁がせて関係を保とうとしたのです。

　結局、大坂冬の陣（1614年）、夏の陣（1615年）により、大坂城を攻略して豊臣家を滅ぼした徳川家康は、桑名の渡しで千姫が一目惚れした（と逸話が残る）武者ぶりのいい本多忠刻に再嫁させることにします。この時「大坂城から千姫を救った者に、姫を娶らせる」と宣言した家康の言葉を信じ、猛火の中を救出した坂崎出羽守直盛は、その時の火傷がもとで千姫に拒否されたといいます。坂崎は幕府と対立し、のちに千姫強奪の未遂事件が起こりました。

　しかし千姫は姫路城主の正室にはなれませんでした。夫の本多忠刻が家督相続前に29歳で急逝したのです。10年間の姫路での結婚生活を経て、千姫は娘と江戸に帰ったのです。

もっと知りたい！　築城当時の天守や櫓などの主要建築物が残る姫路城は、日本の近世城郭の代表的な遺構です。1993年には法隆寺、屋久島、白神山地とともに日本初の「世界遺産」に登録されました。白漆喰総塗籠造りの鮮やかな白の城壁や5層7階の大天守と、東、西、乾の小天守が渡櫓で連結された連立式天守を持つ優美さは、「白鷺城」の名にふさわしいものです。

ベルヴェデーレ宮殿

世界遺産

所在地：オーストリア共和国　ウィーン

プリンツ・オイゲンによって建設されたベルヴェデーレ宮殿は、のちにハプスブルク家の夏の離宮となりました。

バロック建築の典型といわれるハプスブルク家「夏の離宮」

　オーストリア帝国軍の総司令官であり、名族サヴォイア家の血筋にあたるオイゲン・フォン・ザヴォイエン（プリンツ・オイゲンとも／オイゲン公）は、不世出の軍事的天才として知られます。1701年から1714年にわたるスペイン継承戦争で各地を転戦し、勇名を馳せました。

　オイゲン公は、バロック様式の建築家として有名なヨハン＝ルーカス・フォン・ヒルデブラントに「夏の離宮」としてベルヴェデーレ宮殿の設計を依頼します。1714年から1716年にかけて下宮、1720年から1723年にかけて迎賓館にあたる上宮が建設されました。

　オイゲン公死後の1752年、ハプスブルク家のマリア・テレジアに売却され、娘のマリー・アントワネットがここで過ごした時期があります。モーツァルトが御前演奏を行ない、ナポレオン失脚後のウィーン会議で華やかな饗宴の場になるなど、歴史を刻んできました。

　現在は美術館になり、広大な敷地の南側の上宮は「オーストリア・ギャラリー」で19世紀以降のオーストリア絵画を展示、庭園をはさんで北側の下宮は「中世とバロック美術館」になっています。宮殿としての華やかさとともに、美術鑑賞の殿堂としても人気です。

もっと知りたい！　オーストリア美術史上の最高傑作といわれるグスタフ・クリムト（1862〜1918年）の『接吻』を展示しているのは、ベルヴェデーレ宮殿の上宮に入っている「オーストリア・ギャラリー」です。ベルヴェデーレ宮殿は、帝政オーストリアで活躍したクリムトの最高傑作『接吻』をはじめ、世界最大のクリムト・コレクションを有する美術館としても魅力的です。

ブラン城

所在地：ルーマニア　ブラショフ県ブラン

ブラム・ストーカー『吸血鬼ドラキュラ』のモデルとされるヴラド公ゆかりのブラン城。ドラキュラの城として多くの観光客が訪れます。

「ドラキュラ伯爵の城」は、ルーマニア随一の観光地に!?

　「ドラキュラ伯爵の城」として有名なブラン城は、トランシルバニア地方入口のブラショフ近郊にある1377年建造の城塞です。アイルランド人作家ブラム・ストーカーの小説『吸血鬼ドラキュラ』の主人公のモデルとされるヴラド・ツェペシュの居城とされますが、実際には祖父であるヴラド1世が建てたものの、ヴラド・ツェペシュは住んでいないようです。

　ヴラド・ツェペシュことヴラド3世は、1447年、オスマン帝国に父と兄を殺され、属国化されたワラキア公国の当主となります。ヴラドは権力を集中すべく公国内の大貴族を粛清し、オスマン帝国と激しく戦いました。貴族も敵の捕虜の殺し方も「串刺し」を好んだため、「串刺し公」という名で呼ばれて恐れられました。

　ブラン城は、中世古城として美しい外観をもち、ブチェジ山麓にあるブラン村の岩山の頂上にそびえる城で、城から眺める風景の美しさも観光ポイントです。一方、ブラド3世の不気味なイメージを盛り上げるような拷問機具をはじめ、当時の武器や甲冑なども展示されています。城へ向かう途中の道は、土産物屋街になっています。

もっと知りたい！　ワラキア公ブラド3世は、冷徹・冷酷な手法で政敵を殺害し、他国の兵士への拷問や処刑が異常に残虐だったことから「吸血鬼」と結びつけて語られます。しかし、オスマン帝国の大軍にゲリラ戦で抗戦し、何度も打ち破ったことから「救国の英雄」とも考えられています。しかし1462年に陰謀にはめられて捕縛され、12年間の牢獄生活を送ることになります。

アビラの城壁

103

世界遺産

所在地：スペイン王国　カスティーリャ・イ・レオン州アビラ

等間隔に塔が並ぶアビラの町を守る城壁。

巨大な城塞都市で信仰に生きた「アビラのテレサ」の伝説

　「アビラ旧市街と塁壁の外の教会群」として1985年に世界遺産に指定されたアビラの街は、岩山の頂にあって堅固な市壁で囲まれた城塞都市です。全長2.5km・高さ12mで、88の塔と9つの城門を持つ壮大な規模は、ローマ帝国時代の遺構を利用したと考えられています。

　一方で、1562年に最初のカルメル会の改革派女子修道院（サン・ホセ修道院）を故郷に設立した「アビラのテレサ」こと聖テレサの故郷・布教の地として知られています。少女時代から厳格で禁欲的な宗教生活を送る家庭に育ったテレサ・デ・ヘヘスは、修道院に入ると病気に苦しみ、その後は苦行に身を置くなかで数々の神秘体験に出合うようになります。

　たとえば、聖テレサの『自叙伝』には、黄金の槍を持つ天使によって身を貫かれ、引き抜かれた時に「私は神の大いなる愛による激しい炎に包まれた」とし、耐え難い苦痛よりも甘美な思いが勝っていたのは、「私の魂は神そのもので満たされていたからである」と記しています。

　神秘家ともいわれる聖テレサですが、古の聖人の「思い」への原点回帰をめざす彼女の宗教活動は、ローマ教皇にも認められて中世キリスト教の改革のなかで大きな役割を担いました。

もっと知りたい！　アビラ城壁の内外には、キリスト教の聖人に「列聖」した聖テレサにゆかりの場所が数多くあります。城壁内にある生家跡に建てられた「サンタ・テレサ修道院」、アルカサル門を入ったところに広がる「サンタ・テレサ広場」とその奥にある「サン・ペドロ教会」など、城塞建築とともにキリスト教の教会や修道院建築を存分に堪能できます。

ベル＝イル＝アン＝メール

所在地：フランス共和国　モルビアン県

ベル＝イル＝アン＝メールは、ルイ14世の治世、財務長官を務めながらも、失脚したフーケの居城です。

ルイ14世の財務卿ニコラ・フーケの権勢を示す要塞

　キブロン半島沖に浮かぶ85.6㎢のブルターニュ地方最大の島で、クロード・モネが75日間滞在して39作品を描き、アレクサンドル・デュマ・ペールが『三銃士』『鉄仮面』の舞台としたことでも知られています。

　「美しい島」の名の通り、美しい海岸を持つこの島には、ルイ14世の財務卿だったニコラ・フーケが、要塞建築の天才セバスティアン・ル・プレストル・ド・ヴォーバンに依頼して築いた巨大な要塞があります。現在は博物館になっていますが、往時のままのものものしい城壁沿いに、海に向けた大砲が多数据えられています。

　ルイ14世の忠実な軍人だったヴォーバンに、財務大臣であるフーケが自身の判断で要塞を築かせたことは、絶対王政を目指す「太陽王」には苦々しいものでした。パリ郊外に豪勢すぎるヴォー＝ル＝ヴィコント城を築いたことに、ベル＝イル＝アン＝メールの要塞建築も相まって、フーケは失脚に追い込まれます。1661年には公金横領の罪で逮捕され、政略的な意図による裁判を経て、1680年頃に獄中で死去することとなります。

もっと知りたい！　ベル＝イル＝アン＝メールは、日本人にはなじみが薄いものの、白い砂浜のビーチや島内を巡るレンタサイクルもあり、リゾートとして観光化されています。モネが1886年9月から11月まで滞在して描いた作品のうち1点『雨のベリール』は、東京都中央区の「アーティゾン美術館（旧ブリヂストン美術館）」に所蔵されています。

ドリア城（ポルトヴェーネレ）

世界遺産
所在地：イタリア共和国　リグーリア州ポルトヴェーネレ

ポルトヴェーネには、ローマ帝国滅亡後、地中海を席巻したイスラーム海賊の襲撃から身を守るための工夫が随所に残されています。

山上にそびえる「砦」の名残に守られた美しい港町

　イタリア北部のポルトヴェーネレは、リグーリア海に面した海岸に位置し、周辺の島々とともに1997年に世界遺産に登録された景勝地です。

　この街は断崖と集落が一体化し、ジェノヴァの出城として築かれた歴史を持っています。海に突き出た岩の岬に立つ石造りの建物は、「サン・ピエトロ教会」。ポルトヴェーネレの観光名所で、教会周辺は「詩人達の入り江」と呼ばれ、かつて英国詩人たちがたくさんこの入り江を訪ねたことに由来するといいます。

　さらにこの美しい港町を守ってきたのが、街を見下ろす岩の崖に建つドリア城です。12世紀に建造された廃城ですが、城塞が街まで防御すべく築かれているのがわかります。廃城跡を外壁沿いに歩きながら海岸を見下ろすと、まさに絶景が広がっています。

　南方の支配権を巡ってジェノヴァとピサの争いが繰り広げられた際、主要な前線の役割を果たしたドリア城と城下町ポルトヴェーネレでしたが、その後、海沿いには狭い土地にカラフルな家が建ち並ぶようになり、その独特の景観は約1000年にわたって維持されています。

もっと知りたい！　「ポルトヴェーネレ」は「女神の港」と言う意味なのですが、これは「Porto（港）」と「Venere（金星）」という単語に分けられます。金星は英語名だと「Venus」ですから、ヴィーナス＝女神の港というわけです。海上から街の景観を楽しむのはもちろん、カラフルな家の間の路地裏の石畳を散策するのもおすすめです。

バハラ城塞

世界遺産

所在地：オマーン国　ダーヒリーヤ

12kmにわたる城壁で守られたバハラ城塞。

危機遺産を脱した城壁で囲まれた城塞都市

　アラビア半島の南東の端に位置するオマーンは、古くから首都マスカットにある港を中心に貿易で栄えた地域ですが、北部には標高3000m級の山々が連なっています。そのひとつのアフダル山麓にあるバハラ城塞は、全長が12kmという長大な城壁で囲まれています。

　紀元前3世紀には開けていたとされ、内陸にありながら、7〜15世紀には海のシルクロードの中継地として栄えました。しかし遊牧民やペルシア人からの攻撃、略奪の危険につねにさらされ、防衛のために砦や城塞が発達しました。その最大規模の城塞都市とされるのがバハラ城塞で、16世紀頃にいまのかたちに整いました。

　ただ日干しレンガ造りのため耐久力に乏しく、1987年に世界遺産に登録されたものの、翌年には危機遺産リスト入りしてしまいます。その後、財政難を抱えながらもオマーン政府が修築や整備を続けた結果、2004年には危機遺産から外されました。

　城内に入ると、映画のセットのように整然とした城塞に建物が並び、建物のなかは迷路のように入り組んだ通路が続く構造になっています。

もっと知りたい！　バハラ城塞には、ほとんど詳しい歴史が伝わっていません。バハラ城塞とバハラの街は、12世紀に興ったナブハーニ朝の都として13〜14世紀頃に築かれたと考えられています。ナブハーニ朝は1624年にヤアーリバ朝が成立するまで続きました。ヤアーリバ朝が遷都すると、世界遺産に登録されるまで約350年も放置されていたようです。

エステンセ城

107

世界遺産
所在地：イタリア共和国　エミリア・ロマーニャ州フェラーラ

ルネサンス期のフェラーラを支配したエステ家のエステンセ城は、いくつもの愛憎劇の舞台となりました。

若い後妻と息子の関係発覚に、激怒した父の壮絶な処刑とは

　イタリア北部のフェラーラは、ルネサンス期の文化の中心として栄えた歴史ある都市です。14世紀から400年にわたってこの地を支配したエステ家は、街の中心にあるエステンセ城を居城としました。城内は華やかな絵画と装飾に彩られた部屋が数多くありますが、地下の暗く陰鬱な牢獄跡は、「ウーゴとパリシーナの牢獄」とも呼ばれています。

　1425年、城主のニッコロ3世・デステに、2人目の妻パリシーナ・マラテスタと跡継ぎに考えていた長男ウーゴ・デステの密通が発覚します。2人は義母と息子とはいえ1歳しか違わず、その関係は秘密のうちに2年も続いていました。

　ニッコロ3世が35歳の時、14歳で後妻に来たパリシーナは、ウーゴと恋に落ちる前、ニッコロ3世との間に2人の子をもうけていました。パリシーナ19歳、ウーゴ18歳の時から続いた不義の関係が知れると、ニッコロ3世は激怒して2人を地下牢で斬殺したのです。

　一説には、手足を鎖でつないで片耳をそぎ、片眼をくりぬき、指を切り取り……というやり方で、ふたりは10日以上苦しみ抜いて死んだといわれています。

もっと知りたい！　その後、ニッコロ3世は3人目の妻リッチャルダ・ダ・サルッツォと再婚し、2人の息子に恵まれますが、パリシーナの霊に夜な夜な悩まされるようになり、やがて首つり自殺をしたといいます。リッチャルダが生んだ息子エルコレ1世が、のちにニッコロ3世の跡を継ぎ、第2代フェラーラ公としてルネサンス芸術の庇護者として知られる当主となりました。

マイソール宮殿

所在地：インド　カルナータカ州マイソール

インド・サラセン様式で建てられたマイソール宮殿は、南インドの至宝と讃えられています。

「南インドの至宝」と呼ばれる豪華壮麗な大宮殿

　デカン高原南部のカルナータカ州に位置する都市マイソールは、ふたつの川に挟まれた丘陵地にあり、マイソール王国やその後のマイソール藩王国の首都として繁栄しました。その中心に、国内最大級のマイソール宮殿があります。

　1399年から1947年まで、一時中断はあったものの、550年近くマイソール王国を治めたオデヤ朝は、ヒンドゥー王国として独特の文化を開花させてきました。

　初代のマイソール宮殿は14世紀に建てられましたが、戦乱による破壊と再建が繰り返された結果失われ、現在の宮殿は19世紀にイギリスの著名な建築家ヘンリー・アーウィンの設計によるものです。イギリスのゴシック様式とインドの伝統的なムガール様式が融合した「インド・サラセン様式」と呼ばれる外観は、非常に壮大で華やかです。

　ヨーロッパ建築とヒンドゥー・イスラムの建築様式が組み合わさった宮殿に入ると、非常に高い天井と柱をびっしりと埋め尽くす彫刻、巨大で豪華なステンドグラスなどに圧倒されます。広大な敷地内には博物館も設置されており、かつての藩王たちに関する展示もあります。

もっと知りたい！　18世紀後半のイギリス・東インド会社とのマイソール戦争は、王国にとってとくに激しい戦いでした。第一次、第二次戦争では優れた司令官に率いられ、マイソール王国は優位に戦いを進めました。しかし、第三次戦争にはイギリスが諸勢力と連携したため劣勢に立たされ、第四次戦争で総司令官ティプー・スルターンが戦死し、マイソール王国の敗北したのです。

ケルフィリー城

所在地：イギリス（ウェールズ）　ケルフィリー

美しさと堅固さを兼ね備えたケルフィリー城。

イギリス第2位の巨城の難攻不落を誇るその構造とは

　城郭の規模がイギリス全体でウインザー城に次ぐ第2位の規模であり、しかも湖に浮かぶように見えながら人工の巨大な濠がめぐらされているケルフィリー城。ダムが建設されて城門の役割も果たしており、まさに"難攻不落"という言葉にぴったりのイメージの城です。

　1268年にケルフィリーの領主だったアール・ギルバートによって築城が始められ、一時中断を経て1271年に完成しました。しかし、壮大な構想で造られた城も15世紀に入ると衰退して廃墟となり、16世紀には監獄として利用されていました。

　その後は持ち主が転々と代わりましたが、1776年に初代ビュート侯爵ジョン・ステュアートが城を取得し、のちに炭鉱で富を得た第3代ビュート侯ジョン・クライトン＝ステュアートは、城域の端まで立てられた建物を除去するために敷地の買い戻しを行ないました。

　第4代ビュート侯ジョン・クライトン＝ステュアートになると、1928年から1939年の間に大規模な修復プロジェクトを発足。その後、1950年代から1960年代に塔や建物を再建し、池の復活などが行なわれ、本来ある現在の姿へと戻ったのです。

もっと知りたい！　ケルフィリー城は、18世紀からオーナーになった歴代ビュート侯によって、中世の風情が色濃く残る城として今日に残されました。21世紀になると、第一級指定建築物としてウェールズ政府が保護し、ショップやアトラクションも整備されました。2006年には、9万人の観光客を集めるまでになっています。

万里の長城

所在地：中華人民共和国　河北省、北京市、山西省、内蒙古自治区、陝西省、寧夏回族自治区、甘粛省

北方民族から中国王朝を守ってきた長城。戦国時代に各国が築いた長城が秦の始皇帝によって連結され、その基礎が築かれました。

総延長がいまだはっきりしない中国歴代王朝による長城建築

　万里の長城は、紀元前221年に中国を統一した秦の始皇帝が匈奴の侵入を防ぐために築いたとされますが、戦国時代の秦や燕、趙が築いていた長城を補修・連結したものです。

　前漢の武帝（在位：前141〜前87年）は、長城を蘭州北方から西に、敦煌の西の玉門関まで延長します。南北朝時代には北方民族の活動で長城の位置は南下し、6世紀中頃に北斉が、7世紀に隋がこれまでより南側に長城を築きました。

　長城が現在の規模になったのは明代で、モンゴルの侵入を防ぐべく、15世紀の前半には河北や山西の北部の長城が強化されました。この付近は内長城も造られて二重になっています。さらに16世紀中頃には大同北西から山海関までが堅固に改修されています。

　こうして長年にわたり多くの王朝・諸侯の手が入ったため、総延長はいまだ確定できないのです。

　なお、17世紀中頃に北方民族の征服王朝である清代に入ると、万里の長城は軍事的意味を失い、中国とモンゴルとの間のたんなる国境にすぎなくなりました。

もっと知りたい！　万里の長城は、1987年に中国で初めて世界遺産に登録されました。かつてその長さは8851.8kmとされていましたが、2012年の調査を経た中国によると、総延長は2倍以上の21,196.18kmと発表されています。日本列島の長さを約3000kmとすれば、なんとその7倍です。長さはさておき、世界最長にして最古の防御壁なのは変わりありません。

ストックホルム宮殿

所在地：スウェーデン王国　ストックホルム県ストックホルム

スウェーデン歴代国王の生活の場となってきたストックホルム宮殿。

歴代国王の公邸に刻まれた、クリスティーナ女王の個性的な歩み

　現役のスウェーデン王室公邸であるストックホルム宮殿は、13世紀からの要塞を16世紀末にルネサンス様式に大改築された後、1697年にバロック様式で再建されました。しかし直後の大火で大部分が焼け、1754年にようやく国王一家が定住する宮殿になります。

　ストックホルム宮殿に暮らした歴代スウェーデン君主のなかで、女王は非常にまれで、そのなかでも異彩を放っていたのがクリスティーナ女王（在位：1632〜1654年）です。

　クリスティーナは、グスタフ2世アドルフと王妃マリア・エレオノーラの娘に生まれ、早くも資質を見抜いていた父に後継者教育を施されました。父の戦死に伴い6歳で即位すると、宰相の補佐を受けながら男装で過ごしました。やがて親政するようになると、神聖ローマ皇帝やイングランドと渡り合い、スウェーデン王国を強国にのし上げたのです。

　一方で知識欲旺盛な彼女は、フランスの哲学者デカルトに心酔し、スウェーデン海軍に迎えを出させてストックホルム宮殿に招きました。1650年1月から公務のかたわらデカルトの講義を受けますが、翌月には風邪をこじらせたデカルトを客死させてしまいました。

もっと知りたい！　クリスティーナは誕生の時に男児と誤認され、「王子誕生」と父王・王妃に報告されたところ、女児だったことが判明します。母マリアは落胆しますが、父グスタフ2世アドルフは「生まれた時から国王を欺くのだから、賢い子になるだろう」と喜んだといいます。宮殿内のホール・オブ・ステートには、クリスティーナ女王の「銀の玉座」が遺されています。

118

本日の テーマ 絶景の城

ネスヴィジ城

世界遺産

所在地：ベラルーシ共和国　ミンスク州ネスヴィジ

ネスヴィジ城は、ルネサンス様式やバロック様式によって建て替えられた城館と、ヨーロッパ最大級のイギリス式庭園で構成されています。

ヨーロッパ最大級のイギリス式庭園を持つ世界遺産

　白亜の壁に赤茶色の屋根が印象的なネスヴィジ城は、現在のベラルーシを支配したリトアニア大公国の大貴族ラジヴィウ家の居城です。10の建造物で構成されており、それぞれがぐるりと結ばれて全体がひとつの建物のようになっています。

　1582年にもとの城をルネサンス様式やバロック様式によって建て替え、1604年に完成しました。その後、回廊のほか、城の四隅に八角塔を付けていきました。しかし、1770年代にロシア軍に略奪され、一時ラジヴィウ家は追放されてしまいます。

　追放から戻ったラジヴィウ家は、その時のネスヴィジ城復元作業で、イギリス流の風景式庭園に力を入れました。現在に残るイギリス式庭園としてはヨーロッパ最大級の規模です。

　1939年にソビエト軍の侵攻によってラジヴィウ家は再び城を追放され、長くソ連支配のなかで療養所として使用されました。その後は大きな被害に遭うこともなく、広大な森と効果的に配された人工の川や濠が、中世城郭の趣を今に伝えています。城内もまた美しく整備され、リトアニア大公国の昔日の栄華に思いを馳せることができます。

もっと知りたい！　2005年、「ネスヴィジにあるラジヴィウ家の建築的・居住的・文化的複合体」として世界遺産に登録されたネスヴィジ城の所有者ラジヴィウ家は、「王冠のない王」と呼ばれるほどの栄華を誇りました。城内はどの部屋も豪華なインテリアで飾られ、寄木細工の床、きらびやかなシャンデリアなど、城内の豪華さ、庭園の美しさは東欧屈指といえます。

ハウステンボス宮殿

113

所在地：オランダ王国　南ホラント州ハーグ

ウィレム1世以降、ハウステンボス宮殿はオランダ王室の公邸として機能しています。

17世紀からオランダ王室とともに歩んだ「森の家」

「森の家」と呼ばれるハウステンボス宮殿は、1645年、オランダの建築家ヤコブ・ヴァン・カンペンを設計者とし、三十年戦争でオランダに亡命したプファルツ選帝侯妃エリザベス・ステュアートにより建設が始められました。完成後は、オランダ総督オラニエ＝ナッサウ家の夏の別荘となります。

しかし、フランス革命戦争が勃発すると1795年にフランス軍の侵攻を受け、ネーデルラント連邦共和国は崩壊し、最後の総督ウィレム5世はイギリスへ亡命します。その後、1815年に民衆の支持を得てオランダ王国が成立すると、ウィレム5世の息子が初代国王ウィレム1世として即位しました。オラニエ家は、立憲君主としてオランダに返り咲いたのです。

国王ウィレム1世は即位の年にハウステンボス宮殿を公邸に定め、以降、オランダ王室の宮殿として今日に至っています。宮殿は一般公開されていませんが、敷地の周囲の道を散策することができます。正門や裏門の外からですが、17世紀の伝統的な建築美や屋根の八角形のドームを見ることができます。手入れの行き届いた芝生や並木道、池などの景観も魅力的です。

もっと知りたい！　第二次世界大戦中、オランダはナチスドイツに占領され、ハウステンボス宮殿も爆撃されました。しかし大きな損傷は免れ、1951年から1956年にかけて修復され、再び王室の住まいになりました。1981年から2013年まで在位し、日本との国交に尽力したベアトリクス女王もずっとこの宮殿に暮らしました。

本日の
テーマ　愛憎劇と陰謀の舞台

ミラマーレ城

所在地：イタリア共和国　フリウリ・ヴェネツィア・ジュリア州トリエステ

アドリア海に臨むミラマーレ城。ハプスブルク家にまつわる悲劇が伝わります。

メキシコ皇帝なった夫婦の悲劇の愛を伝える白亜の城館

　当時オーストリア領だったトリエステ近郊のミラマーレに、アドリア海に面した白亜の城館「ミラマーレ城」が建ったのは1860年のことです。皇帝フランツ・ヨーゼフ1世の弟であるマクシミリアン大公が兄との対立によって副王を解任され、隠棲を決意して移り住んだ城です。

　オーストリア海軍の司令長官まで務めたマクシミリアン大公は、1857年に25歳で結婚したベルギー王家出身の妻シャルロッテ・フォン・ベルギエンと、心血を注いで建造したこの城に暮らしました。しかし1864年、フランスのナポレオン3世から持ちかけられていたメキシコ皇帝に即位するため、ミラマーレ城から妻シャルロッテをともなって出航します。

　メキシコ皇帝に収まったマクシミリアンですが、メキシコではフランス支配への抵抗運動が激化していました。手を焼いたナポレオン3世は軍を撤退させ、マクシミリアン夫妻は取り残されてしまいます。シャルロッテは単身ヨーロッパに戻って支援を求めて活動しますが失敗し、心を病んでミラマーレ城に幽閉されます。1867年、皇帝マクシミリアン1世は、メキシコ抵抗軍の捕虜になり、そののち処刑されてしまいました。

もっと知りたい！　晩年のシャルロッテは故国ベルギーに戻り、バウハウト城で幽閉状態の生活を送り、1927年に86歳の生涯を閉じました。自分はメキシコ皇帝の皇后であり、夫が生きて帰ってくるとずっと信じていたといいます。子供はなかったものの夫婦仲がよかった2人が、もっとも静かな時間を過ごしたのがミラマーレ城だったのです。

王宮（プノンペン）

115

所在地：カンボジア王国　プノンペン

プノンペンの王宮は、カンボジア独自の様式に加え、フランスなどのヨーロッパ様式が混在する宮殿となっています。

金、銀、ダイヤが集結したプノンペン最大の観光名所

　インドシナ半島南部に位置するカンボジア王国は、アンコール・ワット遺跡で有名な立憲君主国家です。王宮はフランス領インドシナの一部だった1866年にプノンペン遷都が行なわれた折に建設され、1919年にフランスの建築家の改築があって現在の姿になりました。

　敷地内に入った左手には、黄金の屋根に装飾をふんだんに施した即位殿があります。戴冠式や要人との謁見、その他の王室行事に使用されます。高さ59mのクメール様式の尖塔が中央にあり、建物全体はヨーロッパ風のフレスコ画や東洋の赤と黄金色の窓など、さまざまな建築様式が混在しています。部屋の奥には、何層にも積み重なった大きなパラソルの下に、金箔で覆われた戴冠式用の王座が展示されています。

　さらに南側に向かうと、王冠から国王の食器までを収めた宝物殿、その隣に1876年当時のノロドム王がフランス王妃から寄贈された「ナポレオン3世の館」があります。

　即位殿を小さくしたようなシルバー・パゴダには、2086個ものダイヤに彩られた黄金の仏像をはじめ、金や銀、宝石などで装飾された約1,650点もの仏具があります。

もっと知りたい！　「シルバー・パゴダ」の名は、床に5000枚以上もの銀の板が敷き詰められていることに由来します。黄金立像は重さ90kg、王冠には25カラットのダイヤがはめられています。その背後には、ひとつの翡翠に彫刻されたという小さな「エメラルドの仏像」があります。上座部仏教国家らしい、きらびやかな仏具で埋め尽くされたパゴダです。

カステル・ヴェッキオ（ヴェローナ）

所在地：イタリア共和国　ヴェネト州ヴェローナ

ヴェローナの政治を動かしてきたカステル・ヴェッキオとアディジェ川に架かるスカリジェロ橋。

ヴェローナ市立美術館になっている中世観光都市の要

　ヴェローナは、街の中心部に有名な古代ローマ時代の円形競技場跡があり、中世の町並みがよく残ることから、イタリア屈指の観光名所のひとつです。2000年には「ヴェローナ市街」としてユネスコの世界遺産（文化遺産）に登録されました。

　古都ヴェローナの中でもとりわけ中世の世界を堪能できるエリアが、カステル・ヴェッキオです。ゆったりと流れるアディジェ川に沿って堂々と建つその姿は、中世ヴェローナ市民建築の代表的な建物で、デラ・スカラ家のカングランデ2世によって、1354〜1357年にかけて建てられました。

　堅牢なレンガ造りで、6つの見張り塔と銃眼が並ぶ城壁を持つカステル・ヴェッキオ城は、要塞としての役割もあり、城の周りには立派な堀の跡もあります。

　レンガや石が積み上げられた壁や城内の中庭を歩いていると、中世の騎士になったような気分になれます。

　カステル・ヴェッキオは、現在は市立美術館になっています。

もっと知りたい！　カステル・ヴェッキオに隣接するスカリジェロ橋は、別名カステル・ヴェッキオ橋とも呼ばれているほど、城と一体の景観をかたち作っています。アディジェ川に架かる円弧アーチ橋の上部が赤レンガ、下部は白い大理石という構造は、城と同じカングランデ2世による建設です。1945年にドイツ軍に破壊されましたが、1949年に忠実に再建されました。

ノイシュヴァンシュタイン城

所在地：ドイツ連邦共和国　バイエルン州シュヴァンガウ

ノイシュヴァンシュタイン城は、「狂王」の異名を取るルートヴィヒ2世によって建設されました。

怪死した城主・ルートヴィヒ2世

　バイエルン王ルートヴィヒ2世によって19世紀に建築されたノイシュヴァンシュタイン城は、「古きドイツの騎士城の真の姿を再現したい」というルートヴィヒ2世の強い希望によって、ロマネスク様式や後期ゴシック様式などの折衷主義で建設されました。

　建設作業は1869年に開始され、1886年に居住可能となり、ルートヴィヒ2世は首都ミュンヘンに戻らず、ここを居城としました。

　ところが、ルートヴィヒ2世は他にもリンダーホーフ城やヘレンキームゼー城の建設をはじめ、壮大なファルケンシュタイン城の建設計画を持っていました。

　王室公債などを乱発して借金を積み重ねるやり方にバイエルン政府は危機感を募らせ、最終的には首相らによる形ばかりの精神病鑑定にかけられ、統治不能者としてベルク城に軟禁されることになります。王がノイシュヴァンシュタイン城に居住したのは、わずか172日間でした。その翌日、主治医と湖畔を散歩していたルートヴィヒ2世は、謎の死を遂げます。主治医とともに水死体となって発見されたのです。その死の理由については、自殺説のほか、逃亡を企てるも失敗したとする説などがあり、はっきりしていません。

もっと知りたい！　ドイツ・ロマンチック街道の終点として、人気の観光スポットとなっているノイシュヴァンシュタイン城は、アナハイムのディズニーランドのシンデレラ城のモデルともいわれる美しい外観とともに、内部見学も可能です。「王座の広間」と「歌人の広間」はまさに絢爛豪華で、夢想家だったルートヴィヒ2世のこだわりが随所に見られます。

ラ・グランハ宮殿

所在地：スペイン王国　カスティーリャ・イ・レオン州レアル・シティオ・デ・サン・イルデフォンソ

ラ・グランハ宮殿は、スペイン・ハプスブルク家の断絶後、王位を継いだブルボン家によって建設されました。

フェリペ5世が晩年に心の病で苦しんだ宮殿

　ルイ14世を祖父に持つスペイン・ブルボン朝初代国王フェリペ5世は、1719年にこの地を購入し、1721年からフランスのヴェルサイユ宮殿をまねた宮殿と庭園の建設を始めました。

　1724年、フェリペ5世は41歳で退位して長男ルイス1世を即位させ、自身はラ・グランハ宮殿に隠棲します。ところが、即位して1年もせずにルイス1世が天然痘で病死したため、フェリペ5世は王位復帰を余儀なくされます。

　次男フェルナンド（のちのフェルナンド6世）がまだ幼いので中継ぎのつもりでしたが、余生を過ごす予定だったラ・グランハ宮殿が、にわかに政治中心地になったのです。結局、フェリペ5世はその後20年にわたり在位しますが、晩年は躁鬱病の悪化に苦しむようになります。

　衣類を着替える気力もなく、洗顔もせず喫煙に依存し、昼夜逆転の生活を送るようになったフェリペ5世。結果、後妻のエリザベッタ・ファルネーゼ王妃が国政に介入するようになり、精魂を傾けたラ・グランハ宮殿で不遇の暮らしを続け、62歳で世を去りました。フェリペ5世は、遺言により宮殿の附属教会に埋葬されました。

もっと知りたい！　ラ・グランハ宮殿の広大な庭園は、18世紀ヨーロッパの庭園設計の典型例とされます。フランスから公式に招聘した建築家により、バロック様式で築かれました。自然の丘陵という地形を造園にも水の供給にも生かし、26もの噴水で飾りました。なかでも『ディアナの浴槽』は有名です。

サンタンドレ要塞

所在地：フランス共和国　ガール県ヴィルヌーヴ・レ・アヴィニョン

巨大な円塔が特徴的なサンタンドレ要塞。

要塞の上からの眺望は中世時代そのものの光景!?

　1362年から1368年にかけて建設されたサンタンドレ要塞は、1309年から約70年間、ローマからアヴィニョンに遷された教皇庁を監視し、国境を防衛するために築かれた要塞です。このフランス王フィリップ4世によって教皇がローマから離された時代を、「教皇のバビロン捕囚」といいます。

　教皇庁が置かれたアヴィニョン自体も城壁で囲まれた城塞都市ですが、ローヌ川対岸の丘の上に建つ巨大なサンタンドレ要塞は、より軍事的な用途が強く意識され、高くて分厚い城壁が堅固な防衛力を誇示しています。

　圧巻なのは巨大な双円塔がそびえる城門で、城門入口の両側で、敵が殺到した場合に上から攻撃する役割を担っています。城壁で囲まれた内部には、3.5haという広大な街が広がっています。

　塔にのぼり、城壁の上を歩くと、中世そのものの雰囲気が味わえるほか、ローヌ川流域とアルピーユ山脈、アヴィニョンの街の大パノラマの絶景が広がります。

もっと知りたい！　サンタンドレ要塞の隣には、「祝福の谷」と名付けられた修道院があります。花々が咲き乱れる庭と、異なる様式で築かれた3つの美しい回廊や、アヴィニョンの教皇庁宮殿のフレスコ画も手がけたマッテオ・ジョヴァネッティによるチャペルのフレスコ画が残されています。修道院内は、礼拝堂などを見学できます。

ケープ・コースト城

世界遺産

所在地：ガーナ共和国　セントラル州ケープ・コースト

200年にわたりイギリスによる奴隷貿易の拠点となったケープ・コースト城。

「奴隷貿易」の負の世界遺産はヨーロッパ列強による港湾城塞

　ケープ・コースト城は、西アフリカのギニア湾に面した黄金海岸に位置します。1653年にスウェーデン・アフリカ会社（商社）によって木造で建築され、1663年にオランダが占領して石造りの城塞に建て替えられましたが、翌年にはイングランドが征服します。以後200年以上、イギリスによる奴隷貿易の拠点となりました。1844年にはイギリス領黄金海岸の植民政府の中心地になっています。

　黄金海岸の名の通り、当初は金の貿易が目的でしたが、ヨーロッパ列強が南北アメリカ大陸を植民地化して開発を進めると、労働力として黒人奴隷の需要が高まります。

　そうした歴史の名残から、城内には、海に向けて大砲がずらりと並び、黒人奴隷を収容した窓の少ない暗く蒸し暑い部屋と、その上にある奴隷を売買する欧米商人たちの快適な部屋が、それぞれ残されています。

　城内の奴隷収容部屋から外へ出る扉には「DOOR OF NO RETURN」のプレートが掲げられた出口があります。このドアから外に出たら、二度と帰ることはできないという意味です。奴隷船はここから出港し、大西洋を南北アメリカ大陸へ向けて奴隷たちを運んだのです。

もっと知りたい！　商品となる黒人を得るために奴隷狩りをしたのは、白人ではなく力の強い黒人部族でした。ガーナで「奴隷キャッチャー（Slave Catcher）」となったのは、1670年にアシャンティ王国を建国したアシャンティ族です。王国はケープ・コースト城に奴隷を運び、その対価で武器を購入して他の部族を圧倒する武力を持ち、繁栄を謳歌したのです。

ホーリールード・ハウス宮殿

世界遺産
所在地：イギリス（スコットランド）　ロージアン州エディンバラ

ホーリールード・ハウス宮殿は、エリザベス1世と対立し断頭台へと送られたスコットランド女王メアリー・ステュアートゆかりの宮殿です。

スッコトランド女王メアリー・ステュアートの悲劇の舞台となった宮殿

　女王エリザベス2世の夏の避暑地として現役のホーリールード・ハウス宮殿は、世界遺産「エディンバラの旧市街と新市街」にある名所のひとつ。もとは12世紀前半に造られた聖アウグスティヌス教会の聖堂でしたが、16世紀にスコットランド女王メアリー・ステュアートが住んでから国王の宮殿になりました。この宮殿には彼女を襲った悲劇が伝えられています。

　当時彼女は最初の夫であるフランス王フランソワ2世と死別し、スコットランドへ戻ってダーンリー卿と再婚していました。しかし、夫婦仲は冷え切り心の隙間を秘書のデイビット・リッチオが埋めていたのです。そのリッチオが1566年、ホーリールード・ハウス宮殿内で武器を持った複数の貴族たちにより、メアリーの目の前で殺害されてしまったのです。妊娠中だったメアリーは、無事にのちのジェームズ6世を出産したものの、リッチオの子だという噂は絶えず、再婚相手のダーンリー卿からは疑惑の目を向けられる始末。夫婦関係は冷え切ったまま、翌年、ダーンリー卿が殺害されます。犯人は、のちに3番目の夫になるボスウェル伯ジェームズ・ヘップバーンとされ、メアリーは共謀を疑われ、さらなる悲劇へと向かっていくのです。

もっと知りたい！　ボスウェル伯とメアリー・ステュアートの結婚は、カトリック・プロテスタント双方から反対されました。やがて反ボスウェル派の蜂起によって、メアリーはスコットランド女王の座を追われます。のちにエリザベス1世を廃位させ、イングランド女王の座を奪う陰謀を企てた罪で死刑になりますが、その波乱の生涯は、多くの小説や映画になって語り継がれました。

ホーフブルク宮殿

122

所在地：オーストリア共和国　ウィーン

ハプスブルク家の歴代皇帝が暮らしたホーフブルク宮殿は、マリー・アントワネットの生誕地でもあります。

ハプスブルク家600年の栄華をしのぶウィーン旧市街の大宮殿

　ホーフブルク宮殿はオーストリア帝国の元皇宮であり、広大な敷地内には、旧王宮や新王宮、アウグスティナー教会、アルベルティーナ美術館（宮殿）、王宮庭園などが立ち並んでいます。

　1275年頃から1918年まで、640年にわたりハプスブルク家の皇帝の居城だった宮殿で、同じウィーン郊外にあるシェーンブルン宮殿は夏の離宮、こちらは主皇宮として使われました。

　総面積20haという敷地に18棟の建築物と壮大な庭園が存在するため、観光はまず旧王宮からとなります。旧王宮内部はスイス宮内の「王宮宝物館」「王宮礼拝堂」や世界一美しいといわれている「国立図書館」「銀器コレクション」「シシィミュージアム」「皇帝の部屋」「スペイン乗馬学校」といった見どころがあり、壮麗な建物の中央には4体の大きな彫像で飾られたミヒャエル門があります。

　新王宮は20世紀初めに建てられ、さらに規模を拡大する計画でしたが、その前にオーストリア帝国は崩壊してしまいました。こちらも建物の一部は博物館として公開され、帝国の歴史や豪華絢爛たる宮廷の生活を追体験することができます。

もっと知りたい！　600年以上の長きにわたって増築が続けられたホーフブルク宮殿は、建築様式もさまざまに入り交じり、複雑な構造になっています。1775年にはフランスのルイ16世王妃になったマリー・アントワネットが生まれ、1938年には新王宮のテラスでアドルフ・ヒトラーがオーストリア併合を宣言するなど、ヨーロッパ史を揺るがせたさまざまな人物と関わりがあります。

ランタンボール城

1 2 3

世界遺産

所在地：インド　ラージャスターン州サワイ・マドプール

断崖上にそびえるランタンボール城の建造物群。

国立公園の「虎の保護区」にある世界遺産の城

ランタンボール城は、ランタンボール国立公園内に残る10世紀の山城で、なんとベンガルトラの保護区内にあります。城門をくぐると勾配のきつい階段が続き、一気に攻めあがっていけない構造になっています。王宮跡やイスラム寺院、兵舎跡などが残り、王族の墓やプールまで残っています。

1569年にムガール帝国のアクバル帝によって陥落したとされ、その後に荒廃したまま現在に至りますが、長く廃城だった城としては、往時の石造りの建物がよく残っています。

ランタンボール国立公園は、もとはジャイプールのマハラジャ（藩王）の狩猟地でしたが、1955年にサワイ・マドプール野生保護区となり、1973年に「タイガー・プロジェクト」傘下の保護区に、1980年には国立公園に指定されました。

広さ392㎢を誇る国立公園内には、広葉樹の森と台地、3つの人工湖があり、およそ40種の哺乳類と260種以上の鳥類が確認されています。

もっと知りたい！　バニヤンの木が茂り、サンバー（シカ科）、アクシスジカ（シカ科）、ニルガイ（ウシ科）、イノシシ、ベンガルタイガーなどが生息し、多数の野鳥を観察できる広大な国立公園と古城探訪を同時に楽しめるランタンボール城。首都デリーからのアクセスも良く、ぜひ足を延ばしたい観光名所。城は、世界遺産「ラージャスターンの丘陵城塞群」のひとつです。

ハンプトン・コート宮殿

124

所在地：イギリス（イングランド）　ロンドン　リッチモンド・アポン・テムズ・ロンドン特別区

ヘンリー8世の王妃たちの幽霊出現の噂が尽きないハンプトン・コート宮殿。

ヘンリー8世と王妃たちの幽霊伝説が語り継がれる観光名所

　ロンドン都心から南西の、テムズ川上流に位置するハンプトン・コート宮殿は、16世紀にヨークの大司教トマス・ウルジーが贅沢に造営した宮殿です。ところが豪華すぎてイングランド王ヘンリー8世から不興を買ってしまい、トマスは宮殿を王に献上しました。

　今は観光名所として一般公開されていますが、この宮殿には、6度結婚したヘンリー8世の王妃たちにまつわる「幽霊伝説」が残っています。

　ヘンリー8世の3番目の王妃ジェーン・シーモアは、この宮殿で待望の男子、のちのエドワード6世を出産して12日後に死去しました。その霊が、出没するというのです。また、1542年、5番目の妻キャサリン・ハワードは、実際に姦通の証拠があがり、王によって処刑されてしまいました。彼女が王に釈明しようとした廊下「ロング・ギャラリー」では、幽霊となっても泣き叫びながら廊下を走る姿で現われるといわれています。さらには無実の姦通罪で処刑された2番目の王妃アン・ブーリンの霊、ヘンリー8世自身の霊の目撃談なども囁かれ、ハンプトン・コートはすっかり「心霊スポット」として著名になっています。

もっと知りたい！　2番目の王妃アン・ブーリンは、男子を出産できなかったことから濡れ衣によって抹殺されました。しかしアンが生んだ女子に、のちのエリザベス1世がいます。また最初の離婚の時、ローマ教皇が認めないことからヘンリー8世はローマ・カトリックを離脱、イギリス国教会を設立しました。ヨーロッパの宗教史まで揺るがせて、離婚・再婚を実現したのです。

コーフ城

125

所在地：イギリス（イングランド）　ドーセット州コーフカッスル

清教徒革命に伴って勃発したイングランド内戦で戦場となったコーフ城。防衛線を指揮し、城を守り抜いたのは意外にも女性でした。

領主の妻が指揮して2度の籠城戦があった要衝の城

　イギリス南部のパーベック半島にあるコーフ城は、今は廃城ですが、山麓から中腹、山頂へと城郭が広がる難攻不落の城塞でした。それを証明したのが、17世紀に2度の籠城戦を指揮した領主の妻メアリー・バンクスの戦いぶりです。

　清教徒革命を発端に第一次イングランド内戦が続く1643年、コーフ城主ジョン・バンクスは、チャールズ1世の命でヨークに出兵することになりました。自身の兵を連れて出なければならず、コーフ城の防衛は妻メアリーに委ねられました。

　メアリーは王子である息子を城から逃がし、守衛5人と使用人、そして娘たちだけで、200～300人からなる議会派の兵を追い返し、翌月80人の援兵を集めることに成功します。議会派軍は500～600に兵を増やして力攻めしますが、100名以上を失って敗退しました。

　1646年まで城を守ったメアリーでしたが、ビットマン大佐が裏切って内側から門を開き、王党派を装った議会派の軍によって陥落しました。城はのちに爆破されますが、メアリー・バンクスは1661年まで生き、63歳で静かに亡くなりました。

もっと知りたい！　コーフ城は11世紀、「ウィリアム征服王」ことウィリアム1世により建設されました。ウィリアム1世は、ノルマンディー地方の貴族からイングランドを征服して王となり、今のイギリス王室の直系の始祖（ノルマン朝初代）になります。堅牢なコーフ城は逆に脱出も難しく、12～13世紀には王や貴族の幽閉場所にも使われました。

スカリジェロ城（シルミオーネ）

所在地：イタリア共和国　ロンバルディア州シルミオーネ

シルミオーネの街を見下ろすスカリジェロ城。最も高い塔は47mの高さを誇ります。

イタリアの湖水地方で「ガルダ湖」に張り出した中世古城

　イタリア北部のミラノとヴェネツィアの中間に位置するガルダ湖周辺は、「イタリアの湖水地方」とも呼ばれる風光明媚なリゾート地です。このガルダ湖内に張り出すようなかたちでスカリジェロ城が築かれています。

　スカリジェロ城を築いたデラ・スカラ家は、13世紀にヴェローナを支配して大きな力を持った名家です。このデラ・スカラ家のマスティーノ１世がスカリジェロ城を築城したとされ、その美しい景観を文豪シェイクスピアがスケッチしていたという逸話もあります。

　スカリジェロ城の入場ゲートを通過すると、まずは中庭に出ます。かつて軍事演習のパレード場として使用されていた中庭には、高さ約37mのキープ（主塔）を中心に、３つの塔が配置されています。キープには兵士の寮が併設され、有事には兵士たちがすばやく移動できるように、通路によってキープと密接につながっていました。

　中庭の階段を上ると、城壁の上に出ることができ、ガルダ湖に突き出したシルミオーネの美しい街並みが見渡せます。

もっと知りたい！　城壁に囲まれたドックの中庭には波が打ち寄せ、ガルダ湖の湖面がすぐそばに迫ります。らせん階段から城壁に上ると、一面にガルダ湖の風景が広がり、点在する周辺の集落や山々の美しい稜線に魅了されます。

城塞都市トレド

127

所在地：スペイン王国　カスティーリャ＝ラ・マンチャ州トレド県

濠と城壁に囲まれたトレドの街。画家のエル・グレコがこの街で活躍し、その風景を描いています。

西ゴート王国の首都から、戦乱を経て学問の都市に変貌

　5世紀にイベリア半島を征服した西ゴート王国は、560年にトレドに都を遷しました。以後、トレドはイベリア半島におけるカトリックの中心として繁栄の時代を迎えますが、711年、イスラム王朝であるウマイヤ朝によって征服され、イスラム圏の都市になります。やがて1031年に後ウマイヤ朝が崩壊すると、イベリア半島のタイファ諸国のひとつトレド王国が誕生しました。

　しかし1085年、カトリック諸国によるレコンキスタ（領土回復運動）の高まりから、カスティーリャ王国による長期包囲戦を経てトレド王国は降伏し、再びキリスト教圏に戻ります。このトレド征服により、レコンキスタによる戦乱はひとつの節目を迎えました。

　12世紀から13世紀になると、トレド翻訳学派と呼ばれる学者集団が活躍します。キリスト教徒のみならず、イスラム教徒、ユダヤ教徒の共同作業によって、古代ギリシア・ローマの哲学・神学・科学の文献が、アラビア語からラテン語に翻訳されていったのです。

　とりわけトレド出身のカスティーリャ王アルフォンソ10世は翻訳を奨励し、その成果が、中世の西ヨーロッパでのルネサンス運動に大きな影響を与えました。

もっと知りたい！　13世紀には長方形のアルカサル（城塞）が建てられ、今も旧市街東側にそびえています。1561年、フェリペ2世がトレドからマドリードに宮廷を移すと、トレドはゆるやかに衰退しますが、「街全体が博物館」といわれるほど中世の趣を残し、1986年に「古都トレド」は世界遺産に登録されました。

本日の
テーマ　愛憎劇と陰謀の舞台

プティ・トリアノン

128

世界遺産

所在地：フランス共和国　イヴリーヌ県ヴェルサイユ

マリー・アントワネットが愛したといわれるプティ・トリアノン。

マリー・アントワネットが愛人と密会するための「愛の神殿」

　プティ・トリアノンは、ルイ15世の長年の愛人（公妾）だったポンパドール侯爵夫人のために1762年から建設が開始されました。ところが完成の4年前にポンパドール夫人は死去し、1769年、後継の愛人（公妾）にしたデュ・バリー夫人に前年完成したプティ・トリアノンを贈ったといいます。ヴェルサイユ宮殿にある敷地内の離宮で、内装はロココ様式の傑作といわれています。

　1774年に王に即位した20歳のルイ16世は、この宮殿を19歳の王妃マリー・アントワネットに与えます。マリーはプティ・トリアノンをとても気に入り、第一子を出産した頃から、堅苦しいヴェルサイユ宮殿を離れてここに引きこもるようになりました。

　演劇好きのマリーは敷地内に「王妃の劇場」を造らせ、プティ・トリアノンの裏手に広がるイギリス式庭園には、愛人と密会するための「愛の神殿」を築きました。さらに庭園の奥には子供たちや親しい貴族と農村風の生活を楽しんだ「王妃の村里」を完成させています。

　しかし、これらは「マリー・アントワネットの離宮」とも呼ばれる一方、マリーの立て続く浪費によって民衆の反感のもとになりました。

もっと知りたい！　プティ・トリアノンは内部の見学も可能です。広く豪華な内装の「王妃の寝室」、「バラを持つ王妃マリー・アントワネット」の絵が飾られた「控えの間」「大食堂」「付き添いの間」などが見られます。マリーがプティ・トリアノンを所有したのは、1777年から1789年までで、フランス革命後は、ナポレオンの2人目の妻マリー・ルイーズなどが利用しています。

フルボカー城

129

所在地：チェコ共和国　南ボヘミア州フルボカー・ナト・ヴルタヴォ

古都チェスケー・ブディェヨヴィッツェの名所となっている白亜のフルボカー城。

ボヘミア王国の栄華を今に伝えるチェコでもっとも美しい城

　ボヘミア王国の交通の要衝として発展した古都チェスケー・ブディェヨヴィッツェから北へ4kmに位置するフルボカー・ナト・ヴルタヴォの街に建つのがフルボカー城です。

　「チェコでもっとも美しい」といわれる城ですが、その創建年ははっきりわからず、13世紀のボヘミア王オタカル2世の代からだとされています。約300年にわたって歴代ボヘミア王に所有され、やがて17世紀頃、ドイツ出身のシュヴァルツェンベルク家の所有となりました。「フルボカー」とはチェコ語で「深い森」を意味することから、かつてはこの城も国王や領主たちの狩猟の館として使われていたのだろうと想像されます。

　城主の変遷同様、城自体も数次にわたって改修されており、当初ゴシック様式で建てられたものが、18世紀にバロック様式へと改築。19世紀に入ると、ウィーンから建築家を呼び寄せて改築を行ない、現在に残る美しいイギリス風のテューダー・ゴシック様式の城館となりました。庭園とお城の中庭は自由に見てまわることができますが、城内は有料で、ガイドツアーでないと見学できません。

もっと知りたい！　城内には、シュヴァルツェンベルク家が施した豪華な凝った装飾の部屋が、10室以上にわたって見学できるよう管理されていて、立派な家具や美術品などが展示されています。豪華な大食堂、12000冊の蔵書がある図書室なども意匠を凝らした内装で、大貴族としてボヘミア地方でも勢力を持ったシュヴァルツェンベルク家の権勢がしのばれます。

本日の
テーマ　**訪ねたい城**

城塞都市ナールデン

世界遺産

所在地：オランダ王国　北ホラント州ナールデン

北海道の五稜郭と同じ稜堡式要塞の形が浮かび上がるナールデンの高所からの眺め。

現在も市民の日々の暮らしが息づく美しい星形城塞都市

　日本の函館・五稜郭にみるような星形城塞は、15世紀中頃にイタリアで考案されました。大砲が普及すると中世型の高い城壁や塔は破壊されやすくなったため、これらを取り除き、防御側の死角をなくすために 稜 堡 と呼ばれる三角形の突端部が造られ、上空からは星のように見える構造になりました。

　オランダでは低地が多く水をめぐらせやすかったこともあり、国内ほぼ全州にこうした要塞都市が築かれましたが、とりわけ保存状態がいいとされるのが城塞都市ナールデンです。

　1926年まで使用されていた星形要塞はほぼ完全な形で修復され、土塁の上を散歩しながら歴史的建造物を見て回れます。城塞の囲みのなかには人々の日常生活があり、オランダらしい小ぶりな愛らしい三角屋根の家が並び、周辺には緑豊かな田園風景も広がっています。

　この城塞を星形に見せている 6 つの要塞のひとつであるターフポールトは、オランダ要塞博物館になっています。要塞博物館内には、いくつもの横穴があり、大砲用の銃眼からは外へ向けて大砲が設置され、兵士たちの様子がマネキンで再現されています。

もっと知りたい！　城塞都市ナールデンは、1572年のスペイン軍の侵攻による「ナールデンの大虐殺」で700人もの犠牲者を出して以降、現在のような城塞都市として整備されました。1996年、世界遺産になった「アムステルダムの防塞線」は、全長42の城塞でつながった全長126kmの堤防全体が登録されたもので、城塞都市ナールデンもその一角を形成しています。

ザバブルク城

131

所在地：ドイツ連邦共和国　ヘッセン州ホーフガイスマー

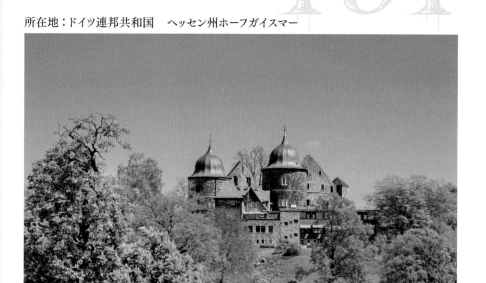

かつてはいばらの蔓に覆われていたというザバブルク城は、20世紀の改修で荒廃から立ち直り、ホテルとして利用されています。

グリム童話『いばら姫』の舞台とされる古城ホテル

　フランスのユッセ城は、ペローの童話『眠れる森の美女』で知られますが、同様の話はグリム童話『いばら姫』でも描かれています。ドイツのメルヘン街道に面したザバブルク城もまた、その舞台として語られる古城です。城の歴史は1334年にマインツ司教によって巡礼者保護を目的に建てられたことに始まります。

　しかし、周囲の領主との争いが絶えず、1462年にヘッセン方伯に領有されて狩猟用シュロス（別邸）となりますが、16世紀後半には荒廃し、いばらの蔓に覆われていたといいます。

　1812年に出版されたグリム兄弟による「グリム童話」に収録された『いばら姫』の話は、この城の様子をもとに考えついたとされます。

　悪い魔法使いの呪いをかけられた姫は、100年の眠りにつきますが、鉄条網のようにいばらの蔓がからまり、城は100年間も放置されます。勇気ある王子が現れ、姫を一目みたいと城の中に入ろうとすると、みるみるいばらの蔓がほどけます。長い眠りにあった姫は王子のキスにより目覚め、2人はこの城で幸せに暮らしたのです。

もっと知りたい！　ザバブルク城は現在、古城ホテルになっています。壁だけが残る城の本館は、屋外劇場として利用されています。ホテル部分は全17室ほどの小さなもので、グリム兄弟や『いばら姫』の物語になぞらえた趣向もあり、ザバブルク城宿泊の大きな楽しみになっています。

ボスク城

132

所在地：フランス共和国　タルヌ県アルビ

ロートレックゆかりのボスク城。ロートレックはこの重厚な石造りの城でデッサンに励みました。

後期印象派の画家ロートレックが幼少期を過ごした城

　南フランスのアルビは、後期印象派の画家アンリ・ド・トゥールーズ＝ロートレック生誕の街で、その郊外に祖父の家だったボスク城があります。1864年、伯爵家の嫡男に生まれたロートレックは、少年時代から画才を発揮し、ボスク城でデッサンに励んだといいます。

　しかし生まれつき身体が弱く、13歳から14歳の頃に2度の事故で左右の大腿骨を骨折し、18歳で足の成長が止まってしまいます。そのコンプレックスに苦しみながら画業に邁進し、36歳で没するまでに多くの作品を残しました。

　ボスク城の歴史は12世紀にさかのぼり、古くは要塞だったという城館は重厚な石造りです。内部はガイド付きで見学可能で、ロートレックが1900年のパリ万博で購入した日本人形が飾られている図書室、幼い頃に食事作法を厳しくしつけられたという食堂、家族の肖像を描いたサロンなどが見学できます。

　寝室には実際にロートレックが使った揺りかごや人形劇のセットも残され、若くして亡くなった天才画家の幼少期から少年時代に出合うことができます。

もっと知りたい！　ロートレックは、パリのダンスホール「ムーラン・ルージュ」で踊る人々を描いたポスター作品などで知られます。実際、パリでそうした盛り場や酒場に入り浸り、放埓な生活を続けながら絵を描き続けました。故郷アルビには、彼の母親が地元に寄贈した約600点の作品をもとにしたトゥールーズ＝ロートレック美術館があります。

ドゥブロブニク

133

世界遺産
所在地：クロアチア共和国　ドゥブロブニク＝ネレトヴァ郡

赤い屋根が連なるドゥブロブニクの景観がアドリア海の青に映えます。

「アドリア海の真珠」といわれ、世界から称賛される絶景

　クロアチア南部、アドリア海に面した小さな港街ドゥブロブニクは、濃紺の海に面して白壁とオレンジ色の屋根が連なり、「アドリア海の真珠」と称されています。

　ドゥブロブニクの歴史は、ローマ帝国時代以前にさかのぼるとされます。中世には海洋交易によって都市国家として繁栄。最盛期は15世紀から16世紀で、ヴェネツィア共和国など海洋国家がライバルでした。1358年からドゥブロブニクを統治したラグサ共和国は、市民のための現代的な制度・施設作りが早く、14世紀には医療制度、養老院、15世紀初頭には奴隷貿易の廃止、孤児院開設などが始まっています。高さ25mもの強固な城壁に守られたこの街は、その美しい姿を長い歴史を超えて受け継ぎ、1979年には「ドゥブロブニク旧市街」として世界文化遺産に登録されました。

　絶景の見どころは、まず「スルジ山」からの眺望。ケーブルカーで登ることができ、街を俯瞰しながらアドリア海の島々を遠望できます。街を囲む城壁は有料で登ることが可能で、高い位置から街並みを楽しみながら散策できます。これは城塞都市ならではの楽しみといえるでしょう。

もっと知りたい！　「アドリア海の真珠」といわれたドゥブロブニクも、1991年以降のセルビア・クロアチア内戦によって甚大な被害を受け、同年には危機遺産（危機にさらされている世界遺産）リストに上がることになります。その後、長い時間をかけて修復がなされ、現在ではもとの美しい街並みがかなり戻りつつあります。

スピシュスキー城

134

所在地：スロバキア共和国　プレショフ県スピシュスケー・ポドフラジエ

丘の上にそびえるスピシュスキー城は、12世紀の建設以降、増築が続けられ、中央ヨーロッパでも最大級の城へと成長していきました。

18世紀の火災で廃墟となった中央ヨーロッパ屈指の巨城

　スロバキア東部の大草原にそびえる丘の上に建つスピシュスキー城は、中央ヨーロッパで最大級の城で、モンゴルやタタール人の侵攻への備えとして建造されました。

　その歴史は12世紀にさかのぼりますが、当初はハンガリー王国の所有でした。15世紀初頭にハンガリー王国が深刻な財政危機に陥った際、ポーランド王国がこの地域を担保に緊急融資をしてポーランド王国の管理下になりましたが、スピシュスキー城はハンガリー王の所有物としてしばらく遺されました。

　城は当初、ロマネスク建築の要塞化された石城で、2階建てのロマネスク様式宮殿と3つのロマネスク＝ゴシック建築の聖堂が、13世紀半ばに一帯に建てられました。その後、所有者がめまぐるしく変わるなかで改築・増築が続き、後期ルネサンス様式に落ち着きました。

　最後の所有者ツサースキー家は、生活の不便さから18世紀初頭に城から転居し、城の南東の集落に新たな邸宅を建てて城を放棄しました。1780年に発生した火災で焼失し、それ以降廃墟になっているのです。

　スピシュスキー城と周辺の建造物は、1993年に世界遺産に登録されました。その後、市街地にルネサンス様式の建物が残る街レヴォチャを含め、2009年に「レヴォチャ歴史地区、スピシュスキー城およびその関連する文化財」として拡大登録されています。スピシュスキー城は廃墟ながら、その中心となる観光スポットです。

グラン・トリアノン

135

世界遺産

所在地：フランス共和国　イヴリーヌ県ヴェルサイユ

ルイ14世によって建設された離宮グラン・トリアノン。

太陽王ルイ14世が愛人と過ごすために築いた離宮

　父ルイ13世の崩御により、1643年に4歳で即位したルイ14世は、王として72年にわたって君臨し、ブルボン朝全盛期の国王として「太陽王」と呼ばれました。

　1666年、23歳のルイ14世はヴェルサイユ宮殿郊外の村落トリアノンを購入します。ルイ14世は堅苦しい宮廷マナーを離れられる離宮を求めていました。寵姫（公妾）モンテスパン公爵夫人を住ませ、巨大な庭園を増築し、しばしばトリアノンを訪ねました。

　モンテスパン侯爵夫人フランソワーズ・アテナイスは、1660年に王妃マリー・テレーズの侍女になります。ルイ14世の寵姫になる野心を持つフランソワーズは1666年、ついに王の心をとらえます。夫のモンテスパン侯爵は、王に妻を寝取られたことを知り激怒し、やがてルイ14世を公然と非難しはじめたため、投獄の後、パリを追放になりました。フランソワーズは強引に離婚請求を進め、ルイ14世の力で離婚が成立します。

　1669年には王との間に娘ルイーズ・フランソワーズが生まれ、「第一の寵姫」として絶大な権力を握ります。しかし、やがてその増長ぶりや独善的性格から、不遇の後半生を過ごすことになります。

もっと知りたい！　グラン・トリアノンは、のちにフランソワーズの子供の教育係だったマノントン夫人と王が過ごす場所になりました。ピンクの大理石を使った列柱の美しい回廊があるグラン・トリアノンが1688年に完成した時、そこに住んだのはマノントン夫人でした。その後マリー・アントワネットが暮らしたプティ・トリアノンとは敷地が続いており、同時に見学が可能です。

ミハイロフスキー城

世界遺産

所在地：ロシア連邦　サンクトペテルブルク連邦直轄地

城の四方のファサードはフランス古典主義、イタリア・ルネサンス、ゴシック様式と異なる建築様式で表現されています。

母帝への反発から生まれた宮殿

　ロマノフ朝第9代ロシア皇帝パーヴェル1世の宮殿として、1797年から1801年にかけて建設されたミハイロフスキー城。ピョートル大帝の「夏の庭園」の南側にあり、もとはロマノフ朝第6代の女帝エリザヴェータ・ペトロヴナの夏宮殿があった場所です。

　母であり、強烈なカリスマだった女帝エカテリーナ2世（第8代ロシア皇帝）の次の皇帝パーヴェル1世は、母帝の影響が強い陰謀渦巻く冬宮を避け、新たな城館を建設します。

　ミハイロフスキー城はパーヴェル1世自身が描いたスケッチを元に設計され、角を丸みで処理した正方形建築で、中央部に八角形の中庭を持つユニークな構造でした。モイカ川、フォンタンカ川と、2本の運河を四方に巡らし、運河に跳ね橋を掛け、秘密の通路や胸壁、窓や扉に鋼鉄製の格子を張り巡らすなど防備を充実させました。

　しかし、皮肉なことにパーヴェル1世は、ミハイロフスキー城を居城として移転した40日後、1801年5月12日に暗殺されてしまいます。近衛連隊の反パーヴェル派の貴族や将校たちにより、城の寝室に踏み込まれて殴打され、シルクのスカーフで絞殺されてしまったのです。

もっと知りたい！　5年に満たない治世となったパーヴェル1世ですが、母エカテリーナ2世のやり方をあまりに急激に否定したため、臣下の一部から強い反発を受けました。ミハイロフスキー城は、ロシア革命後は工兵学校の建物に利用されるなどしましたが、現在はロシア美術館の分館となり、企画展などが行なわれています。

マルクスブルク城

137

世界遺産

所在地：ドイツ連邦共和国　ラインラント＝プファルツ州ブラウバッハ

12世紀頃、街の防備および税関施設として建設されたマルクスブルク城。

ライン下りのついでに古城探訪できる13世紀のまま時を止めた城

　12世紀頃、街の防備や税関施設として建設されたマルクスブルク城は、13世紀初頭はエプスタイン家が所有していました。15世紀に外壁が増築され、17世紀の三十年戦争では、ライン川河畔の城として唯一落城しませんでした。ライン渓谷の城はその後のプファルツ継承戦争でも大きな被害を受けており、マルクスブルク城のようにライン地方で13世紀の建物が保存状態よく残されているのは極めて稀な例です。1866年にはプロイセン王国の所有となり、1899年にプロイセン王にしてドイツ皇帝ヴィルヘルム2世によって現所有者の先祖に与えられています。

　現在、マルクスブルク城は博物館になっています。13世紀から16世紀頃の調度品が再現されるほか、鎧や武具の展示も充実しており、城の生活が良く分かる展示です。使用人が働いていたキッチンや薪の貯蔵庫、衛兵の詰め所などもあり、豪華な宮殿とは違った小領主の暮らしぶりがわかります。

　城主が使う「大広間」も意外に質素ですが、部屋の中央にトイレがあり、日本人の感覚からするとかなり驚きます。

もっと知りたい！　フランクフルトから列車で約2時間、ブラウバッハ駅に到着すると、マルクスブルク城が見えます。急な坂道を登って約30分で城に到着します。3月から11月までの観光シーズンには、ブラウバッハ駅から30分おきに城に直通の観光バスが出ます。また駅にはライン川のクルーズ船も発着しますので、ライン下りと城巡りを組み合わせやすい古城です。

本日の
テーマ　伝説とミステリー

フネドアラ城

138

所在地：ルーマニア　フネドアラ県フネドアラ

ブラム・ストーカーの『ドラキュラ』の世界を彷彿とさせるフネドアラ城。

ドラキュラ伯爵の幽閉伝説がある美しい中世名城

　ルーマニア西部の都市フネドアラにあるフネドアラ城は、国内有数のゴシック様式の中世古城です。断崖の上でオレンジのとんがり屋根の塔が並ぶ美しさの一方、内部には美しい「騎士の間」などの広間や部屋とともに、拷問部屋も残っています。

　「騎士の間」の下には地下牢があり、ここには「ドラキュラ伯爵」のモデルとなったヴラド・ツェペシュが、数か月から最大7年にわたり幽閉されたという伝説があります。言い伝えのレベルの話ですが、ヴラド・ツェペシュは長い抑留中に発狂してしまったそうです。

　作家ブラム・ストーカーの小説『吸血鬼ドラキュラ』（1897年）は、このエピソードに着想を得て書かれたといいます。フネドアラ城の拷問部屋では、中世の拷問道具がマネキンに装着して展示されており、城内観光の目玉のひとつとなっています。

　フネドアラ城が建てられたのは14〜15世紀。トランシルバニア公フニャディ・ヤーノシュの手によるとされます。ゴシック様式の城として建てられましたが、1400年代の中頃にはハンガリー軍によって改築され、17世紀にはバロック様式の要素を加えられるなどして、現在の姿になりました。

もっと知りたい！　深い空堀に架かる幅の狭い橋をわたって城内に入ると、往時の中世古城の建築がしっかり復元されています。城の大砲台からは、美しいフネドアラの街の風景が望めます。フネドアラの街からのアクセスはよく、街のバスターミナルから南西方向に約2kmです。

ラーケン王宮

139

所在地：ベルギー王国　ブリュッセル首都圏地域

世界から植物が集められたラーケン王宮の壮麗な温室。

世界中から植物を収集した第2代国王レオポルド2世の趣味

　ラーケン王宮は公的なブリュッセル王宮に対して、代々王家の私邸であり、1831年に初代国王レオポルド1世にブリュッセル市長から提供されて以来、一般公開されていません。

　父王の死去にともない、1865年に第2代国王になったレオポルド2世は、ベルギー経済を拡大させた王です。列強の植民地支配のおよんでいないコンゴの支配に乗り出そうとするなど、野心と好奇心にあふれた人物でした。

　ラーケン王宮に隣接した敷地に1880年、26haという広大なラーケン庭園を築いたのもレオポルド2世でした。注目はこの敷地の一角にある、王が収集させた植物を栽培・展示する王宮温室。1874年から1895年に建てられ、2.5haの総床面積を誇ります。

　ガラスと鉄骨を利用して造られたアールヌーヴォー建築の建物は「ガラスの宮殿」と呼ばれ、主要な温室はすべて、花が咲き乱れる数百mの廊下でつながっています。アフリカ地域に由来する椿、オレンジの木など、大規模な植物コレクションがあります。公園は開放されていますが、ラーケン王宮温室は毎年4月下旬から5月上旬の3週間ほどしか一般公開されません。

もっと知りたい！　ラーケン公園には、日本館や中国館、パリ万博の日本展示館から購入された五重塔など東洋趣味も多く、なだらかな起伏に富んだ地形で、木立や広々した芝生広場などがあり市民の憩いの場になっています。四季折々の自然の草花が咲き誇り、野生のリスやうさぎも生息しています。高台にあるため、ブリュッセルの街並みも一望できます。

オーバーホーフェン城

140

所在地：スイス連邦　ベルン州オーバーホーフェン

トゥーン湖にせり出してそびえるオーバーホーフェン城は、ハプスブルク家ゆかりの城です。

城が湖に飛び出して見える、湖畔に映える愛らしい古城

　アルプスの山々を背景に、トゥーン湖に張り出すように城の一部が突出しているオーバーホーフェン城は、もとはスイス出身のハプスブルク家の所有でした。しかし、13世紀末からスイス諸州が盟約を結び、ウィーンに移ったハプスブルク家からの独立運動を推進。1386年にゼンパッハの戦いで、ハプスブルク家のオーストリア軍を破って独立を勝ち取ります。

　その後は城主がめまぐるしく変わりますが、12世紀に建てられた塔や13世紀初頭の宮殿、15世紀建立の教会と、時の支配者や領主や貴族によってさまざまな増築が続きました。結果、ゴシック、ルネサンス、バロックと様式が混交された建物と調度品、室内装飾が同じ城に残されることになったのです。

　15世紀の壁画やフレスコ画が鮮やかに残る礼拝堂（チャペル）は厳粛な美しさを保ち、現在でも地元の教会として洗礼式や結婚式などが行なわれています。現在はベルン歴史博物館の付属館となり、家具調度、武器、肖像画、玩具などが展示されています。城内はネオゴシック様式の食堂、甲冑や武器が並ぶ騎士の部屋、トルコ風喫煙室などが公開され、16世紀から19世紀のベルン地方の上流貴族の暮らしを垣間見られます。

もっと知りたい！　城の横には美しい庭園があり、外国の樹木や花々まで植えられています。湖畔の立地と背後にアルプスの山々が連なる絶好のロケーションもあって、人気の撮影スポットです。

5月20日

エルミナ城

世界遺産

所在地：ガーナ共和国　セントラル州エルミナ

ガーナのエルミナ城は、大航海時代のポルトガルによって築かれました。

ヨーロッパのアフリカ支配の拠点となった西アフリカ最古の城

　1471年、この地にポルトガル人が上陸し、内陸で採れる金を商う拠点としてミナ・デ・オロ（金鉱）という港町が誕生します。1482年、スペインとの交易競争を制するため、ポルトガルはギニア湾の防衛基地としてエルミナ城を築きました。西アフリカ最古の城といわれています。

　1637年、オランダ東インド会社に受け継がれたエルミナ城は、やがて奴隷貿易の拠点になりました。中世ヨーロッパ様式で建築された城らしい外観ですが、城内にはやはり奴隷貿易時代の爪痕が残されています。左右に牢獄の入口が並んでいて、右側はヨーロッパ人用でのちに解放される可能性がある牢獄、左側は黒人奴隷用の仕置き部屋で、入口上部には黒く塗られドクロの彫刻と「×」印が掲げられています。これは生きては出られないということです。

　19世紀になるとエルミナ城を支配していたイギリスで奴隷制度廃止の機運が高まり、1807年に奴隷貿易が禁止されます。1901年には、奴隷取引をしていたアシャンティ王国をイギリスが武力で併合。1957年のガーナ共和国の独立で、城はガーナ政府管理になりました。

もっと知りたい！　エルミナ城を含む一連のガーナの要塞群は、「ヴォルタ州、グレーター・アクラ州、セントラル州、ウェスタン州の城塞群」として1979年、世界遺産に登録されました。15世紀末から18世紀初頭に建造された11件が対象ですが、構成資産はセントラル州とウェスタン州にのみ点在しています。ケープ・コースト城、喜望要塞、ベイシエンス要塞などがあります。

エルツ城

142

所在地：ドイツ連邦共和国　ラインラント・プファルツ州ハッツェンポルト

エルツ城には4棟の居住棟が立ち、それぞれにエルツ家の4組の家系が居住して共同で城を相続するスタイルが採られてきました。

城主の令嬢アグネス姫が、婚約者に誤って討たれた悲劇

　ドイツの3大美城のひとつに数えられるエルツ城は、ライン川の支流モーゼル川の上流、ア イフェル山地の谷にある深い森のなかに、その美しい姿をとどめています。12世紀に建てられ、 その後、500年にわたる増築を繰り返しながら保持されてきました。

　この城には、伝説めいた城主の令嬢アグネス・エルツの逸話が残されています。男兄弟に囲 まれて育ったアグネス姫ですが、幼い頃から決められた婚約者がいました。しかし、気性の強 いアグネスには、この男は物足りなく、冷淡に接し続けていました。

　ある日、兄弟たちが狩りに出かけて留守の時、怒った婚約者が仲間の騎士たちを率いて攻め 寄せてきました。アグネスは兄の鎧を着て先頭に立って戦いますが、婚約者の男の手にかかっ て殺されてしまいます。

　婚約者は、倒した相手がアグネス本人だと知ると、自分の行動を恥じ、その後は姿を隠して しまったといいます。エルツ城では、今でもアグネスの霊が城を守るためにさまよっていると 語り伝えられています。

もっと知りたい！　エルツ城は狭い立地に建つため、増築は上に向かって重ねられました。100もの部屋がありますが、城内見学 はガイドツアーで主だった部屋を40分ほどかけて見学することになります。「騎士の間」などと並んで、たくさんの絵画が飾られ、ベッ ドが置かれた「令嬢の間（貴婦人の間）」には、アグネスの鎧の胸当てと武器が飾られています。

本日の
テーマ　華麗なる宮殿

バンコク王宮

143

所在地：タイ王国　バンコク都

尖塔が林立する独自の様式が印象的なバンコク王宮のチャクリー・マハ・プラサート宮殿。1873年に完成しました。

首都の真ん中で敷地20万㎡を誇る歴代王室の宮殿

　仏教国タイの象徴ともいえるエメラルドの仏像を安置するワット・プラケーオ（エメラルド寺院）と隣接するバンコク王宮。白亜の壁に寺院にも似た独特の屋根を持つ王宮は、20万㎡という広大な敷地のなかに建っています。

　バンコク王宮はタイ国内の数ある宮殿のなかでも最も権威のあるもので、歴代の王によって芸術の粋を凝らして建造され、改築が繰り返された建築物が立ち並び、タイ様式と西洋様式が一体となったチャクリー・マハ・プラサート宮殿などが見どころです。

　王宮の中枢にあたる「プラマハーモンティエン」は現存する最古の建物で、1785年にチャクリー王朝初代ラーマ1世に建てられたもの。ラーマ4世までここに居住しました。ラーマ1世は軍事にも内政にも優れた現在のタイ王国の祖といえる王で、エメラルド寺院も彼の建築によるとされます。

　2016年に崩御したラーマ9世以降、王室はチットラダー離宮を住居とし、バンコク王宮は国の儀式などを行なう時に使用される公式行事の宮殿となっています。

もっと知りたい！　敷地内には2012年5月にオープンしたシリキット王妃テキスタイル博物館もあります。ラーマ9世王妃・シリキット王太后が長年タイシルクを愛用してシルク産業を振興したことを記念した博物館で、彼女の豪華な衣装の展示を中心に、王太后が支援する上質なシルクや綿織物、土産品、工芸品が並ぶミュージアムショップもあります。

ローゼンボー城

所在地：デンマーク王国　コペンハーゲン市

ローゼンボー城の王室コレクション。16世紀後半から19世紀までに収集された芸術品が陳列されています。

19世紀から観光名所のデンマーク王室「夏の離宮」

　デンマークの首都コペンハーゲンの中心部にあるローゼンボー城は、1606年にデンマーク＝ノルウェー王のクリスチャン4世によって「夏の離宮」として造営された小さな城です。低湿地特有のレンガ積構造で、ひときわ目立つ塔の部分もレンガ積矩形塔の上部に何層も装飾階を重ねて円錐状にする独特の手法で建てられています。

　オランダ・ルネサンス様式で建築された中世デンマークの典型的な古城です。その後増築され、1624年に現在の佇まいになりました。

　1710年頃から王室邸宅（レジデンツ）として使用されましたが、フレデリク4世（在位：1699〜1730年）の治世が終わると、以降、ローゼンボー城が邸宅として使われたのは、1794年のクリスチャンスボー城焼失時、1801年のコペンハーゲン海戦の時期の非常時だけで、のちに王室から国有財産となり、1838年に一般に開放されています。

　現在城は16世紀後半の国王フレデリク2世の時代から19世紀にわたる、デンマークの宮廷文化を今に伝える芸術品など、王室コレクションを展示する博物館になっています。展示物のなかでは、宝石が輝く王冠とデンマーク王の王笏（杖）が人気です。

もっと知りたい！　ローゼンボー城は年間250万人が訪れる観光名所であり、首都コペンハーゲンの路線バスで移動できます。デンマーク最古の庭園「ローゼンボー城庭園」の一角にあり、城郭の前にはルネサンス様式の庭園が造られています。その造営者もクリスチャン4世でした。

カルカッソンヌ

145

世界遺産

所在地：フランス共和国　オード県カルカッソンヌ

カルカソンヌを守る二重の城壁。同都市は、城塞都市として、中世のままの姿をとどめています。

カール大帝のフランク軍を撤退させた女領主の機転とは？

　スペインとの国境に近いフランス南西部のカルカッソンヌは、52の塔を持つ総延長3kmの城壁に囲まれた巨大城塞都市です。紀元前のローマ時代から交通・軍事の要衝として砦が築かれていましたが、城壁が二重になったのはフランス領になった13世紀のことです。

　8世紀にムスリムの占領下にあった頃の伝説に、「女領主カルカス」の逸話があります。フランク王国のカール大帝が大軍で攻め寄せ、その戦いは6年におよびました。この時、夫を亡くした公妃カルカスが領主でした。

　いよいよ兵糧が尽きかけた時、城内の市民が豚一頭と小麦の袋をもってくると、カルカスは一計を案じます。豚に小麦をたくさん食べさせて太らせた上で、塔から市外へと放り捨てたのです。

　カール大帝とその部下たちは、太った豚を捨てるくらいだから、城内にまだ十分な兵糧があるはずだと判断し、撤退を決めました。カルカスは勝利を祝して街中の鐘を鳴らし、「カルカスが鐘を鳴らしている＝カルカッソンヌ」という都市名の由来になったそうです。

もっと知りたい！　城壁を二重にしたのはフランス王ルイ9世ですが、1659年にフランス・スペイン間の国境線を定めたピレネー条約が締結されると、カルカッソンヌは軍事的な重要性を失います。荒廃していた城塞都市の修復作業が始まるのは19世紀になってからのことです。「歴史的城塞都市カルカッソンヌ」として、1997年に世界遺産に登録されています。

ペトロパブロフスク要塞

世界遺産

所在地：ロシア連邦　サンクトペテルブルク連邦直轄地

要塞中央にそびえるペトロパブロフスク大聖堂には、サンクト・ペテルブルクの建設者であるピョートル1世が葬られています。

監獄としての要塞に収監された歴々たる著名人たち

　帝政ロシアのピョートル大帝は、スウェーデンのカール12世と争った北方戦争の渦中、建設開始したばかりの新都サンクトペテルブルク防衛のため、1703年からネヴァ川河口付近のザーヤチ島にペトロパブロフスク要塞を築きました。当時のヨーロッパで最先端だった星形城塞の理論で設計されましたが、実際には監獄としての利用が中心になっていきます。

　最初の囚人は、ピョートル大帝の皇太子アレクセイでした。父と対立してウィーンやナポリに逃亡していたところを捕らえられ、1717年に連れ戻されて投獄されました。反逆罪とみなされて死刑判決を受けた後に急死しますが、拷問によるショック死といわれています。

　エカテリーナ2世の時代には、公爵令嬢タラカーノヴァの逸話があります。正当な帝位継承者を主張したタラカーノヴァは女帝によって要塞に投獄されます。そのさなか、大洪水が発生して牢で溺死したとされ、名画「公爵令嬢タラカーノヴァ」のモチーフになっています。

　後世、帝政ロシアが揺らぎ始めると、多くの思想家や革命家が投獄されましたが、そのなかにはドストエフスキーやレーニンもいたとされています。

もっと知りたい！　要塞の中央に高さ122.5mの尖塔を持つペトロパブロフク大聖堂があり、ピョートル大帝が葬られています。大帝時代の建造物として、サンクトペテルブルクに残る数少ないものです。大聖堂は歴代皇帝の埋葬地で、帝政ロシアではもっとも神聖な場所とされました。

ポーチェスター城

所在地：イギリス（イングランド）　ハンプシャー州フェアラム

ポーツマスの港を見晴らすポーチェスター城の外壁には、ローマ陣屋囲壁の遺構が完全に近い形で残されています。

ポーツマス軍港を見渡す中世ロマンの「海辺の要塞」

　イギリス海軍の本拠地として知られるポーツマス軍港の海を挟んだ向かいに建つポーチェスター城。サクソン族の襲撃に備えて建てられた3世紀のローマ帝国の城砦跡が残りますが、その後の歴史はじつは定かではありません。現在の城跡は11世紀後半に建造されたと見られています。

　城壁跡に半円型の塔が残りますが、この形式の塔はローマ帝国時代の城砦の特徴で、この当時の遺構としては極めて保存状態が良好です。城の外郭部分は四角形に広く取られ、聖マリア教会と墓地が残っています。

　17世紀後半からは牢獄として使用され、1665年に始まった第二次英蘭戦争、1701年からのスペイン継承戦争、1803年からのナポレオン戦争で捕虜が収容されています。

　ポーツマス湾に突き出た半島のような地形の先端にあり、海から4〜5mしか離れていませんが、ポーツマス湾が湖のように穏やかな海であるため、高台ではありません。ノルマン形式の城跡は四角形の城内敷地の北西部分にあり、堀をめぐらせたなかに四角形のキープ（主塔）がそびえています。

もっと知りたい！　12世紀には城はイングランド王ヘンリー2世の所有になり、城内の見学スペースには華やかな宴会の模様を描いた絵もあります。廃城としてはきれいに往時の面影が残り、牢獄として使われた部分も見ることができます。城の高い位置から湾越しに望む景色は、遠くにポーツマスの街並みと軍港施設が見える開放感ある眺望です。

備中松山城

所在地：日本　岡山県高梁市

雲海に覆われ、「天空の城」の異名をとる備中松山城。複合式望楼型2重2階の天守がそびえます。

藩主がめまぐるしく替わった山城唯一の「現存天守」

　日本の城郭は、大きく分けて「山城」「平山城」「平城」の3つに分類されます。標高430m
の臥牛山頂付近に建つ備中松山城は、このうちの山城にあたります。日本には明治維新以前の
まま現存する天守が12ありますが、山城で残るのは備中松山城だけです。

　鎌倉時代の1240（仁治元）年、有漢郷（現高梁市有漢町）の地頭・秋庭重信が大松山に城
を築いたのを起源とし、1683（天和3）年に備中松山藩2代藩主・水谷勝宗によって3年が
かりで修築されたのが現在の天守です。江戸時代になってから、80年を経ての建造でした。

　しかし、次の3代藩主・勝美に嗣子がなく、藩は断絶になりました。その後、50年近く藩
主がめまぐるしく替わりましたが、1744（延享元）年に板倉氏が入って廃藩置県まで続きま
した。幕末に老中・板倉勝静（板倉氏の備中松山藩7代藩主）が出て佐幕側の中心として活躍、
勝静は戊辰戦争では五稜郭まで転戦して幕府と運命をともにしました。

　藩主不在のなか、農民から取り立てた陽明学者・山田方谷を中心とした家臣たちの決断で
開城し、備中松山藩は明治維新以後も減封の上、存続が許されました。

もっと知りたい！　1693（元禄6）年に水谷氏がお家断絶になった時、城の受け取り役を務めたのが播州赤穂藩主・浅野長矩。
その後、1年半にわたり城番を務めたのが大石内蔵助（良雄）でした。その8年後に、主君の殿中での刃傷事件で赤穂城を渡す側
になるとは、この時の大石には想像もできなかったことでしょう。

ミラベル宮殿

世界遺産

所在地：オーストリア共和国　ザルツブルク州ザルツブルク

17世紀の大司教によって建設されたミラベル宮殿。モーツァルトが演奏を行なった場所でもあります。

大司教が、聖職者ながら愛人と子供たちのために建てた宮殿

　世界遺産「ザルツブルク市街の歴史地区」に含まれるミラベル宮殿は、ザルツァッハ川の右岸にあり、ホーエンザルツブルク城をバックに旧市街を見渡せる絶好の立地です。

　この宮殿は、1606年に大司教ヴォルフ・ディートリヒが愛人と子供たちのために建てたものです。愛人サロメ・アルトとの間には15人の子供が生まれ、大きな宮殿が必要でした。当初はサロメ・アルトの名前にちなみ、「アルトナウ宮殿」と呼ばれていました。

　大司教は聖職者なので妻帯できないのですが、妾は暗黙の了解でした。しかし絶大な権力を持つ大司教とはいえ、愛人用の宮殿建築にはさすがに非難が多く、後を継いだ大司教シティカスが、美しい眺めという意味の「ミラベル宮殿」と改名しました。

　ミラベル宮殿は1818年に大火災に遭い、大部分を消失してしまいます。現在の建物は、その後に再建されたものですが、焼け残った部屋で有名なのが「大理石の間」。ザルツブルクが生んだ天才音楽家モーツァルトが若き日に演奏を行なった場所で、現在も定期的に演奏会が開かれています。

もっと知りたい！　大司教ヴォルフ・ディートリヒは、ミラベル宮殿の造営はもちろん、他にも贅を尽くした生活のために税を重くし、反対する者を処刑したため、1611年にとうとうクーデターが発生します。イタリアに逃亡をはかりましたが途中で捕えられ、ホーエンザルツブルク城に幽閉されて6年後に死去しました。

冬宮殿

世界遺産

所在地：ロシア連邦　サンクトペテルブルク連邦直轄地

サンクトペテルブルクを流れるネヴァ川に面した冬宮殿。

エルミタージュ美術館本館として残されたエカテリーナ2世の宮殿

コレクション点数300万点以上を誇り、世界的に有名なエルミタージュ美術館。その本館は、18世紀に建築された王宮（冬宮殿）にあたります。1754年から1764年まで足かけ12年で建造された冬宮殿は、緑と白の石材を用いたロココ様式の建築です。宮殿の北側はネヴァ川に面し、南側は宮殿広場になっています。

最初に使用したのは女帝エカテリーナ2世（在位：1762〜1796年）でした。エカテリーナ2世は1764年にベルリンの画商から225点の美術品を購入しますが、これがコレクションの基礎になっています。彼女は、冬宮殿の隣に自身専用の美術品展示室「小エルミタージュ」を1775年に建設。その後もコレクションは増加していき、東隣に1787年「旧エルミタージュ」が増築されます。「エルミタージュ劇場」の建設も同じ頃です。

1848年、ロシア二月革命で帝政が廃止されると、冬宮殿にはロシア臨時政府が置かれます。1917年の十月革命でソビエト連邦が成立すると、エカテリーナ2世による冬宮殿の建物は、エルミタージュ美術館の本館になりました。

もっと知りたい！　冬宮殿は、エカテリーナ宮殿などその他の建築物や周辺地区とともに、「サンクトペテルブルク歴史地区と関連建造物群」として1990年に世界遺産に登録されています。しかし、美術館本館（冬宮殿）を中心とする多くの建築は、この地に貴族の美術サロンを造り、愛人を自由に住ませていた女帝エカテリーナ2世が遺したものなのです。

コカ城

151

所在地：スペイン王国　カスティーリャ・イ・レオン州コカ

濠と塔のある2つの城壁によって守られたコカ城。主郭部の北東にそびえる塔が、最も大きな造りとなっているトレ・デル・オミナエ。

キリスト教とイスラム教が融合した「ムデハル様式」の城

　長い相克の歴史を刻んできたキリスト教とイスラム教ですが、文化、とくに建築様式においては融合が起こり、そのなかでも「ムデハル様式」がよく知られています。スペインとポルトガルに多く残る建築様式で、その呼称は、アラビア語で「残留者」を意味する「ムダッジャン」に由来します。

　そうしたムデハル様式の城のなかでも、もっとも保存状態がよい城として知られるのがスペインのコカ城です。

　コカ城は15世紀末頃に、セビリアの大司教アロンソ・デ・フォンセカの命により建設されました。レンガとタイルを駆使し、幾何学模様の装飾を施したその姿は、「最も美しいムデハル様式の建築物」と称されています。

　周囲を深い空濠と城壁に守られたなかに、四隅に塔を設けた主郭部があります。城内には15世紀の壁画や石像が残されており、こちらも保存状態が良いとされています。

もっと知りたい！　コカ城は19世紀にナポレオン軍に破壊されたあとしばらく放置されますが、その後スペインの農林省が買い取って修復しました。城内は公開されていますが、農林学校が併設されているため静かに見学したいものです。

丸亀城

152

所在地：日本　香川県丸亀市

日本一の高さを誇る城壁上に立つ天守は3重3階で、日本に現存する12天守のなかでも最も小規模なものです。

日本一高い石垣を登って暗殺された「裸重三」の悲劇

　標高66mの急進な亀山の上に丸亀城を築いたのは、1587（天正15）年、讃岐一国の大名として入った生駒親正です。その後、1641（寛永18）年に肥後冨岡から加増転封された山崎家治が丸亀藩初代藩主となり、日本一高い標高60mの石垣を建造しました。

　この時の石垣築造をめぐっては、石垣造りの名人・羽坂重三郎の悲話が伝わっています。

　羽坂重三郎は仕事に取り組む時、裸になり熱心に仕事をすることから「裸重三」と呼ばれていました。「重三の築いた石垣だけあって見事。これだけ見事ならば、この城壁を乗り越える者はあるまい」と称賛する声に、重三郎は「いや、尺余りの鉄棒をくだされば、簡単に登ってみせましょう」と応え、やすやすと登ってしまいました。

　これを見た城主の家治は、羽坂重三郎が敵と通じた場合を恐れ、偽って井戸の調査を命じ、中に入った重三郎の上に石を落として、殺してしまったというのです。この井戸は『二の丸井戸』として残されています。なお、城主の山崎家治は、城の完成を見ることなく、1648（慶安元）年に世を去っています。

もっと知りたい！ 「扇の勾配」と呼ばれる独特の曲線美を持つ三の丸北側の高石垣は、見る者を圧倒します。この部分が「裸重三」の手によるといわれています。内堀以内の城跡全域が国の史跡指定とされ、天守のほか、大手一の門、大手二の門は国の重要文化財に指定されています。

ピエールフォン城

所在地：フランス共和国　オワーズ県ピエールフォン

14世紀末に建設されたピエール・フォン城は、ボナパルト家の人々に愛され、修復されました。

ナポレオン1世が購入し、ナポレオン3世が美しく仕上げた城

　ピエールフォン城は1393年から1407年まで、フランス王シャルル5世の息子ルイ・ドルレアンにより建造されました。1617年にルイ13世によって一度は破却されますが、約200年後の1813年にフランス皇帝ナポレオン・ボナパルト（ナポレオン1世）が廃城のまま買い取りました。

　1857年、ナポレオン3世は城の修復を、パリのノートルダム大聖堂などを手がけた大物建築家のウジェーヌ・エマニュエル・ヴィオレ・ル・デュックに依頼します。19世紀になって、15世紀末に衰退していったゴシック建築に回帰する「ロマン主義」が興隆し、ナポレオン3世はその粋を極めた城をデュックに託しました。

　しかし、1871年にナポレオン3世がセダンの戦いでプロイセンに敗れて捕虜となり、皇帝の座を追われたまま1873年にイギリスで病死します。1879年には建築家ヴィオレ・ル・デュックも完成を待たずに亡くなってしまい、弟子らに引き継がれて完成したのは1885年と、依頼より28年もの歳月がかかったのです。

もっと知りたい！　ゴシック・リバイバル建築のピエールフォン城には、吊り橋や投石器など、中世の城らしい構造が当時のまま残ります。城内には、鎧や仮面、武器なども展示されています。見どころは「裁判の間」で、長さ52m・高さ12mの規模は、ヴェルサイユ宮殿の「鏡の間」をイメージさせる壮麗さと広さです。

アルゲ・バム

世界遺産
所在地：イラン・イスラム共和国　ケルマーン州

紀元前にはすでに基礎が築かれていた城塞都市アルゲ・バム。

世界遺産登録と同時に「危機遺産」になった中東の城塞都市

　パキスタンに近いイラン南東部、イラン高原南端に広がる砂漠地帯に位置する要塞都市アルゲ・バム。バムの起源は紀元前6～4世紀のアケメネス朝にさかのぼり、交易ルートの要衝として、また絹や綿織物の生産地として、7～11世紀に最盛期を迎えました。

　オアシスの生活を支えたのは地下灌漑運河ですが、イランでもっとも古い部分が残っています。日干し煉瓦と泥を重ねる独特の建築技術で造られた中世要塞都市の代表例で、山肌と城壁の色が黄土色で融合した姿は、巨大なひとつながりのオブジェのようでもあります。

　古代遺跡としてのアルゲ・バムは、18世紀中頃に放棄された城塞遺構ですが、近代都市としてのバムは経済的・商業的に繁栄し、「砂漠のエメラルド」と呼ばれました。しかしアフガニスタンなどの攻撃で、過去に2度、街の放棄を余儀なくされました。

　一方、放置されたアルゲ・バムは、2003年に発生したM6.5の地震によって甚大な被害を受けました。2004年に「バムとその文化的景観」として地域全体が世界遺産に登録されますが、同時に「危機遺産リスト」入りにもなったのです。

もっと知りたい！　近代都市としてのバムの方も、地震により全体の70％が崩壊してしまいました。それでも懸命にアルゲ・バムの修復作業が行なわれ、その保全活動が評価されて2013年には危機遺産リストから除外されています。バムは農業や工業の中心地でしたが、世界遺産の登録とともに観光業にも力を入れ始めています。

タンロン皇城

世界遺産
所在地：ベトナム社会主義共和国　ハノイ中央直轄市

ライトアップされるハノイのタンロン皇城。

「昇龍」の名を付けられた11世紀から使用された王宮遺跡群

　ベトナムの首都ハノイのタンロン皇城跡周辺の区域は、2003年に発掘された新しい遺跡です。タンロンとは「昇り龍」という意味でハノイの旧名。1010年から1804年までほぼ一貫してベトナム諸王朝が都を置いていた地です。

　1009年、前黎朝の臥朝皇帝が崩御すると、皇太子が幼かったため、2人の弟が皇位を巡って争いを始めました。リ・コン・ウアン（李公蘊）は皇帝の信頼が篤い重臣でしたが、周囲の期待もあって武力で前王朝を倒して混乱を収めると、自ら即位し李朝を打ち立てます。

　1010年を順天元年と定めたリ・コン・ウアンは、都である大羅城に船で向かう途中に黄龍に出くわします。群臣がこれを吉兆と喜んだため、リ・コン・ウアンは大羅城をタンロン（昇龍）皇城と改名したと伝わっています。

　ウアンは前王朝の暴虐な政治を改め、税制を改革し、対外的には平和政策をとって中国の北宋に朝貢の使者を送って冊封を受け、君臣関係を結びます。中国の史書に「大越国」と記されたベトナムは、その後800年にわたって歴代王朝の安定した政治が続くことになるのです。

もっと知りたい！　2010年、「ハノイ-タンロン王城遺跡中心地区」は世界遺産に登録されました。建物は残されていませんが、端門や龍の階段、監視塔などの遺跡が残されています。長い歴史のなかで王朝交代や戦火をうけるなどしたため、時代ごとの建築が混交して残るのもタンロン皇城の特徴。見学には、半日かけて遺跡をめぐるツアーに参加するのがおすすめです。

セント・ジェームズ宮殿

所在地：イギリス（イングランド）　グロースター州ウィンチカム

セント・ジェームズ宮殿ベル・メル側のメイン・エントランス。ヘンリー8世の時代から残る貴重な遺構です。

「ブラッディ・メアリー」が眠るイギリス王室の宮殿

　セント・ジェームズ宮殿は、16世紀にヘンリー8世が建造させ、1837年にヴィクトリア女王が即位し、バッキンガム宮殿への転居を宣言するまで、王室第一の王宮でした。

　史上有名な国王や女王が数多く暮らしましたが、この宮殿で亡くなり、心臓などの内臓が宮殿内の礼拝堂に埋葬されているのが、女王メアリー1世です。

　父のヘンリー8世が2番目の王妃アン・ブーリンと再婚すると、最初の王妃の娘メアリーは、庶子の身分に落されました。アン・ブーリンがエリザベスを産むと臣従を強要され、拒否するとさらに侍女の身分に落されて、半ば幽閉状態に置かれます。

　ヘンリー8世の没後、まだ9歳で病弱のエドワード6世が即位しますが15歳で早世。メアリーは民衆の支持を受け、女王メアリー1世となります。しかし、敬虔なカトリック教徒のメアリーは、父が創ったイギリス国教会などのプロテスタントを弾圧して300人を処刑、「ブラッディ・メアリー」の悪名で呼ばれました。1558年、メアリー1世は在位5年で崩御しますが、その命日はかつて「圧政から解放された日」と呼ばれる記念日となっていました。

もっと知りたい！　17世紀の清教徒革命ではチャールズ1世が処刑前夜を過ごし、その後の共和制下では兵舎として使われました。18世紀からのハノーファー朝では王宮として使われましたが、ヨーロッパ各国の王宮に比べて「地味」でした。しかしバッキンガム宮殿に移ってからも、イギリス王室の「正式な居城」は今でもセント・ジェームズ宮殿です。

カゼルタ宮殿

世界遺産
所在地：イタリア共和国　カンパニア州カゼルタ

ヴェルサイユ宮殿にあこがれるナポリ王によって建設された宮殿は、バロック様式の大庭園を持ち、壮麗な噴水が設けられています。

ナポリ王が建造した18世紀ヨーロッパで最大の宮殿

　カゼルタ宮殿は、1752年にブルボン家のナポリ王カルロ7世（後のスペイン王カルロス3世）によって、イタリア南部のカゼルタに建築されました。カルロ7世自身は1759年にスペイン王位に就いたため宮殿を使用することなく、建設が終わったのは1780年、三男のフェルディナンド4世（のちの両シチリア王フェルディナンド1世）になってからでした。

　ヴェルサイユ宮殿を理想としたガゼルタ宮殿の完成時には、1200もの部屋と24の国の庁舎に加え、国立図書館、国立劇場、大学などが一手に集まっていました。宮殿内部は高い天井に壮麗な装飾、たくさんの壁画やレリーフできらびやかに彩られ、18世紀ヨーロッパ最大の宮殿にして、イタリアを代表するバロック建築と称えられています。

　宮殿背後には、面積120万㎡のバロック様式の大庭園が広がっています。全長3kmの「カナローネ」といわれる水路を中心に、数多くの人工滝や噴水、彫刻が配されています。1997年、カゼルタ宮殿は「カゼルタの18世紀の王宮と公園、ヴァンヴィテッリの水道橋とサン・レウチョ邸宅群」として世界遺産になりました。

もっと知りたい！　優れた人材を登用し、海軍を始めとする軍制の整備、公共事業などの改革を行なったカルロ7世は、ナポリ・シチリア王として1735〜1759年、その後、スペイン王カルロス3世として1759〜1788年まで在位しました。英明な王だっただけに、フランス絶対王政のルイ14世が100年前に建造したヴェルサイユ宮殿に強く対抗意識を持ったのかもしれません。

本日の
テーマ　訪ねたい城

6月6日

カーディフ城

所在地：イギリス（ウェールズ）　カーディフ

西洋城郭の起源となったモット・アンド・ベイリー形式の様相を色濃く残すカーディフ城。

1世紀から歴史が続くウェールズの中心にある城

　カーディフは、グレートブリテン島の南西部、アイルランド島に向かってふくらんだ半島部にあるウェールズの「首都」です。首都というのは、1284年にウェールズ公国がイングランド統治下に入り、イギリス国内ではありながら連合王国のひとつとされているからです。

　カーディフ城の歴史は、1世紀に築かれたローマ人の砦にさかのぼります。一時は廃city になっていましたが、11世紀にノルマン人が進出し、「モット・アンド・ベイリー（丘と城郭）」方式で築城しました。円墳のような丸い小高い丘（モット）と、モットの麓に円形の前庭（ベイリー）を設けて連結するノルマン人由来の築城形式で、11〜12世紀のイギリスやフランスでよく見られます。カーディフ城は、その典型例といえる存在です。やがてこの形式からキープ（主塔／フランスではドンジョン、ドイツではベルクフリートなど）を中心とする西洋の城郭建築が発展していくこととなります。

　また、カーディフ城のベイリー内には、15世紀から19世紀に増改築を繰り返して整備されたネオ・ゴシック様式のカーディフ城があります。19世紀に石炭輸出で巨万の富を得た第3代ビュート侯が所有し、贅を尽くして現在の城を完成させました。

もっと知りたい！　ウェールズは、イギリス産業革命時、良質な石炭などの地下資源を産出して繁栄しました。その中心となったのがカーディフ城とその城下町です。ビュート侯による領有は、第二次世界大戦やその後の不況で維持が苦しくなり、1947年、カーディフ市に敷地も城も寄贈して終わりを迎えました。現在では、その後の市の整備事業によって観光の目玉になっています。

165

レップ城

所在地：アイルランド共和国　オファリー州ロスクレー

一族による血みどろの争いが繰り返されたレップ城。

世界一の幽霊城とされる残虐な領主が生んだ怪異談

　レップ城はアイルランド島の中央部、マンスターとレンスターを結ぶ街道上に位置します。1649年に、クロムウェルがアイルランドを占領するまで、この地方を支配していたのは、オキャロルという一族だったそうです。領民はその残虐さに恐れおののいて暮らし、一族は血みどろの権力争いを繰り返していました。城内の「血塗られたチャペル」と呼ばれる礼拝堂では、兄が弟（弟が兄をという説も）をだまして殺害したといわれています。のちに監獄として用いられた際には「トラップドア」が設けられていたといわれます。これはドアを開けると床のない部屋で、部屋に入った者は転落して床下に並ぶ先を尖らせた木によって串刺しにされるという処刑具でした。その後、18世紀後半にはダービー一族が所有者となり、ゴシック風に改装されて美しい城と称えられるようになりました。ところが100年ほどして、大衆紙に当時の領主夫人が体験談を打ち明けると、一気に「幽霊城」として有名になったのです。

　その体験談は、「召使いや来客の姿をしたあやしい影が城内を歩いていた」「黒い僧衣の修道士や赤いドレスの女を見た」「部屋の壁に血の痕が浮かんだり消えたりする」など。1922年、放火によって焼け落ちるまで、その怪異は続いたといいます。

もっと知りたい！　放火の後、50年にわたり廃墟だったレップ城は、1970年代に修築工事が始まり、1991年からは個人所有の城となっています。まさか幽霊はもう出ないのでしょうが、神秘的な外観もあって、今でも遠景からの写真と「世界一の幽霊城」という知名度はひとり歩きしたままです。

荆州古城

160

所在地：中華人民共和国　湖北省荆州

三国時代、魏・呉・蜀の争奪の舞台となった荆州。江陵はこのうち蜀の拠点として関羽が守っていました。

三国志の英傑・関羽が守り、魏と呉の謀略によって敗れた城

　古来、数多くの戦乱の舞台になった荆州古城は、かつては江陵と呼ばれる地でした。軍事的要衝で中国史を通じて数多くの戦闘があり、三国時代には魏・呉・蜀が国境を接して争奪戦の舞台となりました。蜀が荆州を領有した時、江陵の守将になったのが劉備の義弟であり、当代随一の英傑として知られた関羽でした。主君に忠義を尽くして、学を好み、敵将から「兵1万に値する」と称えられた豪傑でしたが、魏と呉の奸計にはめられます。

　劉備が漢中王を宣言した219年、関羽は劉備の漢中奪取に呼応して北上し、魏の樊城攻略にかかります。駆け付けた魏の援軍諸共、樊城を水攻めにしますが、魏軍も抗戦して譲りませんでした。

　しかしこの時、魏は、関羽が留守の本拠地・荆州を攻める密約を呉と交わしていました。呉が一気に攻め寄せて荆州を占領したため、関羽は前後に敵を受けてしまいます。危地を脱出しようと奮戦しますが、息子の関平とともに呉に捕えられました。関羽は斬首され、その首は呉の孫権から魏の曹操に送られました。曹操は魏を苦しめた関羽の武勇を称え、諸侯の礼で関羽の遺体と首を葬ったのでした。

もっと知りたい！　荆州古城は、湖北省都の武漢から高速鉄道で1時間、高速道路で3時間ほどの荆州市にあります。かつて荆州古城は関羽が創健したとされていましたが、最近の研究ではもっと古かったことがわかっています。今の城壁は、明代と清代に再建されたものです。高さ約9m・幅約10m・全長約10kmという城壁に囲まれ、非常に保存状態の良い城郭都市です。

ペイルペルテューズ城

所在地：フランス共和国　オード県デュイアック

カタリ派が立て籠り、アルビジョワ十字軍を率いるフランス王に抵抗したペイルペルテューズ城。

異端とされた「カタリ派」が立て籠もった天空の城

　ペイルペルテューズ城は、ケリビュス城、ピュイローラン城、テルム城、アギラール城とともに、「カルカッソンヌの5人の息子」といわれた城です。標高800mという険しい場所に築城されたこの城は、中世要塞建築のもっとも美しい例といわれ、80kmほど離れたカルカッソンヌと同規模であることから、「天空のカルカッソンヌ」と呼ばれていますが、現在は廃墟として残るのみです。しかしながら石灰岩の岩山の高所に連なる城壁はしっかり残っており、遠望するピレネー山脈の山並み、緑濃い森が点在する村の光景はまさに絶景です。

　13世紀、この城には、カトリック教会から異端とされたカタリ派が立て籠り、熾烈な玉砕戦を展開しています。カタリ派は、12世紀から13世紀にかけて南フランスで隆盛したキリスト教の一派でしたが、カトリック教会から異端の宣告を受けて、アルビジョワ十字軍の討伐を受けてしまいました。彼らは弾圧を逃れてペイルペルテューズ城などに籠り、抵抗を試みましたが、1255年のケリビュス城陥落によって最後の抵抗を終え、その後の苛烈な弾圧の末に根絶されました。天空の城は、信仰に生きた人々の悲劇の証人でもあるのです。

もっと知りたい！　ペイルペルテューズ城をはじめとする「5人の息子」は、車でしかアクセスできない不便な場所にあります。ほかの4つの城と組み合わせてレンタカーで回るのがおすすめです。

ミール城

世界遺産

所在地：ベラルーシ共和国　フロドナ州カレリーチ

南側の池越しに眺めるミール城。

ルネサンス様式の美しい城がナチスのゲットーに!?

　ミール城は首都ミンスクの南西約100kmの位置にあり、16世紀前半に5つの塔と城壁を持つゴシック様式の城として築かれましたが、城主の死でいったん未完に終わりました。その後、リトアニア大公国のラジヴィル家がルネサンス様式の要素を取り入れて改築し、完成させたのが、現在に見られるミール城です。

　ほぼ正方形の城の四隅と正面中央に計5つの塔がそびえ、城壁の南側の池には、水面に美しい姿を落としています。城門をくぐって城内に入ると、石畳の中庭に出ます。当初の城壁は四方を取り囲んでいましたが、ラジヴィル家が改築を行なった際、北側と東側に3階建ての宮殿が造られました。城壁は高さ13m・厚さ3mあり、城壁の上には屋根が設けられ、塔や宮殿と結ばれています。

　ミール城のこの堅牢な造りが、愛らしい外観とは裏腹に、ナチスドイツが第二次世界大戦でソ連に侵攻した折、ユダヤ人収容施設にされるという悲劇の歴史を刻みました。のちに破壊されたため、戦後の改修を経て、現在、博物館になっています。

もっと知りたい！　ベラルーシ共和国はソ連崩壊後の1991年に独立国になりますが、ミール城は2000年に「ミール地方の城と関連建物群」のひとつとして、世界遺産に登録されました。城内博物館には、ベラルーシの他の古城の模型、中世の甲冑や調度品、リトアニア大公国ラジヴィル家の歴史などが展示され、ミール城の往時の生活とその歴史が学べます。

クリスチャンスボー城

所在地：デンマーク王国　コペンハーゲン（シェラン島）

フレデリク7世像とクリスチャンスボー城。

城を造営した敬虔すぎる国王と王妃の実像

　デンマーク王室および政府の迎賓館であり、国会議事堂や内閣府、最高裁判所など、政府の主要施設が置かれていることでも知られるクリスチャンスボー城は、過去2度の大火に見舞われました。現在の建物は1907年から1928年にかけて再建された第3期のものです。

　最初にこの城を完成させたのは、国王クリスチャン6世です。1733年に完成しますが、王の死後の1794年に焼失しました。クリスチャン6世は他にも、自らの権力を誇示するためにさまざまな建築物を建てますが、家臣や民衆はその負担に苦しんでいました。

　さらに彼の評判を悪くしたのは、内面の信仰を重視する「敬虔主義」に傾倒し、それに基づく統治者であろうとしたためです。夫婦仲のよかった王妃ゾフィー・マグダレーネも、同様に敬虔な信仰心に基づく頑なな性格の持ち主でした。

　前国王の2番目の王妃アンナ・ソフィー・レーヴェントローをひどく嫌い、その身に着けたものを自分が使うのを断固拒否し、王妃の王冠を新調させました。義父クリスチャン5世との重婚状態から、前王妃の死によって王妃になったのを許せなかったのです。

もっと知りたい！　1794年の火災によって、最初のクリスチャンスボー城の建物で今日見られるのは厩舎のみとなっています。2度目の城は1803年から1828年にかけて建設され、城はアンピール様式に生まれ変わります。しかしこれも1884年に2度目の火災に遭ってチャペルを残して焼失します。現在再建されたクリスチャンスボー城は、ネオ・バロック様式となっています。

ハワー・マハル

164

所在地：インド　ラージャスターン州ジャイプル

5階建てのハワー・マハルには、953の小窓が並んでいます。

街が「ピンクシティ」と呼ばれるほどの強烈な個性の宮殿

　インド北西部、総延長約10kmの赤い城壁に囲まれる人口300万都市のジャイプルは、別名「ピンクシティ」とも呼ばれています。その理由は、城壁を含む旧市街の建物がピンクの赤砂岩で造られているためです。

　1799年、ラージプート王サワーイー・プラターブ・シングによって建てられたハワー・マハルも、ピンク色をした赤砂岩を外壁にした5階建ての建造物で、953もの小窓が通りに面して造られています。

　これほど多くの小窓が造られたのは、当時人前に出ることが許されなかった宮廷の女性たちが、姿を外から見られることなく、街の様子を眺め、庶民の祭りなどを楽しむためだとされています。ハワー・マハルの完成によって、彼女たちは王の宮殿「シティパレス」から続く細いトンネルを通り、ここから外の様子を見ることができるようになりました。

　一方、この数多い小窓を通して風（ハワー）が循環し、暑い時でも涼を得られる合理的な設計にもなっており、これが宮殿の名前の由来にもなっています。

もっと知りたい！　ハワー・マハルは、通りに面した宮殿の一番目を引く部分は山型に高くなっていて、ヒンドゥー教の女神「クリシュナの王冠」をモデルにしています。正面の外観が圧巻なのに対して奥行きはそれほどでもなく、宮殿の内部は中庭もあってステンドグラスの部屋もありますが、居館というよりは「街を見る」用途に重点がある構造と考えられます。

ヴィスビュー城壁

世界遺産

所在地：スウェーデン王国　ゴットランド県ヴィスビュー（ヴィスビー）

ヴィスビューを囲む城壁と城門の塔。

ヴァイキングの本拠地として栄えた「ゴッドランド島」の城塞都市

　バルト海に浮かぶゴットランド島はスウェーデン最大の島で、島名は「ゴート族の地」という意味です。ゲルマン系のゴート族がのちにこの地からウクライナ地方に移り、のちの「ゲルマン民族大移動」でローマ帝国に壊滅的打撃を与えています。

　ヴィスビューは、9世紀から11世紀にはヴァイキングの本拠地となり、12世紀から14世紀にはハンザ同盟の重要な中心地のひとつとなりました。ハンザ同盟は、バルト海を中心とする北方貿易のためのヨーロッパ諸都市の連合で、リューベックやハンブルクなど主にドイツの都市が多く参加していました。しかし、1389年にスウェーデン国王を追われたアルブレヒトは、海賊集団フィタリエンブリューダーを雇い入れ、ゴットランドを征服してヴィスビューに本拠地を築くという事件が起こります。1398年にドイツ騎士団に征服され、フィタリエンブリューダーは追い出されますが、ヴィスビューは破壊されるという悲劇に見舞われます。

　1449年以降はデンマークの知事によって統治されましたが、1645年にスウェーデン領となりました。ヴィスビューはゴットランド島北西部にある城塞都市で、現在でも旧市街は3.5kmの城壁にぐるりと囲まれています。

もっと知りたい！　1995年「ハンザ同盟都市ヴィスビュー」は、世界遺産に登録されました。1987年に世界遺産登録された「ハンザ同盟都市リューベック」に主役が移るまで、ハンザ同盟の中心都市だったのです。一方、ヴィスビューは「薔薇の都」の愛称をもち、城壁内に薔薇園があるだけでなく、旧市街のいたるところに薔薇の植え込みや生垣がある美しい景観を維持しています。

ハットゥシャ

世界遺産
所在地：トルコ共和国　チョルム県ボアズカレ

ハットゥシャ遺跡のライオン門。左右を護るライオン像は、現在レプリカが置かれています。

人類初の鉄器を使ったヒッタイト王国滅亡の謎

　ハットゥシャは、トルコの首都アンカラより東に145kmのボアズカレという小さな村に近い、海抜1000mほどの丘陵地帯にある遺跡です。ここが紀元前17世紀から紀元前13世紀に繁栄したヒッタイト王国の都だとわかったのは1906年のことでした。

　初めて鉄器を使ったとされるヒッタイト人は、紀元前1800年頃、現在のトルコ中央部に国を建てました。鉄製の武器と軽戦車による武力で紀元前1600年頃にはバビロニア王国を滅亡させ、強大なエジプト王国にも脅威を与える隆盛を誇りました。現在では礎石ばかりですが（一部復元）、全長6kmの城壁に囲まれた遺跡群が広がり、城塞都市になっていたことがわかります。城門には門柱に一対のライオン像が刻まれた「ライオンの門」、ハットゥシャを一望できる高所には「スフィンクスの門」、その下に「大地門」と呼ばれる地下道に向かう門があります。

　オリエント世界に覇権を唱えたヒッタイト王国でしたが、紀元前1200年頃に突然、歴史の舞台から姿を消します。海の民と呼ばれる民族集団の攻撃によるものという説もありますが、滅亡の理由に、いまなお定説がない状態です。

もっと知りたい！　ヒッタイト遺跡の「大城塞」から発見された粘土板文書に、「カデシュの戦い」でエジプトのラムセス2世と締結した平和条約が発見されました。世界最古の国際条約です。鉄器を人類に広げ、青銅器文化を終焉させたことはもちろん、ヒッタイト王国の歴史的な功績は非常に大きなものです。1986年「ヒッタイトの首都ハットゥシャ」は世界遺産に登録されました。

クイリナーレ宮殿

167

所在地：イタリア共和国　ラツィオ州ローマ

現在も使われるグレゴリオ暦を採用したローマ教皇グレゴリウス13世が夏の住居として利用したクイリナーレ宮殿。

暦を変えたローマ教皇グレゴリウス13世の夏の住居

　ローマのクイリナーレの丘に建つこの宮殿は、1583年、第226代ローマ教皇グレゴリウス13世（在位：1572〜1585年）の夏の住居として建設されました。

　グレゴリウス13世の事績としてもっとも著名なのは「グレゴリオ暦」の採用です。1572年に70歳で教皇選挙（コンクラーヴェ）を経てローマ教皇に選ばれた彼は、教会改革とともに、長い間ズレが指摘されていた暦の改革に乗り出しました。

　古代ローマのユリウス・カエサルが定めて以来、使われていた「ユリウス暦」を、「太陽暦」として現在も使われる「グレゴリオ暦」にしたのです。1582年をもってユリウス暦10月15日を新暦10月5日とし、以降、この暦はカトリック国家に採用されて徐々に世界に浸透しました。

　時代はくだり1871年、ローマは統一国家イタリア王国の首都になりました。クイリナーレ宮殿は、イタリア国王の公式な宮殿として使われましたが、公務の場であり、実際には歴代国王が暮らしたわけではなかったようです。1946年に王政が廃止されると、以降クイリナーレ宮殿はイタリア共和国大統領の官邸として使用され続けています。

もっと知りたい！　クイリナーレ宮殿のファサード（建物の正面部分）はドメニコ・フォンターナが設計し、大礼拝堂はカルロ・マデルノが設計しました。大統領官邸ですが、公開日に合わせれば内部見学が可能です。優れたフレスコ画も残されており、メロッツォ・ダ・フォルリの『祝福するキリスト』がとくに有名です。

アラゴン城

168

所在地：イタリア共和国　カンパニア州イスキア島

イスキア島沖の陸繋島の小島に建物群が連なるアラゴン城。

「断崖絶壁」の小島に築かれた古城のルーツは2500年前

　南イタリアのナポリからフェリーで約１時間の距離にあるイスキア島は、ナポリ湾で最大の島で、東端に１本の橋でつながった小島があり、その断崖上にアラゴン城そびえています。高さ200mの位置にあり、船上からもその威容がせまります。

　アラゴン城の起源は古く、なんと2500年前にさかのぼります。紀元前474年にクーマエ（ナポリ近郊の古代ギリシャ植民都市）がイスキア島の原住民との戦争を起こした際、ギリシャ植民都市シラクーサ（シチリア島）に援軍を求めたため、シラクーサによって要塞として建設されました。

　イスキア本島とアラゴン城がある小島をつなぐ300mの石造りの橋を渡り、城内に入ってチケットを買い、坂道と階段を上ると、見晴らしの良い展望所に着きます。西に見える本島側には島を埋め尽くすように建物が並び、奥には、島中央にある最高峰のエポメオ山が遠望できます。反対側に回ると、海原に浮かぶ隣のプロチーダ島、少し離れたところに青の洞窟で有名なカプリ島、その奥にはナポリ近郊の街やヴェスビオ山までを一望することができます。

もっと知りたい！　15世紀半ば、当時ナポリを支配していたアラゴン家のアルフォンソ王が手を加えたのに始まり、現在の島内にたくさんの石造りの遺跡が残りました。拷問の絵や実物の道具が展示されている拷問具博物館、壁のみ残っている教会跡、庭園の途中にある小さな礼拝堂、ワイン醸造所跡など、アラゴン城と周辺遺跡・施設にはたくさんの見どころがあります。

フランドル伯居城

所在地：ベルギー王国　オーストフランデレン州ゲント

博物館として公開されるフランドル伯居城。

500年以上フランドル地方を支配した伯爵家の全盛期の居城

　ベルギー西部、フランス北部、オランダ南部にまたがるフランドル地方を864年から領有したフランドル家は、1795年まで同地の領主でした。そのフランドル伯が1180年に築城し、1353年まで城主だったのがフランドル伯居城です。州都ゲントの中心街にある濠に囲まれた要塞のようなフランドル伯居城は、第2回十字軍に参加したフランドル伯フィリップ1世が、遠征先のシリアで触発され、建築したと見られています。

　フランドルは、ドーヴァー海峡を挟んで羊毛輸入などでイングランドとの経済的な結びつきが強い一方、領土を接するフランスの領有への野望に圧迫され、難しい立ち位置にいました。苦しい運営が迫られるなか、1302年に歩兵中心のフランドル都市連合軍が騎士中心のフランス軍を破った「金拍車の戦い」のような歴史的勝利もあげています。

　フランドル伯居城は1353年にフランス王ルイ2世に明け渡すことになり、その後は裁判所や刑務所、繊維工場になりました。しかし戦火を受けずにすんだため、往時のままの外観をとどめており、今日ではゲント観光の目玉になっています。

もっと知りたい!　フランドル伯居城は、1907年に博物館として一般公開されました。城内には鎧や武器などのコレクションが展示されるほか、拷問器具なども展示解説されています。博物館部分以外の城内もかなり広範囲に散策が可能で、城の外周に沿った城壁上からは、銃眼を縦長にしたような狭い窓越しに、ゲントの街が一望できます。

サン・スーシ宮殿

世界遺産

所在地：ドイツ連邦共和国　ブランデンブルク州ポツダム

フリードリヒ大王が愛したサン・スーシ宮殿。フランス語で「憂いなき」という意味で、部屋数わずか12という質素な造りとなっています。

名君フリードリヒ2世を悩ませた幼少期の父の教育

　ドイツ北東部のポツダム市街にあるサン・スーシ宮殿は、プロイセン王国時代の1745年から1747年にわずかに2年余で建造されました。国王フリードリヒ2世は、オーストリアとの第二次シュレージエン戦争のさなかに建築計画を強行しました。「夏の王宮」として建設されたサン・スーシ宮殿ですが、首都ベルリンでの政治から切り離された場を求めたフリードリヒ2世は、ここを事実上の居館とし、自ら一部の設計を手がけています。

　父王ヴィルヘルム1世と王妃ゾフィーの子であったフリードリヒ2世は、幼少期から武骨な軍人気質の父と、宮廷の教養人であった母との教育方針の対立に翻弄されます。本人は母親に近い芸術好きであり、とくに音楽を好んでフルートの演奏会を開くこともありました。父王はそれを知ると怒り狂って杖で打ちすえ、食事を与えなかったり、蔵書を取り上げるなどの、厳しい教育をしました。後世に「フリードリヒ大王」と尊称される名君フリードリヒ2世ですが、父王の死によって28歳で即位するまで、辛い境遇に耐えたのです。そうした反動もあってか、フリードリヒ2世は激務の間を縫ってフルートを楽しむなどして過ごしたといわれます。

もっと知りたい！　サン・スーシ宮殿はフリードリヒ2世の希望で外装は簡素に、室内を「フリードリヒ式ロココ」といわれる様式で壁から天井までを豪華に装飾しました。現在は「音楽演奏室」とよばれる部屋が、その特徴をもっとも残しています。庭園はフランス・バロック様式の典型とされ、王は自らの署名を「サン・スーシ宮殿の哲学者」とするほどこの宮殿を愛しました。

ドゥカーレ宮殿（マントヴァ）

171

世界遺産

所在地：イタリア共和国　ロンバルディア州マントヴァ

ルネサンス期の芸術で飾られたドゥカーレ宮殿。ゴンザーガ家に嫁いだイザベラ・デステはルネサンス期のパトロンとして有名です。

ルネサンスの街「ドゥカーレ」の巨大宮殿はヨーロッパ6位の規模

　ルネサンス文化の栄えた街マントヴァはゴンザーガ家によって支配され、ドゥカーレ宮殿は14世紀から17世紀にわたって彼らの王宮として使われました。

　500以上の部屋に7つの庭園と8つの中庭があり、35,000㎡の敷地面積はヨーロッパの宮殿で第6位です。

　宮殿内には、マントヴァの川を模した「川の間」や、ラファエロがデザインした絨毯が飾られた「絨毯の間」などの豪華な居室が多いことはもちろん、「公爵の間」に飾られたティントレットの絵、ルーベンスが描いたゴンザーガ家の人々の肖像画など、有名な芸術作品が数多く収められています。

　宮殿の敷地の中心に建つサン・ジョルジョ城の「結婚の間」は、15世紀後半に描かれたアンドレア・マンテーニャのフレスコ画で有名です。さらにその天井にある、天使が下界を覗き込む円窓（だまし絵）は傑作といわれ、立体感と動きのある天使たちのユーモラスな姿を見ていると楽しくなります。

もっと知りたい！　マントヴァにはルネサンス期の14〜16世紀の建造物が建ち並び、同じ県の都市サッビオネータとともに街自体が世界遺産に登録されています（2008年）。ゴンザーガ家はマントヴァ公国の主として、ルネサンス芸術家たちのパトロンでもあったのです。しかし、1708年にフェルディナンド・カルロ（カルロ3世）が没すると、ミラノ公国に編入されて消滅しました。

エディンバラ城

世界遺産

所在地：イギリス（スコットランド）　ロージアン州エディンバラ

スコットランドの激動の歴史を見つめてきたエディンバラ城。

中世スコットランド王国の空気が今に残る観光名所

　スコットランドは、イギリスを構成する国家のひとつで、1707年にイングランドに併合されるまで独立国でした。その首都がエディンバラであり、街を見下ろすように急峻なキャッスル・ロック（岩山）の上にそびえるのがエディンバラ城です。

　7世紀初頭にノーサンブリア王のエドウィンが、この地に城を築いたのがエディンバラ城のもとになりました。エドウィンの「バラ（城市）」の意味でエディンバラという地名になり、11世紀にスコットランド王がこの地を征服して城塞都市として発展しました。

　城内最古の建築は12世紀初期のセント・マーガレット教会堂です。他の建築物も16世紀以前の発祥のものが多いですが、イングランドとの激しい攻防戦が繰り返され、19世紀に修築されたのが現在の姿です。

　堅牢な城壁や大砲が残り、城門には今も民族衣装の衛兵が立ち、午後1時には「ワン・オクロック・ガン」という空砲が響きます（日曜を除く）。エディンバラは、今も城と城下町ごと中世が息づいている古都なのです。

もっと知りたい！　毎年8月に行なわれるスコットランド駐留部隊のパレード「ミリタリー・タトゥー」は、バグパイプとドラムを演奏しつつ、伝統衣装「キルト」を着た軍楽隊の行進は圧巻です。城内のエスプラナード広場が会場となり、世界各国から招待された国々もパフォーマンスを披露する、まさに真夏の一大祭典となっています。

パレ・ロワイヤル

所在地：フランス共和国　パリ県パリ市

フランス革命勃発の直前、デムーランが演説を行なって民衆を扇動したのがこの場所です。

「王宮」はなぜ巨大ショッピングセンターになったのか

　パリのルーヴル美術館の北側に、元王宮だった立派な建物が見えます。建物は文化省や国務院が入っていて見学できませんが、中庭は散策自由です。いまは人の少ない静かな場所ですが、18世紀末から19世紀前半にはパリ随一といえる繁華街でした。ルイ13世に宰相として仕えた枢機卿リシュリューの居館として1624年に建設されたパレ・ロワイヤルは、リシュリュー没後の1644年には王家に譲られ、ルイ14世がルーヴル宮殿から移り住んで「王宮（パレ・ロワイヤル）」と呼ばれるようになります。

　その後、王宮がヴェルサイユ宮殿に遷って廃れますが、ルイ16世の時代の1784年、膨大な借金のあった所有者のオルレアン公ルイ・フィリップ2世ジョセフが、中庭の回廊を改装して商人に貸し出します。これにより、巨大なショッピングセンターが誕生しました。

　レストランや商店が並んだパレ・ロワイヤルは、警察の立ち入りが禁止され、革命家のたまり場にもなりました。1789年、バスチーユ監獄襲撃の2日前、カミーユ・デムーランが「武器を取れ」と演説し、革命の発端となったのもここでした。元王宮が、王政打倒の発火点になったのです。

もっと知りたい！　パレ・ロワイヤルをショッピングセンターに変えたルイ・フィリップ2世は、自ら「フィリップ平等公」を称するなどして革命派寄りの貴族として振る舞いました。マリー・アントワネットの政敵で、ルイ16世の処刑にも賛成票を投じて王位に野心を持っていたフリップですが、のちに自身も革命政府から共和制転覆の嫌疑を受け、断頭台で処刑されています。

リュクサンブール宮殿

所在地：フランス共和国　パリ県パリ市

ルーヴル美術館の『マリー・ド・メディシスの生涯』（連作）は、もともとリュクサンブール宮殿の装飾絵画として制作されたものです。

アンリ4世王妃マリー・ド・メディシィスに贈られた宮殿

　リュクサンブール宮殿は、現在は元老院の議事堂として使用され、緑豊かなリュクサンブール公園のなかにあります。

　イタリアのメディチ家からフランス王室に嫁いだマリー・ド・メディシスの居城になり、現在のような宮殿になりました。内装などは、マリーが幼少期を過ごしたフィレンツェのメディチ家の居城ピッティ宮殿をモチーフにしています。

　1600年、27歳の時に前妻と離婚したばかりのアンリ4世の王妃となりますが、あくまでマリーの持参金を目当てにした政略婚姻だったといわれています。アンリ4世は外で愛人を作って留守がちで、マリーはリュクサンブール宮殿で孤独な生活を送っていたといいます。

　1601年、待望の世継ぎであるルイ13世を出産し、他の4人の子たちものちに王や王妃になります。1610年にアンリ4世が暗殺されると、マリーは王位を継いだルイ13世の摂政として権力を掌握しますが、やがて王の自覚を持ったルイ13世との確執が続きました。

　結局、1631年にマリーはフランスを追放され、1642年にドイツのケルンで没しました。

もっと知りたい！　パリのルーヴル美術館には、巨匠ルーベンスの手による24枚の連作大画『マリー・ド・メディシスの生涯』が展示されています。彼女の生誕から婚姻、王室での日々などが、神話の神になぞらえてドラマティックに描かれている作品です。

リール城塞

175

所在地：フランス共和国　ノール県リール

稜堡式要塞の完成者であるヴォーバンによって建設されたリール要塞。

要塞の全景は中世時代そのものの美しい五角形

　ベルギーと国境を接するフランス第4の都市リールには、1667年から1670年に建設された星形城塞リールがあります。フランス王ルイ14世に仕えた、軍人にして建築家のセバスティアン・ル・プレストル・ヴォーバンが設計を担当しました。美しい五角形の見事さから「要塞の女王」とも呼ばれています。

　リール城塞は現在もNATO軍が管理しており、ガイドツアー（毎週日曜日）でのみ見学可能です（観光案内所で予約）。予約はリール観光案内所で受け付けています。城塞の周辺は公園になっているため、緑豊かな遊歩道を散策できます。

　その美しい形状もさりながら、実戦ではスペイン継承戦争のなかで1708年にイギリス王国、神聖ローマ帝国、ネーデルランド連邦共和国（オランダ）の同盟軍約11万に包囲されたことがあります。フランス軍は約1万5000の兵が守るのみでしたが、指揮官ルイ・フランソワ・ド・ブーフレールのもと3か月以上耐え抜きます。ブーフレールは周辺都市が同盟軍に落とされていくのを見て、降伏・開城しますが、後年1792年にオーストリアの攻撃を受けた際には、これを防ぎきっています。

もっと知りたい！　リール市街には、市庁舎の高さ104mの時計塔、フランス第二のコレクション数を誇るリール宮殿美術館などがあります。

176

本日の テーマ	歴史の舞台に立つ

モドリン要塞

所在地：ポーランド共和国　マゾフシェ県モドリン

フランス軍によってナレウ川の畔に建てられたモドリン要塞。

ドイツの侵攻によって、激しい実戦にさらされた要塞

　首都ワルシャワから北へ50kmのモドリン要塞は、19世紀最大級の要塞です。1806年から1812年に建造されましたが、当時ロシア帝国の一部だったポーランドでは、モドリン要塞は主にロシア軍に管理されているだけの存在でした。

　ポーランドがロシアに反旗を翻した1830年の11月蜂起の時、ポーランド側によってはじめて要塞として防備が固められますが、本格的な戦闘を経験することなく、1831年9月に降伏します。第一次世界大戦中の1915年の夏、ロシアはポーランドへのドイツ帝国の侵攻に苦戦し、ポーランドをドイツに明け渡すか抵抗するかという事態に直面します。退却した場合、モドリン要塞の放棄は、ロシアにとってポーランド支配の象徴を手放すことを意味しました。ロシア軍は抵抗を選択しますが、ロシア側の要塞防衛の残存兵は手薄で、わずか数日でモドリン要塞は陥落。ドイツに1600丁の銃と約100万発の弾薬を鹵獲されています。

　さらにモドリン要塞は第二次世界大戦でも戦いの舞台となっています。1939年、ポーランドはナチスドイツとソ連の侵攻にさらされ、モドリン要塞はドイツ軍の侵攻に最後まで抵抗した部隊の拠点となりました。

　もっと知りたい！　第一次世界大戦後のモドリン要塞は、ポーランド第二共和国（1918〜1939年）の一部となり、要塞は対戦車兵器や対空兵器の充実とともに近代化されました。要塞は兵舎や下士官のための軍学校と士官学校などが併設されました。現在は一部を観光用に公開していますが、ポーランド軍が管理する場所、廃墟として放置された場所が同居しています。

本日の
テーマ 愛憎劇と陰謀の舞台

コーブルク城塞

177

所在地：ドイツ連邦共和国　バイエルン州コーブルク

王冠のような構造をとるコーブルク城塞。

妻を姦通罪で幽閉したのは、小国が生き延びる政略か

　ニュルンベルクの北方90kmの地にあるコーブルク城塞は、ザクセン＝コーブルク＝ゴータ公の宮廷があった城です。ドイツで2番目に大きな城といわれ、高い城壁に二重に囲まれた重装備の城です。丘陵地に堅牢な城壁をめぐらした構造が王冠のようなので、地方の名から取って「フランケンの冠」といわれています。

　12世紀に創建され、16世紀にはザクセン選帝侯の滞在地でした。

　この城は16世紀、小国ゆえの悲劇の舞台となりました。

　1586年、ザクセン＝コーブルク公爵ヨハン・カジミールは、ザクセン選帝侯アウグストの娘アンナと結婚します。しかし、結婚の年、アンナの父アウグストが逝去すると、7年後の1593年、カジミール公爵はアンナを姦通罪でコーブルク城塞に幽閉してしまったのです。政略結婚で生き延びてきた小国の厳しい判断が想像できます。

　「姦通罪」がどのような内容のものか、詳しく伝わっていませんが、やがてカジミール公爵は再び妃を迎え、アンナは1613年に幽閉の身のまま城内で没したのです。

もっと知りたい！ 　19世紀、この城に宮廷を置いたザクセン＝コーブルク＝ゴータ公国は、小国でしたが、公家からはその子女がヨーロッパ各国の王室に広がりました。ベルギー初代国王レオポルド1世、イギリス女王ヴィクトリアの王配（夫）アルバートがこの国の出身です。現在のイギリス王室で、父方の出身国ということになります。

ストゥピニージ宮殿

世界遺産

所在地：イタリア共和国　ピエモンテ州トリノ

ストゥピニージ宮殿は、のちにイタリア統一を果たすサヴォイア王家が建設した宮殿のひとつです。

サヴォイア家が作った「狩猟」のための豪壮な宮殿

　トリノの世界遺産「サヴォイア王家の王宮群」のひとつであるストゥピニージ宮殿は、1563年にサヴォイア公国の首都がトリノに遷った時、サヴォイア公エマヌエーレ・フィリベルトが買い取ったものです。

　その後、ヴィットリオ・アメデーオ2世の時に、1729年から2年かけて狩猟の館として建て替えられました。中央にあるドームの頂上にあしらわれた鹿の像が、そうした来歴を示しています。背後には深い森が広がり、宮殿の多くの窓から、この広大な裏庭の風景を楽しめます。

　ストゥピニージ宮殿は、建築家フィリッポ・ユバッラによる典型的なピエモンテ・バロック様式で、フランス風外観と自然豊かな立地を、のちのヴィットリオ・アメデーオ3世と王妃がとくに愛し、建物と庭園を増築。最終的には、約3万㎡の敷地に137の部屋と17のギャラリーを持つ宮殿となりました。

　現在、内部は美術館や家具の博物館になっており、当時の領主サヴォイア家の繁栄と豪華な暮らしぶりを鑑賞することができます。

もっと知りたい！　ストゥピニージ宮殿は、あくまで「狩猟の館」として使われたため、展示される絵画や装飾などをも「狩り」をモチーフにしたものが数多くあります。客人をもてなす館でもあったため、「中国の間」といった東洋趣味の絵画や調度品で統一された部屋もあります。どの部屋も天井画と壮麗なシャンデリアと装飾がみごとです。

ペニャフィエル城

179

所在地：スペイン王国　カスティーリャ・イ・レオン州ペニャフィエル

アラブ人に対する防衛の最前線の前哨基地として建設されたペニャフィエル城。ひときわ高くそびえる塔は高さ30 mを超えます。

中世ロマンを味わう9世紀の古城

　レコンキスタ（国土回復運動）が続いていた9世紀に、イスラム勢力に備えるレオン王国の要塞として建設されたペニャフィエル城は、南北に200m超の城壁が連なり、幅約35mほどの面積を囲む細長い城です。中央部には高さ34mの3階建てキープがそびえ、町を一望するスポットになっています。

　城の麓に広がる街からは、先史時代の定住地跡が発掘されており、その歴史の深みがうかがえますが、現在の街の原型は、城に少し遅れて10世紀初頭、丘の麓に集落ができたのに始まります。その後間もなく一帯は城とともにカスティーリャ伯領へ吸収されました。

　街を発展させたのは、フアン・マヌエルという王族です。14世紀前半にアルフォンソ11世の摂政になった彼は、国内のどこよりもペニャフィエル城を好み、古い城を修復して居城とします。19の教会、3つの修道院、6つの礼拝堂が建つペニャフィエルの原型は、この時に生まれました。アルフォンソ11世が成人すると、政略結婚がらみの意見対立で不和となりますが、フアン・マヌエルが内乱を起こすと、のちに王が頭を下げたため、和解して政務に戻りました。

もっと知りたい！　スペインを代表するワイン「リベラ・デル・ドゥエロ」の産地であるカスティーリャ・イ・レオン州の真ん中にあるペニャフィエルは、中世の古城や街並みを散策する楽しみとともに、地元ワインと羊の窯焼き「レチャソ」を味わえる街でもあります。ペニャフィエル城は、現在はワイン博物館になっています。

ホーエンシュヴァンガウ城

所在地：ドイツ連邦共和国　バイエルン州ホーエンシュヴァンガウ

ワーグナーのオペラ『ローエングリン』で有名な白鳥伝説ゆかりの地に建てられたホーエンシュヴァンガウ城。

ワーグナーのオペラ『ローエングリン』で知られる白鳥伝説の地

　1832年、バイエルン王マクシミリアン2世は、12世紀に建設されて廃墟と化していたシュヴァンシュタイン城を購入し、4年ほどかけて改築して、その名をホーエンシュヴァンガウ城と改めました。その息子のバイエルン王ルートヴィヒ2世は、幼年時代をホーエンシュヴァンガウ城で過ごしています。建築と音楽に破滅的浪費を繰り返し、「狂王」と呼ばれたルードヴィヒ2世は、リヒャルト・ワーグナーに入れ込んだパトロンでもありました。

　ワーグナーのオペラ『ローエングリン』で有名な白鳥伝説は、この城のある地域にゆかりがあるといいます。ホーエンシュヴァンガウ城の「シュヴァンガウ」とは、「白鳥の里」という意味。『ローエングリン』は、「白鳥の騎士」と名付けられたローエングリンを主人公として中世ドイツを描いた作品です。

　ホーエンシュヴァンガウ城にはこの地方の伝説にちなんで数々の中世騎士の壁画が描かれており、ローエングリンにまつわる壁画も含まれています。こうした環境で幼少期を過ごしたルートヴィヒ2世は、中世騎士道文学の世界へ耽溺し、ノイシュバンシュタイン城にてその世界を再現することになります。

もっと知りたい！　ルートヴィヒ2世が、「古きドイツ騎士の城の真の姿」を具現化しようと建設したノイシュヴァンシュタイン城は、ホーエンシュヴァンガウ城から望める距離にあります。ルートヴィヒ2世はここから、ノイシュヴァンシュタイン城の建築工程を見守ったそうです。緑の丘の上に建つ薄い黄色の古城は、個性的な部屋が残された城内の見学も可能です。

グワーリヤル城

所在地：インド　マディヤ・プラデーシュ州グワーリヤル

セポイの反乱においてラクシュミー・バーイーが立て籠もったグワーリヤル城。

「インドのジャンヌ・ダルク」がイギリス軍と戦い続けた城

　インド中央部のマディヤ・プラデーシュ州にあるグワーリヤル城は、6世紀からの長い歴史のなかで、数多くの戦乱にさらされましたが、もっとも著名なのは、藩王妃ラクシュミー・バーイー（1828年頃〜1858年）の戦いです。

　ラクシュミー・バーイーは1842年にジャーンシー藩王国に嫁ぎ、藩王妃となりました。

　1853年に王が没すると、子供がいなかったのを理由にジャーンシー藩王国は英国に併合されてしまいます。1857年にイギリスの植民地支配に対するインド大反乱（「セポイの反乱」）が勃発すると、ラクシュミー・バーイーも反乱勢力の旗手として知られるようになります。

　馬上で自らライフルを手に戦い、際だった美貌とカリスマ性、軍を指揮するその姿から「インドのジャンヌ・ダルク」と呼ばれました。一時はジャーンシー城を奪回するも、反撃に出たイギリス軍に城を追われたラクシュミー・バーイーは、グワーリヤル藩王国のグワーリヤル城に立て籠もって徹底抗戦を試みました。そこへ大軍を派遣して総攻撃をかけてきたイギリス軍をラクシュミーらは迎え撃ちますが、前線で指揮中に狙撃されて戦死し、グワーリヤル城は陥落したのです。

> もっと知りたい！　グワーリヤル城は堅牢な城壁と急峻な断崖の上にそびえる、難攻不落の巨城でした。ラクシュミー・バーイーと戦った敵将のイギリス軍ヒュー・ローズは、彼女の戦死後、遺体を荼毘に付し、貴人に対する礼を以って葬儀を行いました。

ゾーネック城

世界遺産
所在地：ドイツ連邦共和国　ラインラント・プファルツ州

雲のなかに佇むゾーネック城。

美しいライン渓谷に臨む盗賊貴族の住み家だった古城

　「ライン渓谷中流上部」として世界遺産に登録されているライン渓谷沿いには、多くの古城が点在しています。なかでも城砦のような武骨さがあるゾーネック城は、盗賊に身を落とした貴族が根城としていたことで有名です。

　11世紀にコルネリミュンスター修道院によって建設されたゾーネック城は、すぐ近くのライヒェンシュタイン城の防衛のために建造されました。しかし13世紀には盗賊の根拠地となり、1282年には神聖ローマ皇帝ルドルフ1世の討伐によって陥落しました。

　のちに城跡はマインツ大司教の所有となり、14世紀にゾーネック城が再建されますが、1689年にフランス軍がライン渓谷の諸城を攻めた時、再び破壊されてしまいます。ゾーネック城跡は長く放置され、再建されたのは19世紀中頃のことでした。

　現在は国有化され、博物館として公開されているゾーネック城は、ライン渓谷からの眺めはもちろん、城跡から眺める渓谷の美しさが見事です。高低差の激しい城内の細い通路から城壁越しに望む風景は、盗賊になった中世の没落貴族に思いを馳せることができます。

もっと知りたい！　ゾーネック城の城内は、30分ほどのガイドツアーでのみ見学できます。プロイセン支配の時代は狩猟用ロッジとして使用され、居室やダイニングルーム、広間や調度品が残されており、当時の王族の暮らしが偲ばれます。ライン川沿いには、同じように盗賊が根城にしていたライヒェンシュタイン城があります。

サン・ジョルジェ城

183

所在地：ポルトガル共和国　リスボン県リスボン市

サン・ジョルジェ城の全景。この城はレコンキスタのなかでポルトガルに占領されました。

首都リスボンの丘に建つ城塞のルーツは紀元前6世紀から

　ポルトガルの首都リスボンのほぼ中央にあるサン・ジョルジェ城が建つ丘の上は、紀元前2世紀には要塞化されていたとされます。さらに考古学的調査によると、紀元前6世紀までには、土着のケルト人やイベリア人が居住していたことが確認されています。

　9世紀には北西アフリカのイスラム勢力（ムーア人）に占領されて城塞化しますが、1147年に初代ポルトガル王アルフォンソ1世が奪取に成功しました。武略と外交に優れたアルフォンソ1世は、イベリア半島におけるレコンキスタ（国土回復運動）の流れに乗ってポルトガル王国を建国します。

　ポルトガル王国の首都としてリスボンは発展し、1255年、サン・ジョルジェ城は王宮に定められます。1373年から1375年、第9代ポルトガル王フェルナンド1世が都市を取り巻く城壁を造らせました。77の塔を持つ周囲5.4kmの城塞が、わずか2年で完成したのです。

　15世紀末にインド航路を発見したヴァスコ・ダ・ガマを歓待した王宮としても知られています。

もっと知りたい！　1520年にはリベイラ宮殿が建設され、サン・ジョルジェ城は王宮としての役割を終えます。その後は王家の公文書館となり、兵舎や監獄になるなどして1788年、ポルトガル初の気象台が築かれたといいます。現在は城の遺構や城門を残すのみの城跡公園となっていますが、リスボンを一望できる名所として、多くの観光客が訪れます。

ブロワ城

所在地：フランス共和国　ロワール＝エ＝シェール県ブロワ

フランス王家の所有となる前、ブロワ城はフランスの大諸侯のひとつブロワ伯が居城としていました。

ギーズ公が暗殺され、マリー・ド・メディティスが幽閉された城

　ロワール渓谷の美しい諸城の中でも、重厚な風格を感じさせるブロワ城は、2000年登録の世界遺産「シュリー＝シュル＝ロワールとシャロンヌ間のロワール渓谷」の構成資産です。ブロワ城で生まれたルイ12世が1498年にフランス王に即位してからアンリ4世が宮廷をパリに遷すまでの約100年間、ブロワ城はフランス王家の第一城でした。

　ブロワ城は、権力の中枢であったため、フランスの政治に絡むふたつの事件が起きています。

　ひとつは1588年、国王アンリ3世によるギーズ公アンリ暗殺事件です。カトリック同盟の支持を得て王位をうかがっていたギーズ公を、三部会（3つの身分の代表者による会議）の会期中に20人の近衛兵を使って惨殺しました。遺体は焼かれて川に捨てられました。

　ふたつ目の事件はアンリ4世の2番目の王妃マリー・ド・メディシスが幽閉されたことです。マリーの持参金目当ての政略結婚だったこともあり、アンリ4世は愛人を渡り歩いて王妃は孤独な宮廷生活を強いられていました。1610年にアンリ4世が薨去すると、マリーは息子ルイ13世の摂政として権力を握ろうとしますが、政治に目覚めたルイ13世と対立し、1617年、ブロワ城に幽閉されてしまったのです。

　マリーは1619年にブロワ城を脱出し、次男オルレアン公ガストンと反乱を起こしますが、国王軍に鎮圧されます。リシュリューのとりなしでマリーはルイ13世と和解し、1621年まで王立議会の一員として政治に携わりました。

本日の
テーマ　華麗なる宮殿

ブレナム宮殿

世界遺産

所在地：イギリス（イングランド）　オックスフォードシャー州ウッドストック

18世紀にイギリス式庭園へと改修されたブレナム宮殿の庭園。

英雄ジョン・チャーチルが17年かけて建造させた華麗な宮殿

　イングランド南西部の州都オックスフォード近郊にあるブレナム宮殿は、1987年に世界遺産に登録されています。スペイン継承戦争における1704年のブレンハイムの戦いで、フランス軍に大勝して英雄になったジョン・チャーチル（初代マールバラ公爵）は、アン女王からウッドストックに建設中だった宮殿を下賜されました。

　「ブレナム」という宮殿の名は、戦功のあった戦いの名前にちなんだもので、その後17年の歳月をかけて完成されました。200を超える部屋を持ち、イギリス・バロック様式の代表例ともされる宮殿は、その名の通り彫刻や絵画も含めた室内装飾や外観も含めた総合芸術というにふさわしい壮麗さです。

　とくに庭園は4600haという広大な敷地に、人工湖や運河をレイアウトした「自然風景式庭園」で、イギリスのロマン主義庭園の発端になったとされています。

　ちなみにブレナム宮殿は、のちに第二次世界大戦でナチスドイツとの過酷な戦争で国を導いたウィンストン・チャーチル首相の生家でもあります。

もっと知りたい！　ブレナム宮殿内の見学では、数多い見どころのなかでも、やはり日本人にもなじみのある「チャーチル元首相の生まれた部屋」が必見です。手紙や写真、自身が描いた絵、幼少期の髪の毛まで展示されています。また図書室も見学できますが、ここはかつて1万冊の蔵書があり、青年期のチャーチルがとくにお気に入りの部屋だったそうです。

ヌオーヴォ城

186

世界遺産
所在地：イタリア共和国　カンパニア州ナポリ

巨大な円筒形の塔が左右にそびえるヌオーヴォ城の正門。

世界遺産「ナポリ歴史地区」の中心となる重厚な城

　南イタリア最大の都市・ナポリは、「ナポリ歴史地区」として1995年に世界遺産登録された中世の街並みが魅力の世界的な観光都市です。その中心ともいえるヌオーヴォ城は、13世紀、ナポリ王国を建国したフランスのアンジュー家の城として建設され、ナポリの４つの城のうち最も新しいことから、「ヌオーヴォ（新しい）」と名付けられました。

　建設者のナポリ王カルロ１世が、フランスのアンジェ城をモデルにルネサンス様式で建設するよう命じたといわれていますが、たびたび戦いの舞台になり被害を受け、1443年にスペインのアラゴン家がアンジュー家に代わると、15世紀から18世紀にかけて修復と大規模な改修が行なわれ、現在の姿になりました。

　ヌオーヴォ城の魅力は、フランス風の４つの円塔と高い城壁に囲まれた重厚な外観です。入口は大理石の白い凱旋門になっており、城に入って城壁の上から眺める景色は、「ナポリ歴史地区」を一望できる絶景です。夜になるとヌオーヴォ城はライトアップされ、昼間とは違ったより荘厳な迫力に包まれます。

もっと知りたい！　ヌオーヴォ城は、ナポリのメトロ1号線・ムニチーピオ駅から徒歩15分ほどで、アクセスがスムーズです。近くにはナポリの港、モロ・ベヴェレッロがあり、城の周辺は世界各国から訪れる観光客や地元の人たちで賑わっています。現在は、ナポリ市立博物館や市役所の事務所の一部としても利用されています。

フランケンシュタイン城

所在地：ドイツ連邦共和国　ヘッセン州ダムルシュタット

錬金術師が怪しげな実験を行なったフランケンシュタイン城は、後世、人造人間伝説の舞台となりました。

錬金術師だった城主ディッペルのあだ名「死体泥棒」とは

　13世紀頃から、フォン・フランケンシュタインを名乗る貴族が所有していた山の上に立つフランケンシュタイン城。1818年、英国人作家メアリー・シェリーが発表した小説で有名になりましたが、この城にはメアリーの怪奇小説につながる不思議な伝説があります。

　1673年にこの城で生まれたヨハン＝コンラート・ディッペルは、宮廷錬金術師としてさまざまな研究に取り組みました。解剖実験もさかんに行ない、「墓地から死体を盗んで解剖している」「死体から魂を取り出して別の体に入れている」という悪い噂が立ち、死体から怪物を作り出したという話がまことしやかに語られるようになったのです。

　メアリーの小説と実在のディッペルには共通点が多く、彼がフランケンシュタインのモデルになったのではないかといわれます。

　1814年にメアリー・シェリーがライン川を訪れた際にこの城の近くに立ち寄っていること、グリム童話の翻訳者がメアリーの継母であることなどから、フランケンシュタイン城の話を彼女が伝え聞いた可能性は高いとされています。

もっと知りたい！　フランケンシュタインというと、メアリーの小説ばかりが取り上げられますが、さらに古くは、勇敢な騎士であったゲオルク・フォン・フランケンシュタインが、村人たちを悩ますドラゴンを退治したとの言い伝えもあります。現在は廃城で礼拝堂が残るのみですが、カフェがあり、毎年ハロウィンには夜遅くまでパーティーが開かれます。

ラクセンブルク宮殿

所在地：オーストリア共和国　ニーダーエスターライヒ州ラクセンブルク

湖に囲まれた小島に建てられたフランツェンブルク。ラクセンブルク宮殿は、離宮や城の集合体で、フランツェンブルクもそのひとつです。

驚異の美貌をもったエリザベート皇后が愛したウィーン郊外の宮殿

　首都ウィーンから南へ25kmほどに位置するラクセンブルク宮殿は、オーストリアの皇帝フランツ・ヨーゼフ１世と、皇妃エリザベートが新婚生活を送った宮殿として有名です。

　エリザベート・アマーリエ・オイゲーニエは、1837年にドイツのバイエルン公マクシミリアンの次女として生まれました。幼い頃から奔放な性格のエリザベートは、宮廷教育を受けてしとやかな長女のヘレーネに対し、自由な暮らしを謳歌していました。

　ところが1853年８月、姉の見合いに同行した15歳のエリザベートは、相手のフランツ・ヨーゼフから一目惚れされます。フランツのエリザベートとの結婚への意志は堅く、急いで皇后になるための教育を受け、翌年４月に結婚しました。オーストリア帝国皇帝と皇后は結婚初夜からの新婚生活をラクセンブルク宮殿で送るのが半ば慣習になっていました。

　もっとも、フランツ・ヨーゼフ１世の母ゾフィー大公妃が取りしきる厳格な宮廷暮らしはエリザベートには耐えられず、ウィーンでの公務を放棄して各地を旅行していたといいます。夫婦の安らぎある生活は、ラクセンブルク宮殿だけのことだったようです。

もっと知りたい！　1858年８月、エリザベートはラクセンブルク宮殿でルドルフ皇太子を出産します。しかし、その教育は祖母ゾフィー大公妃が担い、そのあまりの厳格さにエリザベートは７歳になったルドルフを取り返したといいます。広大な公園に残るラクセンブルク宮殿は、若き皇帝夫妻の幸せな家族生活を偲ばせる場でもあります。

ジャル・マハル

189

所在地：インド　ラージャスターン州ジャイプール

マン・サガール湖に浮かぶジャル・マハル。

湖の中央に宮殿が浮遊するかのような王族の夏の保養地

　人工のマン・サガール湖の中央に、宮殿が船のようにぽっかりと浮かんで見えるジャル・マハル。18世紀にジャイプールの王サワーイ・プラタップ・シンによって建てられましたが、マハル（宮殿）と呼ばれるものの、あくまで夏の保養地として王族がカモ狩りなどに利用していたといいます。

　何世代にもわたって改築され、屋上にある庭園は後のマハラジャ（藩王）によって作られました。実際は5階建ての建物で、湖底から建っているのですが、ほとんどは水のなかに沈んでいます。

　政府によって保護されているジャル・マハルは、入場が制限されていて基本的には中に入れないのですが、事前に観光当局に連絡して予約をすれば許可されることもあります。

　もっとも降水量が多い夏は湖の水位も高く、水に浮かんだような幻想的な姿が見られますが、乾季には水位も低く、水没している部分が露出すると見栄えが良くないこともあります。快晴の時もいいですが、夕日で宮殿がオレンジ色に染まる時間がとくにおすすめです。

もっと知りたい！　ジャル・マハルは湖の中という環境もあって長年放置され、劣化が進んでいました。近年になって湖の水質浄化も含めた州の観光当局のプロジェクトによって、もとの優美な姿が復元されました。湖の周りにはホテルも建ち、湖岸の道ではバザールも開かれるなど観光化が進展しています。

ギマランイス城

所在地：ポルトガル共和国　ブラガ県ギマランイス

959年に築かれたギマランイス城。中央の主塔は28mの高さを誇ります。

ポルトガル王国発祥の地といえる初代国王誕生の城

　ポルトガル北西部の工業都市ギマランイスには、1109年頃に初代ポルトガル王になるアルフォンソ・エンリケスが生まれたギマランイス城があります。ブルゴーニュ家出身の父ポルトゥカーレ伯エンリケが1112年に没したため、アルフォンソは母テレサを摂政としてポルトゥカーレ伯を継承しました。母は、イベリア半島中央部のカスティーリャ王国アルフォンソ6世の娘であり、王国の野望のなかで再婚させられ、やがて再婚先のトラヴァス家に追随するようになります。1128年、そうしたテレサやトラヴァス家支配に不満を抱くポルトガル貴族たちの支持のもと、ポルトガル独立を掲げて戦って勝利したのがアルフォンソでした。

　サン・マメデの戦いに勝利した彼は、母とトラヴァス家派の貴族を追放すると、1131年、政治の中心を生地のギマランイスからコインブラに遷し、レコンキスタ（国土回復運動）を指導。1139年、領土を拡大しながらカスティーリャ王国から独立し、初代ポルトガル王エンリケ1世となるのです。まさにポルトガル発祥の地となったギマランイスは、歴史的景観が維持されたまま現在に至ります。

もっと知りたい！　街のシンボルでもあるギマランイス城は、10世紀に建設されています。城の塔には有料で上ることができ、ギマランイスの街を見渡す眺望が広がります。城の前にはアルフォンソ1世の雄姿を伝える像が立っています。2001年に「ギマランイス歴史地区」として世界遺産に登録されました。

タマン・サリ

191

所在地：インドネシア共和国　ジョグジャカルタ特別州ジョグジャカルタ

タマン・サリの水浴場は、東南アジアの熱帯気候のなかにあって涼し気な雰囲気があります。

「水の王宮」として有名なスルタンと水浴場と女性たちの関係

　タマン・サリは、インドネシアのジョグジャカルタ王宮から南に2kmほどにある離宮の跡で、「水の王宮」ともいわれます。ジョグジャカルタ候国のスルタン家の王室庭園跡で、タマン・サリとはインドネシア語で「花園」の意です。

　この離宮を有名にしているのが、広大な「水浴場」。水浴場には2棟の建物があり、北端の建物はスルタンの娘や側室の更衣室として使用され、南側の建物はスルタンの更衣室や休憩所で、中央の塔はスルタンが娘や側室たちが沐浴するのを見るためのものです。

　この建物の南には第3の沐浴池があり、そこはスルタンと側室のみが使用し、女性たちとスルタンだけがこの水浴場内に入ることが許されていました。また王宮に仕える女性に水浴びをさせ、それをスルタンが塔から眺め、気に入った女性に花束を投げて王専用の施設の水浴場でともに沐浴し、ときに夜をともにさせたともいわれています。

　赤道直下に近いジャワ島の王族の離宮らしい施設ですが、女性に対するスルタンの奔放で絶対的な権力のあり方が想像できます。

もっと知りたい！　タマン・サリは、1758年にハメンクブウォノ1世が造営をはじめました。休息場、作業場、瞑想場、防御要塞など、王のための多様な施設となっています。離宮とはいえ有事に備え、延長5km、2層からなる地下通路が張り巡らされています。イスラム導師の礼拝室、身を清める湧水の泉など、宗教儀礼を行なう場所でもありました。

本日のテーマ 華麗なる宮殿

アンジェ城

世界遺産

所在地：フランス共和国　メーヌ＝エ＝ロワール県アンジェ

フランス式庭園に囲まれたアンジェ城。17の巨大な塔が城を守っています。

厳かな大要塞内に美しいタペストリーと庭園の華やかさが光る

　ロワール渓谷沿いには華やかな城が数多く点在していますが、アンジェ城は17もの巨大な円塔を備えた高い城壁で囲まれており、その迫力ある外観は要塞といった雰囲気です。

　ロワール川の支流であるメーヌ川に突き出た岩壁に建つアンジェ城は、3世紀にローマが築いた城砦を起源とし、9世紀末にアンジュー家が受け継いで壮麗な宮殿を建設。さらにその宮殿をルイ9世が要塞として改修しました。2000年登録の世界遺産「シュリー＝シュル＝ロワールとシャロンヌ間のロワール渓谷」に含まれています。

　現在、アンジェ城内には、「ヨハネの黙示録」が描かれたフランスに現存する最古のタペストリーが展示されています。これは、アンジュー公ルイ1世が制作を命じたもの。全長100mで、1373年から10年もの歳月をかけて制作されました。

　一方、武骨なイメージの城壁の中には、ロワール渓谷の城らしい優美なフランス式庭園が広がっています。その特徴は庭木や花壇が幾何学的な美しさで配置されていることで、その造形美は素晴らしいものです。かつてアンジェ城を取り巻く堀だった部分も、よく手入れされた庭になっており、訪れる人たちの憩いの場となっています。

もっと知りたい！　9世紀末、ロワール川流域に大きな影響力を持ったアンジュー家は、代々アンジェの地を本拠としました。のちに、イングランドのプランタジネット朝初代イギリス王ヘンリー2世（在位：1154 ～ 1189年）がアンジュー家から出ています。その後、フランス王家の所有に戻り、ルイ9世が1230年から1238年にかけて改修したのが、現在のアンジェ城です。

モシュナ城

193

所在地：ポーランド共和国　オポーレ県モシュナ

バロック様式のモシュナ城。古城のホテルとして人気を誇ります。

1896年の火災で焼失するも「古城ホテル」として復活

　もとはドイツ領だったモシュナ村にあるモシュナ城は、チェコとの国境に近いポーランド南部に位置します。17世紀にドイツ人貴族によって建設されたといいます。もとはバロック様式の城で、持ち主が入れ替わるなかで増改築が繰り返されました。

　さらに1896年4月に火災に見舞われ、モシュナ城はかなりの被害を受けますが、のちの所有者は早くから修築に着手し、居室部分を増築しました。

　東側のネオ・ゴシック様式の建物は1900年に、西側のネオ・ルネサンス様式の部分は1912年から1914年にかけて建築されました。そのため、建物全体で複数の建築様式を併せ持つ、珍しい建築物になったのです。

　美しい森に囲まれ、中世古城を思わせるロマンチックなモシュナ城は、現在は本格的なホテルとして営業しています。ホテル内には豪華なディナー会場や大きな会議場があります。スイートルームは当時の貴族向けに作られているため相当な広さがあり、便利な都市に近いホテルでは味わえない優雅な間取りとなっています。

もっと知りたい!　チェコとの国境に近く、広大な森林に囲まれたモシュナ城は、公共交通機関でアクセスすることが困難です。国鉄オポーレ駅から17kmほどをタクシーで向かうことになります。リッチな気分でスイートに泊まり、広大な庭園でのんびり過ごすには最適ですが、たくさん観光したい場合は、宿泊地として利用するのがよいでしょう。

クノッソス宮殿

194

所在地：ギリシャ共和国　イラクリオン県イラクリオン（クレタ島）

ミノア文明の中心地であったクノッソス宮殿。複雑な構造から迷宮伝説が生まれています。

ギリシャ神話「ミノス王の迷宮」のモデルとなった紀元前の古代遺跡

　エーゲ海に浮かぶギリシャ最大の島クレタ島には、青銅器時代最大の遺跡クノッソス宮殿があります。ミノア文明の政治や儀式の中心であり、1200以上の部屋があったというこの宮殿は、有名な「ミノス王」の伝説の舞台として知られています。

　ギリシャ神話によれば、クレタ島を中心にエーゲ海を支配したミノス王が君臨していました。優れた統治者でしたが、王妃が海神ポセイドンの贈った美しい牡牛と交わったため、牛の頭を持つ人間ミノタウロスという怪物が生まれてしまいます。

　困った王は名匠ダイダロスに命じて脱出不可能な迷宮をつくらせ、ミノタウロスをその奥に閉じ込めました。のちにミノス王がアテネを戦争で屈服させると、アテネは9年ごとに7人の若者と7人の娘をミノタウロスの餌食としてクレタに差し出すことになります。

　アテネの王子テーセウスは志願してこの一行に加わり、ミノス王の娘アリアドネと親しくなって糸玉をもらい、迷宮の奥まで進んでミノタウロスを殺し、糸をたよりに無事出口に戻りました。テーセウスはアリアドネを連れて帰国の途についた、というのがこの神話の物語です。

もっと知りたい！　ミノア文明の歴史は非常に古く、紀元前2600年頃に始まり、クレタ島は紀元前18〜紀元前16世紀に栄えたミノア文明の中心地でした。宮殿は、行政や宗教行事を司った西翼と、住居や工房が並ぶ東翼に分かれています。遺跡の発掘は1900年から1931年にかけて、イギリスの考古学者アーサー・エヴァンスが手がけました。

城塞都市ブルゴス

195

所在地：スペイン王国　カスティーリャ・イ・レオン州ブルゴス

レコンキスタにおいてキリスト教勢力の重要な拠点となったブルゴスの街と城塞。

城下町に眠る英雄エル・シッドの伝説の生涯

　スペイン北部の交通の要衝であるブルゴスは、9世紀末、アストゥリアス王国によって城塞都市が建設されました。標高850mほどの丘陵地帯にあり、イスラム教勢力へのレコンキスタ(国土回復運動) 初期には、キリスト教勢力の重要な根拠地でした。

　スペインの英雄エル・シッドは、ブルゴス近郊の街で生まれてブルゴスで教育を受けたため、街中にはエル・シッドの像が複数建っています。エル・シッドはカスティーリャ王国の貴族で、のちの国王サンチョ2世の小姓として王家で育ちました。

　1065年にサンチョ2世が戴冠すると、王の弟たちを破ってカスティーリャ王国再統一に貢献しますが、1072年に主君のサンチョ2世が暗殺されてしまいます。弟のアルフォンソ2世が即位しますが、この王とは折り合いが悪く、エル・シッドはブルゴスから追放されてしまいました。しかし、エル・シッドを慕う兵たちを率いてバレンシア地方を征服し、5年にわたり統治したといいます。その活躍は、遅くとも1207年には完成した叙事詩『わがシッドの歌』によって後世に英雄伝説として伝えられました。

　もっと知りたい！ 　エル・シッドの使用した剣「ティソーナ(炎の剣)」は、マドリード市内にある軍事博物館から2007年、カスティーリャ・イ・レオン州が160万ユーロで購入しました。現在はエル・シッドの墓に近いブルゴス博物館で展示されています。エル・シッドは1099年に他界し、その後数年でバレンシア地方はイスラム教徒に奪回されました。

196

本日の
テーマ　絶景の城

バンバラ城

所在地：イギリス（イングランド）　ノーサンバーランド州バンバラ

スコットランドの国境を守っていたバンバラ城は、現在絶景の城として人気を集めています。

延々と続く砂浜の向こうに幻想的な姿で水上に現われる城

　北イングランドでスコットランドとの国境に建つバンバラ城の歴史は、古くは先住民族の砦に始まり、547年にアングロ・サクソン王アイダが所有し、妻の名にちなんでバンバラ城と名付けられ、改築が行なわれました。10世紀にヴァイキングに破壊されますが、11世紀にイングランド王の手に戻ると、スコットランドへの備えの役割を果たしました。

　17世紀になると財政難から荒廃しましたが、1894年に初代アームストロング男爵の所有となって大規模な修築がなされ、現在の姿になりました。

　45mの高台にそびえ、北海に面した砂浜の海岸が延々と続く向こう、45mの高台にそびえるバンバラ城の雄姿は、まさに絶景。春には周辺の草原にブルーベリーが咲き乱れます。潮が十分に満ちた時は、城を海面が取り囲み、まるで海上に浮かんでいるかのような幻想的な姿を見せてくれます。

　入場料を払って城の内部に入ると、海に向かって大砲が備えられた石造りの堅牢な建物のほとんどに入ることができます。城内に華麗さはないですが、石造りの壁にシックな色彩で装飾がまとめられており、絵画が数多く展示されています。

もっと知りたい！　この城を購入し、修築した初代アームストロング男爵ことウィリアム・アームストロングは、じつは日本の幕末と深い関わりがあります。戊辰戦争などで主要な大砲として活用されたアームストロング砲は、ウィリアムの発明なのです。その後造船でも成功した彼は大金持ちになり、晩年バンバラ城を購入したのです。現在も城はアームストロング家の所有です。

ダキア人の要塞群

世界遺産
所在地：ルーマニア　フネドアラ県、アルバ県

ローマ帝国と熾烈な抗争を繰り広げたダキア人が残した要塞群の跡。

オラシュチェ山脈に展開する紀元前1世紀の「要塞群」

ローマ帝国が栄えていた紀元前1世紀から後1世紀頃、ルーマニア一帯にダキア王国という古代王国があったといわれています。

ダキア王デケバルスは、たびたびローマ属州モエシアへと侵入を繰り返し、86年にはタパエでローマ2個軍団を壊滅させるなど、ローマ帝国にとって非常な脅威となりました。

98年、ローマ皇帝トラヤヌスはダキアへの関心を高め、101年からダキア戦争が開始されます。2次にわたる戦争の末、106年にダキアの首都サルミゼゲトゥサが陥落、ダキア王ケバルスは自害して王国は滅亡します。ローマ帝国の属州（ダキア属州）となり、アウレリアヌス帝がゴート族へ引き渡すまでの165年にわたり、ローマ帝国の支配下に置かれました。

国内のオラシュチェ山脈には、ダキア王国が存在していたことを示す複数の遺跡が、現在でも多く残されています。この遺跡群は、ローマ帝国の侵攻への対策として、ダキア王国が建造した要塞と考えられており、自然環境や地形をうまく活用しながら、居住区や工房などが設置されていたといわれています。

もっと知りたい！ 森に囲まれたなかに突然整備された平地が開け、遺構群が整然と展開しています。「オラシュチェ山脈のダキア人の要塞群」として1999年に世界遺産に登録された6つの要塞は、ダキア人独特のムルス・ダキクス様式で建造され、ダキア王国の文明や技術力の高さを証明するものとなっています。

岩村城

所在地：日本　岐阜県恵那市

織田信長によって陥落した岩村城は、女城主の城として知られ、おつやの方の悲劇が伝えられます。

武田の名将と信長の叔母が短い夫婦生活を過ごした城

　恵那市岩村町では、「おんな城主の里」として、岩村城址のほか、藩政時代以来の商人町や武家屋敷が残る景観とともに町をPRしています。「おんな城主」とは、病死した城主・遠山景任の未亡人「おつやの方」が、その後城主として城を守った歴史に拠っています。

　おつやの方の城主就任後、1573（天正元）年、武田信玄の名将・秋山信友（虎繁）が岩村城を攻めてきました。堅い守りの岩村城はなかなか落ちなかったため、秋山信友はおつやの方との結婚を条件に和睦を提案します。おつやの方は織田信長の叔母で、絶世の美女でした。

　おつやの方は、これ以上の防戦は不可能と判断して提案を受け入れ、信友勢は無血入城を果たしました。おつやの方は信友の妻となり、次の城主にと預けた信長の5男・御坊丸を信玄に人質として差し出しました。信長は激怒しますが、この時は動けませんでした。

　信玄が病死し、1575（天正3）年に長篠の合戦で武田勝頼が織田方に敗れると、翌月には織田信忠が2万の兵で押し寄せます。「城兵は助ける」という条件を信じて開城すると、岩村城の兵は皆殺しにされ、秋山信友とおつやの方は、長良川河畔で逆さ磔に処されたのでした。

もっと知りたい！　岩村城の築城からの歴史は830年におよび、日本三大山城（他は備中松山城、大和高取城）でもっとも高所にあります。標高717mの高地に残る巨大な石垣群は、"難攻不落"とうたわれた往時の雰囲気を残しています。建物は明治維新後、すべて解体されました。秋山信友とおつやの方が夫婦だったのは2年ほどですが、仲はよかったと伝えられています。

アーリー・カプー宮殿

世界遺産
所在地：イラン・イスラム共和国　イスファハン州イスファハン

イマーム広場に面したアーリー・カプー宮殿。サファヴィー朝の最盛期にあたるアッバース1世の時代に建設されました。

イラン最古の高層建築は7階建ての壮麗な宮殿

　アーリー・カプーとは、「アリーの扉」という意味で、シーア派が崇敬するアリー（ムハンマドのいとこで第4代カリフ）の遺物を納めた聖堂の扉を、サファヴィー朝（16世紀〜18世紀前半）のアッバース1世が設けたことに由来するといわれています。

　アーリー・カプー宮殿は、イラン中部の都市イスファハンにある宮殿です。世界遺産イマーム広場の西側にあり、王宮の門にあたります。2層目はイマーム広場を一望するバルコニーとなっていて、サファヴィー朝の君主が広場を眺める姿が偲ばれます。

　アッバース1世の時代に建てられた宮殿に、2層目のアーケードと3〜7階をアッバース2世が加えたといわれていますが、これにより宮殿は、高さ48mの7階建ての建物となり、イラン最古の高層建築となりました。7階建ての内部はタイルや木のカービングワークが美しく、建物自体が芸術品のような出来栄えです。最上階の音楽堂は音響を良くするために、天井のドームを楽器の形にくり抜いた穴があります。バルコニーには池が備わっており、イマーム広場を一望することができます。アーリー・カプー宮殿は、迎賓館の役割も担っているのです。

もっと知りたい！　アーリー・カプー宮殿は、1979年にイランの世界遺産として登録された「イスファハンのイマーム広場」の構成資産のひとつです。メインのイマーム広場は、南北512m・東西159mという大きさで、青を基調とした精密なアラベスク模様のタイルで覆われています。その周囲を取り囲むように、荘厳なモスクや宮殿が立ち並んでいます。

本日の
テーマ **訪ねたい城**

フエ王宮

世界遺産

所在地：ベトナム社会主義共和国　トゥアティエン＝フエ省フエ

フエ王宮の午門。中央の入口が皇帝専用の通り道になっていました。

中国の「紫禁城」を意識した19世紀の皇帝王宮

　フエはベトナム中部の都市で、19世紀から20世紀にかけてベトナムに君臨した阮朝（グエン朝）の都が置かれていました。初代皇帝となった阮福暎は、西山党の乱で一族が滅ぼされるなかをかろうじて生き延び、1802年に年号を嘉隆（ザーロン）元年に改めて即位します。

　嘉隆帝は1804年には中国の清から「越南王」として冊封され、清にならった政治制度を整えていきます。フエ王宮も、北京の紫禁城をモデルに2分の1のサイズで建築したとされます。中国様式の宮殿や庭園を基礎にしながら、ヨーロッパのバロック様式、ベトナム独特の建築文化も採り入れた壮大な宮殿になっています。

　午門をくぐり、正面に見える「太和殿」は皇帝の即位式などに使われた建物で、大広間には皇帝が座る金箔の王座が置かれています。「紫禁城」といわれる広大なエリアは、建物の中は赤と金のまさに本家の紫禁城を思わせる豪華な造りです。

　中国と隣接した東南アジアの国が、王朝を樹立する上で中国との関係性がいかに大切かが、政治制度も文化もコピーしなければならなかった点からよくわかります。

もっと知りたい！　阮朝は、1858年になるとフランス軍の侵攻を受け、長く「フランス領インドシナ」として支配を受けました。その後、日本軍の進駐と敗退によって1945年に王朝は倒れ、ベトナム8月革命で社会主義政権が誕生します。1968年にはベトナム戦争の激戦地となって破壊され、フエ王宮の修復は1993年に世界遺産に登録されて以降も延々と続いています。

サンタンジェロ城

201

所在地：イタリア共和国　ローマ市

大天使ミカエルが降臨したというサンタンジェロ城と対岸を結ぶ橋には、天使の像が立ち並んでいます。

ペスト大流行の終焉を知らせた大天使ミカエルの奇跡

　ローマのテヴェレ川に面したサンタンジェロ城。その歴史は古く、ローマ帝国「五賢帝」の
ひとり、ハドリアヌス帝の霊廟（墓）として139年に建設されました。6世紀頃には要塞として
使われ始め、14世紀以降は牢獄やローマ教皇の避難場所としても使用されました。ヴァチ
カン市国のサン・ピエトロ大聖堂とは、城壁上の通路でつながっており、1527年に起こった
神聖ローマ帝国軍によるローマ劫掠においてこの機能が利用され、教皇クレメンス7世が城
に逃げ込んでいます。

　巨大な円柱状の城の頂上には、大天使ミカエル像が立っています。「サンタンジェロ」とは「聖
天使」の意味です。590年にローマでペストが大流行した際、時の教皇グレゴリウス1世が城
の頂上で剣を鞘に収める大天使ミカエルを見て、ペスト流行の終焉を知ったという伝説が残さ
れています。その故事を記念して、16世紀にラファエッロ・ダ・モンテルーポが大理石製の
天使の像を城の頂上に設置し、18世紀には青銅製の像に替えられました。

　サンタンジェロ城は1980年登録の世界遺産「ローマ歴史地区、教皇領とサン・パオロ・フォー
リ・レ・ムーラ大聖堂」に含まれ、内部見学も可能となっています。

もっと知りたい！　サンタンジェロ城のテラスに上がると、バチカン市国のサン・ピエトロ大聖堂が一望できます。頂上にある大
天使ミカエル像も間近に見られます。テヴェレ川に架かるサンタンジェロ橋には、美しい白亜の彫像が並んでいます。映画『ローマ
の休日』の主要ロケ地になったことでも有名です。

カステル・デル・モンテ

所在地：イタリア共和国　プーリア州アンドリア

高さ500mの丘の上にそびえるカステル・デル・モンテ。最初のルネサンス人と呼ばれるフリードリヒ2世によって建設されました。

ローマ皇帝フリードリヒ2世が城に込めた「8」の意味は？

　イタリア半島南部、ブーツ型の地形のヒールのかかと付近にあるのが、カステル・デル・モンテです。13世紀中頃に神聖ローマ皇帝フリードリヒ2世（シチリア王フェデリコ2世）が、「8」にこだわって建設させた不思議な城といわれ、1996年には世界遺産に登録されました。

　城のかたちも八角形、8つの角にはそれぞれ円塔ではなく八角形の塔が建設されています。城内の中庭も八角形で、高さ500mの丘の上にそびえる姿は、まるで王冠のようです。

　「8」の数字は、キリスト教ではキリストの復活を意味し、イスラム教でも吉数とされることから、アラビア語も理解でき、イスラム王朝の君主とも交流したフリードリヒ2世が、何らかの思いを込めたのではないかと考えられています。

　しかも、カステル・デル・モンテには防御を意図した設備がなく、戦闘に適した構造ではありません。鷹狩りを楽しむ目的の城だったのではないかと推定されています。

　フリードリヒ2世はイタリア統一のために心血を注ぎましたが、晩年はローマ教皇と都市国家の抵抗に苦しみ、彼の没後帝国は60年間の「大空位時代」に入ることとなります。

もっと知りたい！　カステル・デル・モンテは、200以上の城を作ったというフリードリヒ2世の最晩年の城です。皇帝の死後、内部の装飾品などは略奪され、長く荒廃したまま放置されましたが、19世紀末に国有化されて修築が施され、往年の外観を取り戻しました。現在は、1ユーロコインの裏側に描かれていることで有名です。

ヴィランドリー城

203

所在地：フランス共和国　アンドル・エ・ロワール県ヴィランドリー

ヴィランドリー城を彩るフランス式庭園。

花が咲き乱れる広大な幾何学庭園の圧巻な眺望

　1536年、フランス王フランソワ1世の財務大臣ジャン・ル・ブルトンが建造したのがヴィランドリー城です。世界遺産「シュリー＝シュル＝ロワールとシャロンヌ間のロワール渓谷」に登録（2000年）された城のひとつですが、城で有名なのは美しい「幾何学庭園」です。

　ヴィランドリー城の庭園の幾何学模様のデザインは、14世紀の古い文献に残されているといいますが、所有者の変遷により一時期は荒廃していたものを、20世紀初めに所有者となった現オーナー一族が、16世紀フランス式庭園の姿を見事に回復したものです。

　庭園にはテーマごとにコンセプトがあり、「愛の庭園」では赤やピンクの花々が使われ、「優しい愛」「情熱の愛」「移り気な愛」「悲劇的な愛」などのコンセプトがそれぞれ表現されています。

　この他にも、噴水を使った「水の庭園」、十字架形の幾何学模様を描く「装飾菜園」などがあります。ドンジョン（塔）や城の3階のテラスから見下ろすと、素晴らしい庭園美を堪能することができます。

もっと知りたい！　ヴィランドリー城は、パリから車、列車と徒歩で3時間ほどの距離であり、アクセスしやすい立地です。フランスでは19世紀にイギリス式庭園が一世を風靡した時代があったのですが、一度変更された庭園をフランス式に戻したのが、1906年にこの城を購入した科学者ジョアキム・カルヴァロでした。現城主の曽祖父にあたる人物です。

シタデル（ケベック）

世界遺産
所在地：カナダ連邦　ケベック州ケベック・シティー

イギリスとの植民地争いのなかで建設されたケベックのシタデル。

英仏植民地戦争のために築かれながら、機能しなかった名城

　1534年以降、3回にわたってフランスの探検家ジャック・カルティエが探検して地図化して以来、その地は「ヌーヴェル・フランス（新しいフランス）」と呼ばれました。いまのケベックは1608年にその拠点になりましたが、絶えずイギリス軍の脅威にさらされました。

　フランスはケベックの街を城壁で囲み、18世紀半ばには崖上の見晴らしのよい場所に、巨大なシタデル（城塞）を造る計画を立てました。しかしヨーロッパで戦乱に明け暮れていたフランスは、資金難で断念。ヌーヴェル・フランスの地はイギリスに譲られます。

　イギリスは、シタデルの建設を引き継ぎ、勃興した新勢力のアメリカに対抗しようとしました。1820年から建設に着工し、約10年かけて周囲に濠をめぐらせた星形城塞シタデルが完成したのです。

　しかし、完成後、シタデルで戦闘が起こることはありませんでした。そのため当時の姿を美しくとどめることができ、現在でもカナダ陸軍の現役の駐屯地となっています。旧市街を含めて1986年、「ケベック歴史地区」として世界遺産に登録されました。

もっと知りたい！　シタデルに付属して、「王立第22連隊博物館」があります。1920年より駐屯し、カナダで唯一フランス語を話す王立第22連隊を記念した博物館です。かつての制服や第一次世界大戦での活躍の展示、連隊が受けた勲章の数々が納められた部屋もあります。フランス統治時代に造られた火薬庫が残り、夏季には毎朝、衛兵交代式があります。

アンボワーズ城

205

所在地：フランス共和国　アンドル＝エ＝ロワール県アンボワーズ

夕暮れのアンボワーズ城。ユグノー戦争の発端となる凄惨な事件の舞台となりました。

容疑者1200名処刑した「アンボワーズの陰謀」とは？

　フランス国内でのカトリックとプロテスタントの争いであるユグノー戦争開戦前夜の1560年、プロテスタント派のブルボン家によってある陰謀が企てられました。

　幼いフランス国王フランソワ2世を誘拐し、実質的にフランスを支配していたカトリック急進派のギーズ公を除こうとしたのです。しかし計画は事前に露見。当時王宮が置かれていたアンボワーズ城の「三部会の間」で裁判があり、多くのユグノー（カルヴァン派）が絞首刑となりました。

　1200人のプロテスタントの刑を執行し終わるまで1か月を要し、死体は城壁や旗やタペストリーをかける鉄のフックや、アンボワーズ城のバルコニーに吊るされたといいます。死臭がひどく、王族たちはアンボワーズ城から移ることになりました。ユグノー側の怒りも頂点に達し、2年後、ユグノー戦争が勃発することとなります。

　凄惨な事件の舞台となった、アンボワーズ城に王宮が戻ることはなく、しばらく放置された上、刑務所に転用されました。19世紀になって修復が始められましたが、1940年のナチス・ドイツの侵略で被害を受けるなど、受難の歴史を超えて今日に至っています。

　2000年に世界遺産登録されたロワール渓谷の古城のひとつであるアンボワーズ城は、眼下にロワール川の雄大な流れを望む美しい城です。またアンボワーズは、フランス王フランソワ1世に招かれたレオナルド・ダ・ヴィンチが、1516年から1519年に亡くなるまでを過ごした地として有名で、城内のサン＝ユベール礼拝堂にダ・ヴィンチの墓があります。

ジャブリン城

206

所在地：オマーン国　バハラ

天井の装飾が見事なジャブリン城の「太陽と月の間」。

天井の装飾画に思わずため息する「月と太陽の間」

　オマーン北部の都市ニズワの西約50kmに位置するジャブリン城は、17世紀半ば、アルヤルー ビ朝の首長の宮殿として建造されました。城内は長方形の3階建てで、ダイニングエリア、会 議室、書斎、客室、図書室、貯蔵庫など55の部屋があります。

　この宮殿を語るうえで欠かせないのが、各部屋を彩る天井です。

　ジャブリン城内の天井は、フラット型、アーチ型、かまぼこ型の3タイプがあり、最も多い のがフラット型の木の天井で、その部屋の用途や目的によって装飾が異なっています。中東的 な模様が描かれた木製天井は、オマーンでもっとも芸術的に優れた天井と称されています。

　中でもジャブリン城を有名にしているのは「太陽と月の間」で、その天井の美しさはこの城 の中でも群を抜いています。そのデザインは神の目を表わすもので、部屋に入った訪問者へ、 アッラーの加護と自身の自立をうながす眼差しなのだそうです。

　また、部屋の上部と下部にそれぞれ7つの窓が設けられていますが、この7という数字もイ スラム世界における世界の構造を表わす数字であり、随所にイスラムの教えが盛り込まれた構 造となっています。

もっと知りたい！　砂漠の中にポツンと建つジャブリン城の屋上は、遠くの山々まで一望できる絶景ポイントです。また、屋上にあ る部屋は風通しが良く、勉強や思索にふける場所として最適で、アラビア語で「学校」を意味する「マドラサ」と呼ばれています。コー ランを学ぶ場としても使われていました。

ソミュール城

世界遺産

所在地：フランス共和国　メーヌ＝エ＝ロワール県ソミュール

ブドウ畑とソミュール城。15世紀の装飾写本『ベリー公のいとも豪華なる時祷書』の挿絵のなかにも描かれています。

11世紀からの興廃を経て、現在はヨーロッパ一の馬具の博物館

　11世紀にアンジュー伯が創建したソミュール城は、ロワール川を見下ろす小高い丘に建つ城です。12世紀末にフランス王フィリップ2世によって国王領に組み込まれ、14世紀にフランス王シャルル5世によって改修されて現在の姿になりました。

　1598年に国内のプロテスタント（主にユグノー）にカトリック信徒と同じ権利を認めた「ナントの勅令」が発布されると、ソミュールは17世紀にかけて、プロテスタントの重要城拠点となり、最盛期を迎えます。しかし、1685年にルイ14世が廃止してカトリック中心の国家に逆戻りさせたため、ソミュールの街は衰退し、ソミュール城も荒廃していきます。

　その後、監獄や武器庫として使用される歴史をたどり、1862年に歴史的建造物に指定され、1906年には、ソミュール市の所有となりました。

　ロワール地方でも人気のソミュール城は、現在ふたつの博物館になっています。ヨーロッパでも随一といわれるコレクションを所蔵する馬具博物館と、地元の14世紀から18世紀までの美術品・家具類・装飾などを展示したソミュール市立博物館です。

もっと知りたい！　ソミュール城の魅力は、丘の上に白い石壁と青のスレート葺きの屋根をもってロマンチックに佇む景観と、城郭内から見下ろすロワール川とソミュールの街の風景。2000年の世界遺産「シュリー＝シュル＝ロワールとシャロンヌ間のロワール渓谷」の城のひとつに登録されています。

伝説とミステリー

シヨン城

208

所在地：スイス連邦　ヴォー州モントルー

レマン湖の畔に佇むシヨン城。地下にはバイロンの落書きも残っています。

バイロン卿の叙事詩「シヨンの囚人」とは誰なのか？

　フランスとスイスの国境にあり、アルプスの山嶺に囲まれて美しい三日月の形を形成するレマン湖。その湖に突き出た岩盤上に、まるで浮かぶように建つのがシヨン城です。

　この地には青銅器時代には人が住んでおり、城が建っている場所の岩は原始の時代から住居があったことが判明しています。城にまつわる文献上の最古の記録は1160年のもので、12世紀にサヴォイア伯が領有してから拡張が行なわれ、13〜14世紀に最盛期を迎えました。

　1816年、当地を訪ねたイングランドの詩人バイロンの長詩「シヨンの囚人」が刊行され、シヨン城の名は一躍世界に知られました。この「囚人」とは、16世紀にこの城に幽閉されたジュネーヴの宗教改革者フランソワーズ・ボニヴァールという人物です。

　サヴォイア地方の貴族出身で、ジュネーヴの修道院長になったボニヴァールは、サヴォイア公の考えに反してジュネーヴ独立を支持し、宗教改革派に近づいたことで修道院長を辞するように迫られます。拒否したボニヴァールは捕えられ、1530年、シヨン城に幽閉・投獄されたのでした。

もっと知りたい！　ボニヴァールの待遇は、当初2年間は貴族待遇で城の居室で過ごす幽閉でしたが、サヴォイア公が寛大すぎると地下牢へ鎖につないで投獄するよう命じました。ここで4年間を過ごし、6年後に釈放されます。「シヨンの囚人」はバイロンが1人称で屈折した囚人の心情を描いています。

伊予松山城

209

所在地：日本　愛媛県松山市

伊予松山城の天守。現在は三重の天守ですが、かつては五重天守が建てられていたといわれています。

天下の名城を築いた「賤ヶ岳七本槍」加藤嘉明とはどんな武将？

　伊予松山城は、「賤ケ岳七本槍」に数えられた武将・加藤嘉明によって1602（慶長7）年に着工されました。嘉明は松平（のちの徳川）家康配下の下級武士の家の出で、三河一向一揆側について流浪の身となっていたところを長浜城主になりたての木下秀吉に推挙されたといいます。その後は、1578（天正6）年の三木城攻めに16歳で初陣、本能寺の変後の中国大返しを経て、秀吉が織田家の宿老・柴田勝家と雌雄を決した賤ケ岳の戦いでは、若き加藤清正、福島正則らと並ぶ武功を立てました。

　豊臣家では「武断派」であった嘉明は、1600（慶長5）年の関ヶ原の合戦では徳川方に属し、38歳で伊予松山20万石の大名となります。嘉明はその家格にふさわしい名城を築くべく、家康の許可を得て伊予松山城の建設を始めたのです。

　完成に26年かかる大事業となったのですが、1627（寛永4）年、完成目前にして会津若松43万5000石へ加増・転封になります。嘉明は完成した伊予松山城を見ることができませんでしたが、やはり名城と称えられる会津若松城の改修でも、その築城技術が生かされました。

もっと知りたい！　伊予松山城は、完成前から「日本三堅城」と称えられ、大天守を含む21の建物が国の重要文化財に、城郭全体が国の史跡に指定されています。松山市の中心部、勝山（城山）山頂に本丸、西南麓に二之丸と三之丸を構える平山城で、天守閣（大天守）は、日本の現存十二天守に数えられています。

本日の
テーマ 絶景の城

スワローズ・ネスト

210

所在地：ウクライナ共和国　クリミア半島

黒海に面した断崖にそびえるスワローズ・ネスト。

「ツバメの巣」と呼ばれる海岸の城

　東ヨーロッパのウクライナには、海に突き出た高さ40mの崖の上に「ツバメの巣」と呼ばれる小さい古城があります。

　新しい城で1895年にロシアの将官が小さな木造のコテージを建てたのが始まりとされ、その当時は、「愛の城」と呼ばれていたそうです。スワローズ・ネストと呼ばれるようになったのは、1911年に石油業で成功したドイツ人オーナーが、現在のような城のかたちの建物に建て替えてからのことです。

　レストランとして使われたこともあるこの場所は、地震や老朽化により修復・改装工事が繰り返され、最近の修復作業は2011年に行なわれています。現在は、中に入ることはできませんが、崖上の敷地からはみ出したように立つ小さな城は大変珍しく、多くの観光客が訪れています。

　長さ22m・幅12mという大きさは、城というよりは「邸宅」と呼ぶ方がふさわしいような規模で、その愛らしさも人気の理由です。

もっと知りたい！　スワローズ・ネストがあるクリミア半島は、黒海の北側に位置し、古代にギリシャ人の植民都市が建設されてから、支配者がめまぐるしく入れ替わる歴史をたどってきました。2014年のクリミア危機でロシアが実効支配を宣言して以降、ウクライナ政府や国際社会はこれを認めず、いまだに国家間紛争の火種になっています。

景福宮
キョン　ボッ　クン

211

所在地：大韓民国　ソウル特別市

14世紀に建設された李氏朝鮮の王宮・景福宮。

14世紀からの李氏朝鮮の王宮が刻む波乱の歴史

　李氏朝鮮の太祖こと李成桂により1395年に築かれた王宮であり、現在も敷地内に大韓民国の大統領官邸（青瓦台）が置かれているのが景福宮です。中心部には1867年に再建された勤政門や勤政殿などが現存し、建物の復元は現在も続けられています。

　李成桂は即位から２年後の1394年に漢陽（漢城／現在のソウル）へ遷都し、無学大師の風水理論に基づいて漢江の北、北岳山の南にあたる「陽」の地に王宮を造営しました。1395年から李氏朝鮮の正宮となり、1397年に城郭と四大城門が完成しています。

　その後、約200年間正宮として使用されますが、1553年に大火によって焼失。さらに1592年の文禄の役では、国王の宣祖が漢城から逃げて治安が乱れると、先陣争いをする加藤清正や小西行長らの入城前に朝鮮民衆によって略奪と放火があり、再び焼失しました。

　その後は離宮の昌徳宮が正殿に使用され、景福宮は約270年もの間再建されませんでした。朝鮮王朝末期の1865年に再建されますが、1896年に高宗がロシア公使館に退避すると、景福宮に王が不在のまま、1910年の韓国併合を迎えることになったのです。

もっと知りたい！　韓国併合で王宮の役割をなくした景福宮に代わり、日本の朝鮮総督府の庁舎の建築が景福宮の敷地で1912年から始まり、1926年に完成します。第二次世界大戦後は景福宮内の旧朝鮮総督府庁舎が中央庁および韓国国立中央博物館に利用されていましたが、1996年に解体されます。景福宮は今、2030年に完成予定の第二次復元事業のさなかにあります。

グラダーラ城

212

所在地：イタリア共和国　マルケ州グラダーラ

マラテスタ家の城塞であるグラダーラ城は、5000人に満たない人口の村の丘陵にそびえます。

政略結婚に翻弄されたルクレツィア・ボルジアが最初に嫁いだ城

　中世イタリアで権勢を高めるためにあらゆる謀略を駆使したボルジア家。なかでものちにローマ教皇アレクサンドル6世として即位したロドリーゴ・ボルジアは、息子チェーザレ・ボルジアとともに権謀術数の限りを尽くして権力の拡大を狙いました。

　チェーザレの妹ルクレツィア・ボルジアは、父と兄の野望のために3回も結婚し、「毒を仕込める指輪をつけていた」など、いくつかの毒殺に関与した疑惑が持たれています。

　グラダーラ城は、ルクレツィアが1493年6月に結婚した最初の夫カティニョーラ伯ジョヴァンニ・スフォルツァの居城です。グラダーラ城には、ルクレツィアの過ごした部屋も残されています。

　しかし結婚後しばらくすると、父の教皇アレクサンデル6世は、有力者との政治的同盟を求め、叔父の枢機卿アスカニオ・スフォルツァに対し、ジョヴァンニにルクレツィアとの離婚を承諾させることを命じたのです。ジョヴァンニは拒絶しましたが、結局圧力に屈しました。しかしこの「婚姻無効」騒動は、その後のさらなる陰謀劇の序章にすぎませんでした。

もっと知りたい！　ルクレツィア・ボルジアにゆかりの城は、他にもあります。父の教皇アレクサンデル6世に与えられたボルジア城です。1798年にフランス王国軍によって大きな被害を受けて以降、廃城のまま放置されていますが、12世紀の城を15世紀に増改築したという城は、城壁の四隅に円塔が残り、中世古城の味わいを今に伝えています。

ブリュッセル王宮

213

所在地：ベルギー王国　ブリュッセル首都圏地域

現在もベルギー王家の公務の場として利用されるブリュッセル王宮。毎年夏休みの時期になると一般公開されます。

首都ベルギーで国の迎賓館にもなる王室の公式宮殿

　ブリュッセル王宮は、元々18世紀に火事で焼け落ちた神聖ローマ帝国の女帝マリア・テレジア所有の邸宅跡に、マリアからの特別な許可を得た富裕なワイン商フィリップ・ドゥ・プロフトが再建し、高級ホテル「ベルビューホテル」として運営したことに由来します。

　1775年には、もとは狩猟場であったブリュッセル公園が、王宮のフランス式庭園として造営されました。1789年のフランス革命当時、ホテルは逃れてきた貴族たちに利用され、のちに隣の別のホテルを買い取ってつなぎ、現在の規模にされています。

　1830年、ベルギー独立革命の際、革命の終焉がブリュッセル公園であったことを考えれば、王宮はそのモニュメントともいえるでしょう。ファサード（建物の正面部分）は、1900年頃、第2代のレオポルド2世（在位：1865〜1909年）によって完成されました。

　王とその家族は、実際にはブリュッセル郊外のラーケン王宮に暮らしています。ブリュッセル王宮の役割は、王が公務を行なう場であり、裁判所の大元帥、内閣の長、軍の統率者として、すべての権力が集中する場所です。外国元首の迎賓館や宿泊場所としても機能しています。

もっと知りたい！　通常、建物内部は入れませんが、夏の一般公開のシーズンには無料で見学できます。レオポルド2世時代に改装された玉座の置かれた「トゥーロン・ルーム」、大広間「グランド・ホール」など、白とゴールドを基調とした王室の豪華な部屋の数々を見て回ることができます。

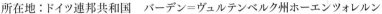
ホーエンツォレルン城

所在地：ドイツ連邦共和国　バーデン＝ヴュルテンベルク州ホーエンツォレルン

ドイツ南部シュヴァーベン高原の標高900mの山頂にそびえるホーエンツォレルン城は、霧が発生するとまさに"天空の城"です。

城主の出世を見届けた、標高900mに建つドイツ3大美城のひとつ

　ノイシュヴァンシュタイン城、ハイデルベルク城と並んで、ドイツ3大美城といわれるのがホーエンツォレルン城です。

　ドイツ南部のシュヴァーベン高原にある標高900mの山頂にそびえ、雲海に浮かぶように幻想的な美しさが人を魅了します。

　11世紀に建造されたホーエンツォレルン城は、ホーエンツォレルン家の居城で、家名から城の名がとられています。12世紀末に神聖ローマ皇帝からフリードリヒ1世がニュルンベルク城伯に任じられたことが同家の運命を開く瞬間となりました。

　1415年にはフリードリヒ6世が選帝侯の地位を得、1615年にプロイセン公が断絶するとそれを継承。ついにはヴィルヘルム1世がドイツ統一を果たして初代ドイツ皇帝となるのです。

　ホーエンツォレルン城は、歴代城主が出世街道を突き進んでいる間は放置されますが、プロイセン王フリードリヒ・ヴィルヘルム4世のとき、1852年から15年かけてネオ・ゴシック様式で再建されました。現在でも、ドイツ最後の皇帝ヴィルヘルム2世の子孫が管理しています。

> **もっと知りたい！**　ホーエンツォレルン城へは、シュトゥットガルトから1時間ほど列車で移動し、ヘッヒンゲン駅で下車。そこからバスへ乗り換えて、ホーエンツォレルン城の駐車場に向かいます。そこから城専用のシャトルバスで城の入口到着です。雲海スポット「ツェラホーン」は、ホーエンツォレルン城の駐車場から1時間半ほど山登りをする必要があります。

エル・エスコリアル

215

世界遺産

所在地：スペイン王国　マドリード県サン・ロレンソ・デ・エル・エスコリアル

フェリペ2世により建設された宮殿兼修道院のエル・エスコリアル。

納棺前に30年安置という、歴代王家の霊廟で続いた不思議な慣習

　スペイン絶対王政期の国王フェリペ2世の命令で、1563年から1584年にかけて造営されたエル・エスコリアルこと「王立サン・ロレンソ・デ・エル・エスコリアル修道院」は、宮殿、修道院、王家の墓所、博物館、図書館の複合施設ともいうべき広大な建造物です。左右対称の幾何学的な設計と、装飾を排除したシンプルな外観に対し、内装は絢爛豪華で、修道院の半円筒形の天井には、学問をテーマにした色彩豊かなフレスコ画が描かれています。

　フェリペ2世は、40年以上にわたってここで政務を執り、晩年は参拝しやすいよう礼拝堂の隣に質素な居室を設けて暮らしました。地下にある霊廟には歴代の王と王妃、王子たちが眠っています。

　地下の霊廟には、永遠の眠りにつく前に亡くなった王族が過ごす謎めいた部屋があるといいます。いわば遺体安置所ですが、そこで遺体がミイラ化するまで約30年間安置されるのです。霊廟の棺が長さ100cm・幅40cmしかないため、遺体はそのサイズに縮むまで待つためという説もありますが、なぜ小さな棺を作り、そのプロセスが必要なのかは謎のままです。

もっと知りたい！　「マドリードのエル・エスコリアル修道院とその遺跡」は、1984年に世界遺産に登録されました。特筆すべき施設のひとつに図書館があります。15世紀から16世紀の書物約4万5000冊に、アラビア語、ラテン語、スペイン語で書かれた写本5000冊を所蔵し、天井は文法、論理、修辞、算術、幾何、音楽、天文の自由7科を題材としたフレスコ画に彩られています。

シャンボール城

216

世界遺産
所在地：フランス共和国　ロワール＝エ＝シェール県シャンボール

シンメトリーが美しいシャンボール城。フランソワ1世自慢の城館です。

フランソワ1世の美意識の極致ながらあまり使われなかった城

　伝統的な中世フランスの様式にイタリアの古典的な構造を加味したフレンチ・ルネサンス様式のシャンボール城。ロワール渓谷最大の城であり、建築上も変わった様式ですが、もとはフランス王フランソワ1世（在位：1515〜1547年）の狩猟小屋に始まっています。

　ブロワ近郊にあるシャンボール城の設計者はドメニコ・ダ・コルトナですが、1519年から1547年までかかった建設の間にかなり変更されました。フランソワ1世はレオナルド・ダ・ヴィンチを客人として城の近くに住居を与えており、ダ・ヴィンチがシャンボール城の設計に何らか関与した可能性が考えられています。

　ブロワの近郊にあるシャンボール城は、中央の本丸と4つの巨大な塔で構成されます。城内の部屋は426、暖炉が282、階段が83あるという大宮殿です。フランソワ1世は完成の際にライバルである神聖ローマ皇帝カール5世に披露して悦に入ったほどでしたが、彼は統治時代、ほとんどシャンボール城には滞在しなかったといいます。

　狩猟のための短い期間のみで、大きな部屋、開いた窓や高い天井のため暖房が十分に効かず、周りには集落もなく食糧を大量に運び込まねばならず、住むのに不便すぎたようです。

もっと知りたい！　「フランスの庭」と呼ばれ、ロワール渓谷でもとくに有名な城であるシャンボール城は、1981年に「シャンボールの城と領地」として世界遺産に登録されていました。しかし、2000年に登録範囲が拡大され、シュリー＝シュル＝ロワールからシャロンヌまでの約200kmのロワール渓谷がすべて世界遺産となり、その中に組み込まれました。

ヴァレンティーノ城

217

世界遺産

所在地：イタリア共和国　ピエモンテ州トリノ

サヴォイア王家の宮殿のひとつであったヴァレンティーノ城は、現在、トリノ工科大学大学院の建築学部によって使用されています。

公園と一体の余暇を楽しむ「トリノのヴェルサイユ宮殿」

　イタリア北部に位置するトリノには、世界遺産「サヴォイア王家の王宮群」（1997年登録）が市の中央から郊外まで幅広く点在します。

　サヴォイア家はサヴォイア公国からサルデーニャ王国を建て、さらに統一国家イタリア王国を打ち立てた一族で、その権威を象徴するトリノ宮殿が市内に荘厳な姿を遺していますが、郊外にあるヴァレンティーノ城もそれに匹敵する壮大なスケールの宮殿です。

　1564年にサヴォイア公エマヌエーレ・フィリベルトが余暇を過ごすため購入し、ポー川を望む宮殿は1641年に完成しました。イタリア様式の外観はその後、時のサヴォイア公の妻マリア・クリスティーナがルイ13世の妹だったため、彼女の趣味でフランス様式に修築されました。ヴァレンティーノ城の外観がヴェルサイユ宮殿に似ているのはこのためです。

　現在はトリノ工科大学大学院建築学部の校舎になっていますが、城は広大なヴァレンティーノ公園の中にあります。小川が流れ、凝ったオブジェも点在する公園はトリノ市民の憩いの場であり、優雅なヴァレンティーノ城を眺めながら至福の時間を楽しめます。

もっと知りたい！　ヴァレンティーノ公園内をポー川に沿って歩いていくと、15世紀のピエモンテの村を再現した「中世の村」があります。中世の村はトリノ万博のために1884年に設計された野外博物館で、15世紀当時の跳ね橋や小道、ポルティコ（アーケード）などが再現されています。ポー川越しに遠望すると、川面には村の様子が見事に映り込んでいます。

サンマリノ

218

世界遺産
所在地：サンマリノ共和国　サンマリノ市

グアイタ砦から見晴るかすボルコ・マッジョーレ（サンマリノ共和国内の街）。

世界最古の共和国の山頂独立国としての小さな歩み

　サンマリノ共和国はイタリア半島の中東部に位置する独立国家で、世界最古の共和政国家といわれています。世界で5番目に小さい国で国土の周囲はすべてイタリア。その面積は十和田湖とほぼ同じ61.2km²で、山手線の内側とほぼ同じなどと形容されます。

　4世紀初め、石工のマリーノがローマ帝国のキリスト教迫害を逃れ、この地に潜伏してキリスト教徒の共同体を作ったという伝説から「聖（サン）マリーノ」が国名になりました。

　1631年、ローマ教皇によって正式に独立が承認され、その後、1815年には、ナポレオン戦争後のウィーン会議でサンマリノの独立が再確認されています。

　その首都であるサンマリノは、標高749mの急峻なティターノ山上に築かれた城塞都市で、グアイタ、デッラ・フラッタ、モンターレというティターノ山頂に築かれた3つの砦が街を守ってきました。

　1797年に制定された国旗は、白色が純粋さ、青色が空とアドリア海を表現し、紋章（国章）の中央にはティターノ山の3つの峰に建つ塔が描かれ、その下に「LIBERTAS（「自由」）」の文字が書かれています。

もっと知りたい！　2008年、「サンマリノの歴史地区とティターノ山」として、サンマリノ市、ボルゴ・マッジョーレ市などの一部が世界遺産に登録されました。国土の大部分をこの地区が占めているので、国全体が世界遺産のようなものです。戦火を受けていないため、中世の要塞の塔や城壁、門、修道院などが、街のいたるところに残っています。

水原華城
（ス　ウォン　ファ　ソン）

219

世界遺産

所在地：大韓民国　京畿道水原市

水原華城四大門のうち、北門にあたる長安門。

謀殺された父への思いを込めた李氏朝鮮・正祖による壮大な城

　大韓民国北西部にある京畿道水原市には、1794年から２年を越える歳月と37万人が動員されて築かれた水原華城があります。城壁の長さは５kmを越えて万里の長城を連想させ、中国を介して伝わった西洋の建築技術も採り入れています。1997年には、世界遺産に登録されました。

　李氏朝鮮第22代国王・正祖は、先代・英祖の世子でありながら、讒言を受けて27歳で非業の死を遂げた父・荘献世子（チャンホンセジャ）の次男です。正祖は自身が25歳で英祖の跡を継いで王になると、積極的な人材登用で側近を固めて父を陥れた政敵「老論派」を封じ込めにかかります。

　また父の死を悼み、その名誉回復を果たすべく、荘献世子の墓を楊州から水原の顕隆園（隆陵）に移し、周囲に城壁や塔、楼閣や城門を築かせました。それが水原華城であり、正祖の理想都市として造営されたのです。一時は首都漢城からの遷都も検討されましたが、完成直後に正祖が崩御したため見送られました。

　当時の朝鮮の築城技術・建築美術の粋を集めた水原華城でしたが、これ以降、李氏朝鮮の築城は衰退します。

もっと知りたい！　日本でも大ヒットした韓国ドラマ『宮廷女官チャングムの誓い』は、水原華城の「華城行宮」で撮影されました。ソウルから電車やバスで1時間程度というアクセスの良さもあり、観光人気の高いスポットです。城内も市街地ですが、城外にも近代的な都市が発展しています。名物「水原カルビ」という独自の焼肉でも有名です。

220

**本日の
テーマ** 華麗なる宮殿

ドロットニングホルム宮殿

世界遺産

所在地：スウェーデン王国　ストックホルム県ローベン島

ドロットニングホルム宮殿はバロック様式ながらも、「北欧のヴェルサイユ宮殿」と呼ばれます。

スウェーデン文化を花開かせた「北欧のヴェルサイユ宮殿」

　ローベン島に離宮として築かれたドロットニングホルム宮殿は、16世紀後半に国王ヨハン3世が王妃のために建設しました。17世紀後半に火災で焼失するものの、国王カール10世の王妃ヘートヴィヒ・エレオノーラが「北欧のヴェルサイユ宮殿」と呼ばれるバロック様式の宮殿と庭園を完成させました。

　1744年、国王フレドリク1世は、ホルシュタイン＝ゴットルプ家のアドルフ・フレドリクとプロイセン王女ロヴィーサ・ウルリカの結婚に際し、祝いとしてドロットニングホルム宮殿を贈りました。1751年、アドルフ・フレドリクがスウェーデン国王になると、知性豊かな王妃ロヴィーサ・ウルリカは、ドロットニングホルム宮殿にギャラリーや図書館、劇場を増築。このことが、スウェーデンが文化的に飛躍する下地となります。

　ロヴィーサ・ウルリカの息子で、1771年に国王となったグスタフ3世は、ドロットニングホルム宮殿で華やかな文化活動を展開しました。毎年この宮殿で演劇や舞踏会などを催し、この頃のスウェーデンは、文化面では「ロココの時代」と呼ばれています。

もっと知りたい！　グスタフ3世は文化活動に耽溺する余り反感を買い、1792年、オペラ座で催されていた仮面舞踏会の最中に暗殺されるという皮肉な最期を遂げます。その後、宮殿は次第に使われなくなりましたが、1982年、現国王カール16世グスタフはストックホルム旧市街の王宮から、環境のよいこの地に居館を移しました。

本日の テーマ　訪ねたい城

ベルモンテ城

221

所在地：スペイン王国　カスティーリャ・ラ・マンチャ州ベルモンテ

「乾いた土地」の夕暮れとベルモンテ城。

名作『ドン・キホーテ』の舞台になった城

　トレドを州都とするカスティーリャ・ラ・マンチャ州には、ミゲル・デ・セルバンテスの小説『ドン・キホーテ』の舞台ラ・マンチャ地方があります。マドリードの南に広がる平原で、標高が高く風が強い地域で、「マンチャ」とはアラビア語の「乾いた土地」に由来します。

　ひまわり、風車小屋、マンチェゴチーズで有名なラ・マンチャですが、『ドン・キホーテ』の舞台としての印象は強く、なかでもベルモンテ城はそのイメージと直結する名所です。

　15世紀後半にカスティーリャ王位をめぐる内乱で活躍したビリェーナ侯爵ファン・パチェーコがイスラム建築の影響を受けたゴシック・ムデハル様式の城として築城し、19世紀にはナポレオン3世の皇后で、スペイン出身のウジェニー・ド・モンティジョにより修復されました。「美しい丘」を意味する「ベルモンテの丘」にそびえるレンガ造りの五角形の城壁は、600年の時を超えた圧巻の美しさです。映画やドラマの撮影舞台になり、城内のサロンでは結婚式を挙げることもできます。城内は1階が博物館、牢獄跡、売店など、2階が礼拝堂、使用人や召し使いの部屋などで、3階が城主の寝室という造りになっています。

もっと知りたい！　1605年に前編、1615年に後編が発表された『ドン・キホーテ』は、騎士道物語の読み過ぎで現実と物語の区別がつかなくなった郷士アロンソ・キハーノが、自らを「遍歴の騎士」と信じ込み、「ドン・キホーテ・デ・ラ・マンチャ」と名乗って冒険の旅に出かける物語です。19世紀になって文学的な評価が高まり、日本でも1893年に最初の「部分訳」が出版されました。

本日の
テーマ　伝説とミステリー

ハイデルベルク城

222

所在地：ドイツ連邦共和国　バーデン＝ヴュルテンベルク州ハイデルベルク

ドイツの詩人ゲーテもその景観を賞賛したハイデルベルク城。

1日にワイン18本飲んだワイン樽の見張り番ペルケオの伝説

　13世紀にプファルツ選帝侯に建設されて以来、増改築が繰り返されてきたハイデルベルク城は、1689年にルイ14世の軍に破壊されて以降、廃城となってかなり荒廃しましたが、その後の保存活動で重要な観光資源になりました。

　見どころが多いハイデルベルク城の中で、興味深い伝説が残るのは、大樽棟に伝わる世界最大のワイン樽とそれを見張る「ペルケオ」の人形です。

　現在4代目の1751年製のカール・テオドール樽は、直径7mで22万リットルものワインを貯蔵できます。ワインはポンプで汲み上げ、城内で1日2000リットル消費されたこともあったといいます。この樽を見張るかのように置かれる人形のモデルとなったペルケオは、プファルツ選帝侯カール3世が、ワイン樽の監視を命じた人物でした。ワインを唯一の飲み物として子供の頃から飲み続け、1日18本のワインを飲んでいたといいます。ペルケオが晩年初めて病気になった時、医師がワインをやめて水を飲むように指導すると、それに従って初めて水を飲んだペルケオはその翌日に亡くなったそうです。

もっと知りたい！　ハイデルベルク城の観光の歴史は、19世紀初頭に始まります。フランスのグライムベルク伯は城の保護を一貫して主張し、この城を描いたスケッチを広く流布させます。これが、観光絵はがきの先駆けになりました。同じ頃にはお土産用カップも販売され、1840年にハイデルベルクが鉄道網で結ばれると、多くの観光客が押し寄せるようになりました。

ペテルゴフ宮殿

223

世界遺産
所在地：ロシア連邦　サンクトペテルブルク直轄地

ピョートル大帝肝入りのペテルゴフ宮殿。

高低差を利用した建設者ピョートル大帝こだわりの華麗な噴水群

　初代ロシア皇帝ピョートル1世（1672〜1725年）は、ヨーロッパの文明や技術に学んで軍事力の強化、中央集権化、殖産興業に努め、ロシアを強国に押し上げたロシアが誇る名君で、ピョートル大帝と尊称されます。バルト海の制海権をめぐってスウェーデンと争った20年におよぶ北方戦争を戦い、1721年のニスタット条約でバルト海東岸を獲得しました。

　北方戦争さなかの1710年、ペテルゴフの停泊地に館の建設を考えたピョートル大帝は、高低差のある地形に注目し、噴水を活かした宮殿の建設を思い立ちました。1714年から一応の完成となった1723年まで9年の歳月をかけ、世界中の技術者を集めて大帝自ら建設を指揮するほど愛着を示したと伝わります。こうして完成したのがペテルゴフ宮殿です。

　敷地は大きく分けて、高みにある「大宮殿」と、「下の公園」といわれる150以上の噴水で彩られた庭園から構成されます。ポンプなどの動力を利用することなく、自然の高低差だけで水を噴き上げるように設計された噴水が大きな見どころ。ピョートル大帝が建設した首都サンクトペテルブルク郊外にある、まさに「夏の離宮」の言葉にふさわしい宮殿です。

もっと知りたい！　大宮殿のすぐ下にあるのが、「大滝」と呼ばれる噴水です。金色に輝く像が建ち並ぶ、「下の公園」のシンボル的な存在ですが、中央にはライオンの口を引き裂こうとするサムソン像があります。怪力サムソンはロシアを、ライオンは強敵スウェーデンを象徴しています。1990年登録の世界遺産「サンクトペテルブルク歴史地区と関連建造物群」に含まれます。

シュリー＝シュル＝ロワール城

世界遺産

所在地：フランス共和国　ロワレ県シュリー＝シュル＝ロワール

ロワール川の渡河点という交通の要衝に建てられたシュリー＝シュル＝ロワール城。

城と森とロワール川が織りなす中世メルヘンの世界

　ロワール渓谷東部、3つの陸路とひとつの水路が交わる交通の要衝にあたるシュリー＝シュル＝ロワールは、ロワール川を渡河できる場所として貴重な街でした。その街を統治するために建てられたのがシュリー＝シュル＝ロワール城です。

　シュリー＝シュル＝ロワール城は、広い堀に取り囲まれており、堀のなかに直接土台が築かれています。円錐型屋根の塔や重量感のあるドンジョン（主塔）を持ち、厳かな雰囲気を保ち続けています。周囲の堀に映り込む城の雄姿は、周囲の森とともに美しい絵のようです。

　11世紀頃には城があったと推定され、1218年には、フランス王フィリップ2世が本丸を築いています。1602年にはアンリ4世に仕えていたマクシミリアン・ド・ベチュヌ（シュリー公爵）が城を購入。それから4世紀にわたってシュリー公爵家の居城として使用されていました。城内には、シュリー公と夫人の墓所があります。

　1962年にシュリー＝シュル＝ロワール城は、所有者がシュリー公からロワレ県へと移ります。その後、修復工事がなされ、現在は観光客向けに一般公開されています。

もっと知りたい！　2000年登録の世界遺産「シュリー＝シュル＝ロワールとシャロンヌ間のロワール渓谷」に属す城のひとつです。見学コースは、シュリー公の墓がある1階から、15mの高さの主塔の頂上までを見て回ります。途中、600年前に作られた船底をひっくり返したような弓なりの骨組み構造が続く通路があり、圧巻です。

クラック・デ・シュヴァリエ

225

世界遺産

所在地：シリア・アラブ共和国　ホムス県

クラック・デ・シュヴァリエは、エルサレムを守る十字軍の要塞のひとつとして、イスラムの建築様式も取り入れながら築かれました。

十字軍時代の難攻不落の城は、シリア内戦で「危機遺産」に

　クラック・デ・シュヴァリエは、シリアに築かれた十字軍時代の代表的な城で、当時の築城技術の粋を究めたものと評価されています。1142年から1171年までは、聖ヨハネ騎士団の拠点として使用され、十字軍遠征の拠点でした。

　火成岩から成る高さ650mほどの峰上に築かれたこの城塞は、もとは1031年にホムスの領主により築かれた小城でしたが、第1回十字軍遠征の1099年に落城し、1142年に聖ヨハネ騎士団に譲られます。

　聖ヨハネ騎士団は大規模な拡張を行ない、30mの厚さの外壁を加え、7つの守備塔を配置しました。12世紀の頃には濠もめぐらせ、跳ね橋を造りました。外壁は内壁との間隔を狭くし、外壁を奪った敵が破城槌などの攻城兵器を内壁との間に持ち込みにくい構造としています。

　城内の建築物は騎士団によりゴシック調に改造され、ホールや礼拝堂も備え、5年間の籠城に耐えられるという食糧貯蔵庫が地上と地下にありました。1170年にはほぼ完成し、2000人ほどの十字軍国家の兵力が常駐。100年間にわたりイスラム勢力の攻撃を退けたのです。

もっと知りたい！　しかし1271年、エジプトのイスラム王朝、マムルーク朝スルタンのバイバルスによって落城。1291年に第9代スルタンのアシュラフ・ハリールによって中東から十字軍勢力は掃討されました。クラック・デ・シュヴァリエは2006年に世界遺産になりますが、シリア内戦の空爆によって2013年に危機遺産リストに入っています。

ソフィエロ城

226

所在地：スウェーデン王国　スコーネ州ヘルシンボリ

20世紀のスウェーデン王室の間で受け継がれたソフィエロ城。

ヨーロッパ随一の庭園を残したスウェーデン王室の家族愛

　ソフィエロ城は、スコーネ地方の農場だった土地を、1864年にスウェーデンのオスカル王子と妻ゾフィア・フォン・ナッサウが購入し、最初に平屋建ての宮殿として1865年に誕生しました。

　その後、オスカル王子がスウェーデンとノルウェーの王として1872年に戴冠し、オスカル2世となると、1874年から1876年の間に現在のサイズに拡張されました。

　1905年になると、オスカル2世の孫であるグスタフ・アドルフ王子（のちのグスタフ6世アドルフ）、妻マーガレット・オブ・コノートに、結婚の贈り物としてスウェーデン王室から与えられました。この夫妻は宮殿を改修し、今日も残る大きなシャクナゲの庭を造りました。ヨーロッパ随一の美しさと評価を得ているソフィエロ城の庭園は、この庭がもとになっています。しかし、マーガレットは1920年に38歳で急逝。グスタフ・アドルフ王子は、1923年に再婚しますが、1973年まで家族とともにソフィエロ城を王室一家の夏の離宮として使用しました。ソフィエロ城の庭園には、最初の妻マーガレットとの思い出が刻まれているのです。

もっと知りたい！　ソフィエロ城の庭園は、ヨーロッパ随一の美しさと評価を得ていますが、グスタフ6世アドルフと王妃になれずに死去した最初の妻マーガレットが造営した庭がもとになっています。子供に恵まれなかった2人目の王妃ルイーズですが、気さくな人柄で前妻の子供たちともよく遊んだといいます。父王も学者肌で政治的野心がなく、静かで温かい暮らしが続きました。

イスタナ・ヌルル・イマン

227

所在地：ブルネイ・ダルサラーム国　バンダルスリブガワン

ブルネイ川の川岸の丘に立つイスタナ・ヌルル・イマン。ネパールの山岳民族で構成される戦闘集団グルカ兵によって警護されています。

床面積で「世界最大」のギネス世界記録を持つ宮殿

　ブルネイ・ダルサラーム国の首都バンダルスリブガワン南西にある王宮イスタナ・ヌルル・イマンは、「信仰の光の宮殿」を意味する名を持つ世界最大の宮殿です。この場合の「世界最大」とは床面積でとった場合で、20万㎡はギネスブック認定記録になっています。

　ブルネイがイギリスの保護領から独立した1984年、フィリピン人建築家の設計により、イスタナ・ヌルル・イマンはマレー風のイスラム様式で建造されました。5000人収容の饗応室があり、部屋数は1788を数えるといいます。ほかにも257の浴室、1500人収容のモスクなどがあります。

　イスタナ・ヌルル・イマンはブルネイの国王が公式な謁見をする宮殿であり、ブルネイ政府のすべての国家機能も兼ねています。宮殿には首相の事務所も置かれ、ブルネイ政府の中枢といえますが、第一の役割はあくまで「国王の私邸」であり、宮殿にはオーダーメイドのフェラーリとベントレー、メルセデスベンツにロールス・ロイスという国王の大規模なカーコレクションが収蔵された110棟ものガレージがあります。

もっと知りたい！　イスタナ・ヌルル・イマンは、ラマダーン（イスラム暦9月の断食月）が明けると、3日間だけ一般公開され、毎回10万人を超える人が訪れます。ブルネイ王室の豪華さは、石油・天然ガスを豊富に産出する国家財政に支えられています。一方で、「東洋のベニス」と呼ばれる約600年の歴史を持つ水上村落で、約3万人の庶民が昔ながらの生活しています。

ボイニツェ城

228

所在地：スロバキア共和国　トレンチーン県ボイニツェ

ボイニツェ城は、400年をかけておとぎの城へと変貌していきました。

年間数十万人が訪れる、まるでおとぎ話の城

　ボイニツェ城は12世紀建造のロマネスク様式の城館で、ゴシックやルネサンスの要素も含む中世の城として高い人気を誇ります。ファンタジーやおとぎ話をテーマとする映画ではロケーション場所としても有名で、毎年何十万人もの観光客が訪れます。

　最初の城主はマシュー3世で、1302年にハンガリー王ヴァーツラフ3世から譲り受けました。その後、15世紀にハンガリー王マーチャーシュ1世が所有。マーチャーシュ1世はボイニツェ城を訪れるのが好きで、「マーチャーシュ王のリンデンの木」として有名なリンデンの木の下で口述による勅命を作成していたといわれます。

　マーチャーシュ1世の死後、1528年にハンガリー北部で最も富裕であったトゥルゾー家がボイニツェ城を取得し、ルネサンス様式の城郭に大改築しました。1646年から城の所有者がパルフィー家になっても、改築は続けられました。

　パルフィー家は1888年から1910年にかけて、フランス式のロマンス風建築への改築を行ない、最初の改築から約400年かけて現在のような外観になったのです。

もっと知りたい！　1939年、ボイニツェ城と周辺一帯は、チェコの実業家ヤン・アントニン・バタに売却されます。しかし1945年にはチェコスロバキア政府の所有となり、城にはいくつかの政府機関が入りました。1950年の火災のあとは、スロバキアで一番大きいボイニツェ博物館が開館。現在、スロバキア国立博物館の一部になっています。

コンシェルジュリー

229

世界遺産

所在地：フランス共和国　パリ

フランス革命期、コンシェルジュリーは宮殿から牢獄として転用され、多くの政治犯が収容されていました。

「死の牢獄」になった王宮に伝わる恐るべき残酷伝説の数々

　パリ中心部を流れるセーヌ川の中洲「シテ島」にあるコンシェルジュリーは、もとはカペー朝の王宮として建てられ、10世紀から14世紀にかけて使用されました。四角い塔が美しいフランス初の宮殿でしたが、ヴァロワ朝第3代の王シャルル5世（在位：1364〜1380年）がヴァンセンヌ城に居城を移すと、1370年頃から牢獄として使われ始めます。

　フランス革命後、恐怖政治の時代には革命裁判所が隣設され、1793年からの約2年間で、2780名に死刑判決が下されたといいます。王族や貴族など多くの旧特権階級が収容され、当時は投獄されると必ず死刑になるので「死の牢獄」と呼ばれました。1793年には、ルイ16世妃マリー・アントワネットも投獄されました。処刑になるまでの数か月を独房で過ごし、その部屋は元の場所に再現され、当時の様子を家具やろう人形で伝えています。

　コンシェルジュリーは、19世紀の第一帝政期になっても牢獄として使用されましたが、1934年になって廃止。現在は世界遺産「パリのセーヌ河岸」（1991年登録）に含まれ、当時の囚人の生活を見学できる観光名所になっています。

もっと知りたい！　コンシェルジュリーでは、囚人が自分の生活費用を負担するので、払った額に応じて3ランクの待遇がありました。「パイユー」は藁を敷いた雑居房で生活させられ、「ピストリエ」は簡単なベッドがある4人から5人ほどの牢獄。さらに富裕層や著名人は、家具付の独房である「プリゾニエ・ドゥ・マーク」に入れました。

イオラニ宮殿

230

所在地：アメリカ合衆国　ハワイ州ホノルル

正面にハメハメハ大王の像がそびえるハワイのイオラニ宮殿。

建造者ハワイ王7代目カラカウアは、晩年アルコール依存症

　アメリカ合衆国内では唯一といってもいい宮殿のイオラニ宮殿は、ハワイ王国（1795〜1893年）の7代目カラカウア王が、1882年に完成させた、西洋建築様式の王宮です。

　その後、1893年のクーデターで王政が廃止されるまで、カラカウア王とカピオラニ王妃、妹のリリウオカラニらの宮廷であり、公邸でした。

　当時はイギリスのバッキンガム宮殿にさえなかった電話や電灯などの電気設備を備えていたことでも知られます。

　カラカウア王は外交に熱心な人物で、1881年に外交交渉と移民問題について学ぶため、ハワイを発ち、アメリカや日本、インドなどのほか、ヨーロッパ各国を歴訪しています。

　初の外国元首の来日となった明治新政府の日本では、明治天皇と会見し、移民の要請およびカイウラニ王女と東伏見宮依仁親王の結婚を依頼したことで知られています。

　ユニークなハワイ王でしたが、1890年にアルコール依存症で体調を崩し、翌年、医者の薦めで移ったサンフランシスコで薨去しています。

もっと知りたい！　イオラニ宮殿の内部は、ガイドツアーで見学できます。宮殿の裏玄関から入ると、3階部分を吹き抜けにして造られた「グランドホール」があります。ホール左手には、重厚な絨毯やカーテン、金の調度品で飾られた「王座の間」があります。「陽気な王」と呼ばれたカラカウア王はここで盛大な舞踏会やパーティを行ない、その宴は朝まで続いたといいます。

ラインシュタイン城

231

世界遺産

所在地：ドイツ連邦共和国　ラインラント・プファルツ州

ライン川沿いの丘陵に立つラインシュタイン城は、河川交通を監視する城のひとつでした。

「ラインの宝石」と呼ばれる川沿いの古城でもっとも美しい城

　築城年代もさだかでないラインシュタイン城ですが、ライン川を下る遊覧船から望める古城群のなかで、「ラインの宝石」ともいわれる美しい城として人気です。

　長らくライン川の税関として機能してきましたが、17世紀にフランス王ルイ14世の軍に破壊され、廃墟と化してしまいます。この城を「ラインシュタイン城」と名付け、ネオ・ゴシック様式で再建したのがフリードリヒ・フォン・プロイセンです。

　従弟のフリードリヒ王子（のちのプロイセン王フリードリヒ・ヴィルヘルム4世）とともにライン川沿いの古城に興味を持ったフリードリヒは、1823年から1829年にかけて建造をすすめ、1842年には礼拝堂を築きました。

　現在、90m高さの崖の上に建つ城は古城博物館になっていて、フレスコ画、武器、調度品など、当時の城主の暮らしぶりを追体験することができます。

　2002年登録の世界遺産「ライン渓谷中流上部」に含まれ、遊覧船からの美しさで知られるラインシュタイン城ですが、礼拝堂では実際に結婚式を挙げることができるなど、訪ねるのにもまた見どころが尽きない古城なのです。

もっと知りたい！　ラインシュタイン城の北方2kmほどのところに、名前もそっくりのライヒェンシュタイン城があります。こちらは1213年頃の築城とされ、ラインシュタイン城は当時この城への対抗のために築かれたともいわれます。ライヒェンシュタイン城の方は廃墟だった時期も長く、盗賊の巣窟として討伐されるなどの好対照な歴史を歩みました。

サラディン城

世界遺産
所在地：シリア・アラブ共和国　ラタキア県ラタキア

ローマ時代の城を起源としながら、征服者の名がつけられたサラディン城。

覇権争いの歴史を物語るキリスト＆イスラム文化融合の中世廃城

　サラディン城は、シリア北西部にある中世の城で、ラタキア市から30kmほどの山岳地帯にあります。10世紀中頃にはここに城塞が築かれていたとされ、975年、ビザンツ帝国（東ローマ帝国）のヨハネス１世ツィミスケスがサラディン城を獲得しました。

　ビザンツ帝国は1108年までこの城を支配しますが、その後、十字軍国家のひとつ、アンティオキア公国の守城となります。十字軍の騎士は城を大幅に拡張し、城を現在の姿にしましたが、1188年にアイユーブ朝のサラーフ＝アッディーン（サラディン）のイスラム軍に包囲され、３日で陥落してしまいます。1272年、サラディン城はマムルーク朝のスルタン・バイバルスに譲渡され、その後、14世紀末まではマムルーク軍人の支配する王国の重要な城として機能したようですが、15世紀には人が住まなくなったといいます。

　ビザンツ帝国、十字軍、イスラム王朝と所有者が目まぐるしく替わったことで３つの文化が混在するサラディン城は、廃城になって長いため荒廃していますが、まさに覇権争いの歴史そのものを刻んでいるのです。

もっと知りたい！　2006年、サラディン城はクラック・デ・シュヴァリエとともに世界遺産に登録されました。しかし2013年、２年にわたるシリア内戦の影響で、シリア国内の６つの世界遺産すべてが「危機遺産」になりました。森に囲まれ、２つの断崖の尾根づたいに広がるサラディン城の遠望は美しく、遺跡を管理するシリア政府の保存・修復活動が待たれます。

ディール城

2 3 3

所在地：イギリス（イングランド）　ケント州ディール

ディール城は円型の堡塁が多層に積み重ねられた構造で、内部に大砲が設置されていました。

強引な離婚騒動の末、防衛のためにヘンリー8世が築いた城

　イングランド王ヘンリー8世は、神聖ローマ帝国およびその同盟国であるフランスの来攻に備えてドーヴァー海峡の守りを固めるため、1539〜1540年にかけてディール城を築きました。

　ヘンリー8世は最初の王妃キャサリンとの離婚が認められず、ローマ・カトリック教会と決別し、イギリス国教会を立ち上げ、国王の権限を教会より上に置く法律を定めます。

　これにより、王妃キャサリンを追放したヘンリー8世は、教皇やイングランド国内からも白眼視されていたアン・ブーリンとの結婚を強行し、2番目の王妃としたのです。

　ローマ教皇の影響を受けなくなったヘンリー8世は、アン・ブーリンも男児の誕生が望めないと見るや、2年半で王妃の座から追い、次のジェーン・シーモアとの結婚を考えます。アン・ブーリンは十分な証拠もないまま、姦通罪などの罪によって処刑されてしまいました。

　一方でヘンリー8世は国内の修道院から土地を没収し、自身に都合の悪い者や反対勢力を駆逐していきました。その派手な行動と裏腹に、最初の王妃キャサリンの甥である神聖ローマ帝国皇帝カール5世の報復を恐れて築いたのが、このディール城なのです。

もっと知りたい！　ディールは砂浜沿いのリゾートの街で、いかめしいディール城はかなり違和感のある存在です。しかし城門入口の構え、分厚く強健そうな城壁と深い空堀は、古城に興味のある向きには一見の価値あります。派手好きなヘンリー8世らしい豪壮な城塞でしたが、実戦に使われることはありませんでした。

国民の館

所在地：ルーマニア　ブカレスト市

チャウシェスク大統領による独裁政治の象徴となった国民の館。一時は解体が検討されていました。

ペンタゴンに次ぐ巨大さの独裁者チャウシェスク大統領の宮殿

　首都ブカレスト中心部にある巨大な宮殿「国民の館」は、正式名称を議会宮殿（議事堂宮殿）といい、1980年代、ルーマニアの独裁者チャウシェスク大統領によって建造されました。3000以上の部屋数を誇り、豪華な装飾を施したホールや、幅18m・長さ150mの大回廊があります。中央ホールや左右の階段など、ルーマニア中の大理石がふんだんに使用され、往時の社会の矛盾を伝える存在ともいえるでしょう。

　チャウシェスク大統領が日本円で約1500億円もの巨費を投じて建設を命じた宮殿は、地上10階・地下4階で、ひとつの建造物としては、世界最大のアメリカの「ペンタゴン」に次ぐ規模です。現在ではルーマニア議会の議事堂や政党のオフィス、美術館などが入っていて、一部がガイドツアーで見学できます。

　国民の館は、建設中にチャウシェスク大統領がルーマニア革命で失脚・処刑され、工事が中断されました。建物を解体する案もありましたが、すでに7割方が完成し、解体費用の方が高くつくということもあり、工事が再開されましたが、いまだ完全には終了していません。

もっと知りたい！　中央ホールにある階段の1段の高さは15cmですが、小柄だったチャウシェスク大統領の歩幅に合わせたといいます。階段の踊り場には滝が降り注ぐような巨大なカーテンが吊り下がっていますが。1枚の長さが18mで、重さは250kgです。階段の手すりもチャウシェスク大統領が手の置きやすい位置に設定され、まさに「チャウシャスクの館」というべき宮殿です。

リヒテンシュタイン城

所在地：ドイツ連邦共和国　バーデン＝ヴュルテンベルク州ロイトリンゲン

1803年に建設された狩猟の館を起源とするリヒテンシュタイン城は、後世の改築により絶景の城へと生まれ変わりました。

小説の世界観に感動して建造された物語を現実にした城

　城での歴史上の出来事や伝説をモチーフに小説が書かれる例は多くありますが、小説の世界に憧れて建造されたというのが、リヒテンシュタイン城です。

　シュヴァーベンアルプと呼ばれる深い森に囲まれ、狭く切り立った断崖にそびえるリヒテンシュタイン城の起源は、12世紀に築かれた砦にさかのぼります。

　何度かの破壊と増改築・再建を経て廃城になりましたが、1802年、ヴュルテンベルク公国の公爵フリードリヒ2世の領地となると、1803年には廃城が撤去されて狩猟の館が建てられました。

　1837年にこの地を相続したヴュルテンベルク大公ヴィルヘルム・ウラッハは、武器や甲冑などの熱心な蒐集者でした。ヴィルヘルム・ハウフの騎士物語『リヒテンシュタイン』の描く世界に憧れ、その世界を再現すべく建設したのが現在のリヒテンシュタイン城なのです。

　そのため、塔や居室、跳ね橋をはじめ、物語の記述に即して建てられており、城を訪ねると、中世騎士物語の主人公になったような気分になれるのです。

もっと知りたい！　リヒテンシュタイン城への起点となるのが、バーデン＝ヴュルテンベルク州の州都シュトゥットガルト。25歳で早世した作家ハウフの出身地でもあります。シュトゥットガルト中央駅から列車で約40分のロイトリンゲン中央駅で下車。そこからバスでおよそ40分、トライフェルベルク停留所で下車して徒歩30分ほどで城に到着します。

ロック・オブ・カシェル

236

所在地：アイルランド共和国　ティッペラリー州カシェル

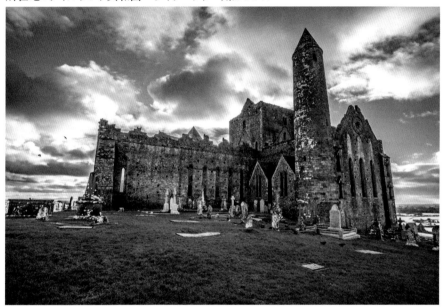

標高748mの山上に建てられたロック・オブ・カシェルは、教会を兼ねた城塞でした。

教会も兼ねた城塞に「人頭装飾」があるケルト文化の語り部

　ロック・オブ・カシェルは、「悪魔のビット（悪魔にかじられた山）」の意味を持つ標高90m
の岩山の上に建っています。5世紀の頃、聖パトリックがキリスト教を布教しようとすると、
アイルランド各地の悪魔が怒り、山をかじったという伝説があるのです。

　しかし、キリスト教の布教は成功。1100年頃に岩山の上の円塔や聖堂などが城壁でぐるり
と囲まれた城塞遺構の原型が作られたといいます。その一方で、ヨーロッパの先住民族であっ
たケルト文化の影響も残されています。「ケルト十字」といわれる十字架、祭壇前のアーチに
ある「人頭装飾」など、キリスト教会にはめずらしい意匠が見られます。

　そうして数百年にわたる独自の繁栄を築きましたが、17世紀にカルヴァン派（ピューリタン）
のクロムウェルの遠征を受け、宗教の中心地としての地位を失いました。

　廃墟となったロック・オブ・カシェルですが、現在でも建物の居室や墓地、礼拝堂などは往
時を偲べるようなかたちで残っています。また城跡から見わたす田園風景は、中世から変わら
ず続いていることを想像させる美しさです。

もっと知りたい！　ケルト人は青銅器時代に中央アジアからヨーロッパに移り住んだ先住民族で、紀元1世紀頃にローマ帝国の
支配下に入ったと見られています。いくつかの地方にその文化は色濃く残り、アイルランドはそのひとつ。ロック・オブ・カシェルの「人
頭装飾」は、敵の首を切り、持ち帰って飾る古代ケルト人の習慣の名残だと考えられます。

本日の テーマ 人物と逸話

アルブレヒツブルク城

237

所在地：ドイツ連邦共和国　ザクセン州マイセン

エルベ川越しに眺めるアルブレヒツブルク城の美しい景観。

幽閉された錬金術師ベトカーが生み出した「マイセン磁器」

　エルベ川沿いの小高い丘に建つアルブレヒツブルク城は、川越しに望むと石造りの橋、城下町、城が調和した美しい全景を見渡せます。夜はライトアップもされる観光名所でもあるアルブレヒツブルク城は、ヨーロッパ初の白磁器「マイセン」発祥の地として有名です。

　大航海時代の終盤にあたる17世紀後半、東洋から運ばれた磁器がヨーロッパの王侯貴族の間で流行し、中国の景徳鎮、日本の伊万里焼などに人気が集まりました。「アウグスト強王」ことザクセン選定侯アウグスト1世（ポーランド王としてはアウグスト2世：1670〜1733年）は、19歳の錬金術師ベトカーに任せ、5年の歳月をかけてついに磁器を完成させます。

　ベトカーは、カオリン粘土7〜9の割合（現在は65%）に雪花石膏（長石と石英）1を調合し、1400度の高温で焼くという白磁の製造法を解明したのですが、その製造法が外に漏れることを警戒したアウグスト強王にマイセンにあるアルブレヒツブルク城に幽閉されたのです。

　ベトカーは城内の工房でさらに研究開発に没頭し、マイセン白磁器の品質を高めますが、軟禁の身で心身に不調をきたし、37歳で亡くなってしまいました。

もっと知りたい！　マイセン白磁器は、その後も絵付けの技やデザインも向上し、各国の王侯貴族から大量の注文が来るようになります。アルブレヒツブルク城は19世紀までマイセンの工房として機能していました。その後、観光地として整備され、後期ゴシック様式の城内部とマイセン磁器博物館兼工房の2箇所を見学できます。アルブレヒト城やマイセン城とも呼ばれています。

ダンルース城

世界遺産
所在地：イギリス（北アイルランド）　アントリウム県

238

奇岩が連続するジャイアンツ・コーズウェーのなかにそびえるダンルース城。

海に突き出た断崖に建つ17世紀からの廃城

　約8kmにわたって、玄武岩の石柱が約4万本連なる北アイルランド北端のコーズウエー海岸。その奇観は、「ジャイアンツ・コーズウェーとコーズウェー海岸」として1986年、ユネスコの世界自然遺産に登録されました。ダンルース城は、その中にある岩壁上にそびえています。

　城の歴史は、「13世紀頃の築城」としか説明できませんが、17世紀にはスコットランド貴族マクドネル家の居城でした。しかし、マクドネル家が没落すると廃城となって、300年以上が経過しています。

　とはいえ、海に突き出た高さ30mの断崖の上に建ち、風化しつつも在りし日の威容を想像させる遺跡は多くの人を魅了し続け、アイルランド島でも、もっとも美しい観光名所のひとつといわれています。

　ダンルース城の特徴として有名なのは、主城郭の真下に、海に抜ける「地下通路」が造られている点です。城の「抜け道」は珍しいことではないですが、主要部分からすぐさま海に脱出できるような構造は世界でも稀です。

もっと知りたい！　ダンルース城は廃城なので現役では使われていませんが、入口に観光客向けの「ビジターセンター」があります。資料館も兼ねていて往年の城下町の再現イラストや城主マクドネル家の歴史などが学べます。また、城跡には細かな部屋割りやキッチン、暖炉跡なども残り、往時への想像がかきたてられます。

アレッポ城

239

世界遺産

所在地：シリア・アラブ共和国　アレッポ県アレッポ

十字軍と戦った英雄サラディンの子が十字軍に備えて建設したアレッポ城の威容。

世界最古かつ最大級の市街地にある難攻不落の城塞

　アレッポ城は、シリア北部の都市アレッポの旧市街の中心にある大規模な中世要塞です。

　世界で最古かつ最大の城のひとつとされており、城のあるすり鉢形の丘が初めて利用されたのは、少なくとも紀元前3世紀中頃にさかのぼるとされています。

　その後、西洋のギリシャやビザンティン帝国（東ローマ帝国）、イスラム王朝のアイユーブ朝、マムルーク朝など多くの文明国によって占拠されて改修が施され、今日に残る構造物の大部分は、アイユーブ朝時代に建設されたものです。

　アレッポ城の建つ丘は、シリアの世界遺産「古代都市アレッポ」（1986年登録）の東側にあり、50mほどの高さがあります。この丘にはかつて神殿があり、街の聖域でしたが、そこに12世紀、アイユーブ朝創始の英雄サラディンにアレッポの統治を任された息子マリク・アッザーヒルが、十字軍の侵攻に備える城を建設したのです。

　周囲2.5kmのアレッポ城には、深さ20m・幅30mの濠がめぐらされ、丘の斜面には石が敷き詰められています。城門には、侵入者を防ぐ熱油落としなどが設けられました。

もっと知りたい！　アレッポ城内には、古くから使われていたという地下牢、アイユーブ朝の宮殿、2つのモスクなどが見られます。十字軍の攻撃に対して難攻不落といわれたこの城も、13世紀にはモンゴル軍やマムルーク朝の攻撃を受けて、たびたび破壊されました。そのたびに再建されましたが、現代ではシリア内戦により、危機遺産リスト入りしています。

ヴォー・ル・ヴィコント城

所在地：フランス共和国　セーヌ＝エ＝マルヌ県マンシー

ルイ14世の嫉妬を招き、フーケ失脚の原因となったといわれるヴォー・ル・ヴィコント城。

城が立派すぎて城主が逮捕されたルイ14世側近の城

　ヴォー・ル・ヴィコント城は、1656年にルイ14世に仕えた財務長官ニコラ・フーケによっ
て建てられたバロック様式の城です。フーケは、当代最高の芸術家、すなわち建築家のル・
ヴォー、画家のル・ブラン、造園家のル・ノートルを招いて、巨額の費用を投じて建設にあた
らせました。

　とくに庭園はフランス・バロック庭園の初期の傑作といわれ、17世紀のフランス式庭園の
方向性を決定づけたと評されています。

　しかし、この城の壮麗さはルイ14世の不興を買い、完成後間もなくフーケは公金横領の罪
に問われ、終身刑に処されてしまうのです。

　一方、ヴォー・ル・ヴィコント城の建設に当った芸術家は、そのままルイ14世のヴェルサ
イユ宮殿建設に従事することになります。ヴェルサイユ宮殿は、ヴォー・ル・ヴィコント城な
くしては完成しなかったかもしれません。

もっと知りたい！　終身刑となったフーケは、ピネローロ要塞に1665年から1680年に没するまで収監されました。裁判の経緯
については、かなり問題視されています。ヴォー・ル・ヴィコント城は幸運にも保存状態がよいまま残され、城内の各部屋や庭園な
どを見学できます。

モスクワのクレムリン

2 4 1

世界遺産

所在地：ロシア連邦　モスクワ市

ロマノフ朝からソヴィエト連邦の歴史を見つめてきたクレムリン大宮殿の豪華な内装。

ソビエト共産党の中枢となった豪華壮麗な宮殿の複合体

　ロシア連邦の首都モスクワにあるクレムリンは、12世紀に築かれた城砦にはじまり、増改築を経て、帝政ロシア時代にはロマノフ朝皇帝の居城とされました。

　約2.2kmの城壁に囲まれた敷地内には、クレムリン大宮殿、グラノビータヤ宮殿、ウスペンスキー大聖堂、ブラゴベシチェンスキー大聖堂、アルハンゲリスキー大聖堂など、さまざまな建造物があります。

　クレムリン観光の上で外せないのは、19世紀造営の「クレムリン大宮殿」。とくに見学可能ながら撮影禁止の内部には、白と黄金がまばゆいばかりの世界が広がっています。

「赤の広場」からみる外観もまた見落とせません。

　クレムリン周囲には、20の尖塔があり、トロイツカヤ塔、ホロヴィツカヤ塔、ヴォドヴズヴォドナヤ塔、スパスカヤ塔、ニコリスカヤ塔の先端には「赤い星」が輝いています。1937年、ロシア革命20周年を記念して、ロシア帝国国章の双頭の鷲に替えて、ルビー色の赤の5角形の星が掲げられたのです。

もっと知りたい！　18世紀には首都がサンクトペテルブルクに移り、クレムリンは一時的な空白期間を迎えます。19世紀のナポレオンの占領で一部破壊されますが、間もなく修復され、「クレムリン大宮殿」や「武器宮殿」が増築されて巨大化します。1917年のロシア革命で再び国の中心となり、1990年、「モスクワのクレムリンと赤の広場」の名称で世界遺産に登録されました。

スオメンリンナ要塞

世界遺産

所在地：フィンランド共和国　ウーシマー県ヘルシンキ市

スオメンリンナ要塞は、スウェーデンへの圧迫を強めるロシアに備えて建設された稜堡式要塞です。

6つの島をつなぐ巨大要塞はいまや市民の憩いの場

　フィンランド共和国の首都ヘルシンキ港沖のバルト海に浮かぶ6つの島を橋で結んで築かれたスオメンリンナ要塞。当時この地を領有していたスウェーデン王国によって、ロシア帝国への備えとして1748年から建設が始まりました。6つの島をつなげてひとつの「星形要塞」にする壮大な構想は、完成までに40年という歳月を要したといいます。同じ星形要塞の日本の五稜郭と比べると、そのスケールに圧倒されます。しかし、1809年にロシア軍に占領されると、以後100年以上にわたりロシア帝国の要塞でした。

　1917年のロシア革命を機に、フィンランドは独立を果たし、要塞を「スオメンリンナ（フィンランドの要塞）」と改名しました。

　全長約8kmにおよぶ城壁で囲まれ、現在もフィンランド海軍の基地が置かれていますが、美しい緑の丘に教会が建ち、レストランやカフェ、おもちゃ博物館などが点在する島は、今では平和そのものです。陶器やガラスの工房もあり、アーティストの島とも呼ばれています。

　要塞時代の資料を展示した博物館や、大砲や塹壕なども残されています。

もっと知りたい！　ヘルシンキのマーケット広場にあるフェリーに乗って約15分で行けるスオメンリンナ要塞は、アクセスがよく、ヘルシンキ市民の憩いの場にもなっています。高度な建築技術が集積した人類の歴史上重要かつ時代を代表する建築群として、1991年、世界遺産に登録されました（登録名「スオメンリンナの要塞群」）。

本日のテーマ 伝説とミステリー

ポタラ宮

世界遺産

所在地：中華人民共和国　チベット自治区ラサ

中国の侵攻によって主なき宮殿となっているダライ・ラマの居城ポタラ宮。

ラサは、なぜ「チベット仏教」の聖地になったのか

　標高3600mのラサに建つポタラ宮は、チベット仏教の聖地であり、世界最大級の宮殿として知られています。地上13階建て、丘の上ながら建築面積1万3000㎢、部屋数は1000を超えるとされます。1994年に「ラサのポタラ宮の歴史的遺産群」として世界遺産になりました。

　「ポタラ」とは観音菩薩の住む「補陀落」という意味で、観音菩薩の化身とされる歴代ダライ・ラマの宮殿であり霊廟として、チベットの政治と宗教の中心になってきました。

　チベット統一王朝が最初に成立したのは、7世紀の吐蕃国ソンツェン・ガンポ王の時代。ソンツェン・ガンポ王はラサを都とし、唐とネパールから妃を迎えます。唐からの妃が有名な文成公主、ネパールからの妃がティツン妃。この2人の妃が熱心な仏教徒だったことで吐蕃国は仏教国として成長します。

　吐蕃国は一時、シルクロードの天山南道まで勢力を拡大しますが、9世紀には内紛があって分裂します。以後、長い分裂時代が続き、17紀になってダライ・ラマ5世が再統一を果たし、ラサを再び都と定め、聖俗両権の最高指導者ダライ・ラマによるチベットの歴史が続きます。

もっと知りたい！　ポタラ宮は歴代ダライ・ラマにより増築が続けられ、現在のようになりました。一方、ダライ・ラマ5世の没後から清朝の干渉が強く、1911年に辛亥革命を機に、ダライ・ラマ13世が独立を宣言します。しかし世界から承認されず、1959年、ダライ・ラマ14世はインドに追われ亡命政府を樹立。以後ポタラ宮とラサは主人不在のまま中国統治下に置かれています。

マルメゾン城

所在地：フランス共和国　オー＝ド＝セーヌ県リュエイユ＝マルメゾン

ジョゼフィーヌは、ナポレオンに離縁されながらもこの城で余生を送り、友人として深い交流を続けました。

ナポレオンの皇后ジョゼフィーヌがこよなく愛した城

　中世に山賊やノルマン人の侵入を許したことから、「悪しき家」の意味を持つマルメゾンと名付けられたこの城は、1799年、ナポレオン1世の妻ジョゼフィーヌ・ド・ボアルネが購入したことで有名になりました。

　当時のマルメゾンは荒廃した土地で、ジョゼフィーヌは城の購入費用を大きく上回る大規模な修築を施しました。エジプト遠征から帰国したナポレオンは、妻が自身のエジプト遠征の戦果を当てにして高額な城を造ろうとしたことに怒りを露わにしたといいます。

　しかしナポレオンは自らの建築家シャルル・ペルシエとピエール＝フランソワ＝レオナール・フォンテーヌに命じて城館の改修を行ない、当世風の装飾を加えさせました。ナポレオン自身も1809年にジョゼフィーヌと離婚するまで、たびたび滞在していました。

　ナポレオンとの離婚後、ジョゼフィーヌは年500万フランの年金とともにマルメゾン城の所有者となり、以降はジョゼフィーヌの居館となります。「ヨーロッパで最も美しく興味深い庭園」として庭園を整備し、1814年5月29日に没するまでこの城で過ごしました。

もっと知りたい！　ジョゼフィーヌの死後にマルメゾン城を相続した長男の妻オーギュスタは、夫の死後1828年に城を銀行家ヨナス・ハーゲルマンへと売却します。その後、何度か売買がありましたが、現在は国立博物館となっており、内部を見学することができます。野戦の幕屋の形状をした議場や図書室も見どころで、半日ほどで見学することができます。

ヴィアンデン城

245

所在地：ルクセンブルク大公国　ヴィアンデン

半ば廃墟と化していたヴィアンデン城は、ルクセンブルク政府によって買い取られ、往時の姿に蘇りました。

「森と渓谷の国」を代表する景観美と内装

　フランス、ドイツ、ベルギーに囲まれたヨーロッパ西部のルクセンブルク大公国は、人口50万人の小さな国です。首都ルクセンブルクから北へ50kmに位置するヴィアンデン城は、ロマネスク様式とゴシック様式が混在するルクセンブルク随一の名城といわれています。

　城の起源は、古代ローマの要塞が築かれた紀元前3世紀にさかのぼります。現在の城のもとになった建物は、9世紀の領主ヴィアンデン伯爵が建てたもので、のちにナッサウ家へと引き継がれました。16世紀まで改築が重ねられたヴィアンデン城でしたが、18世紀末には放置され荒廃。1977年にルクセンブルクが城を購入し、大規模な再建工事にかかりました。

　現在、城の内部は博物館になっており、最初に見る部屋がゴシック様式の天井をもつ「騎士の間」。中世の騎士の甲冑や武器、高度な錠前を持つ金庫などが展示されています。バルコニーのようになっている城の中庭からは、森に囲まれたヴィアンデンの街の風景が一望できます。

　この城で最も重要な部屋が、後期ロマネスク様式の傑作といわれる礼拝堂。かつては、城主とその家族がここでミサに参加したといいます。

もっと知りたい！　他にも増改築が繰り返されてきた城の変遷に関する展示や、15世紀までの城での生活を示す発掘品などを見ることができます。「森と渓谷の国」とよばれるルクセンブルクの古城での貴族の生活を垣間見られます。

カルマル城

所在地：スウェーデン王国　カルマル県カルマル

デンマーク、ノルウェー、スウェーデンの北欧3国がカルマル同盟を結んだカルマル城。

「カルマル同盟」の舞台になった港町の城

　スウェーデン南東部のバルト海に面するカルマル市は、カルマル城を中心に古くから発展した城塞都市です。12世紀末、スウェーデン王クヌート1世によって創建され、13世紀後半にマグヌス・ラドゥロース王によって増築され現在のようになったとされます。

　この城が歴史に名を刻むのは、1397年の「カルマル同盟」によります。デンマーク、ノルウェー、スウェーデンの貴族たちがカルマル城に集まり、デンマーク、ノルウェーの摂政であったマルグレーテ1世の姉の孫エリク7世を3国の君主として選びました。

　マルグレーテ1世は、1389年にスウェーデン王アルブレヒトと決戦して捕虜にし、デンマーク、ノルウェー、スウェーデンの北欧3国の事実上の女王になっていました。養子に迎えたエリク7世を3国の君主とし、デンマーク優位の「カルマル同盟」を演出したのです。しかし、デンマーク支配への抵抗運動が高まり、1520年にスウェーデンが独立を勝ち取り、同盟は決裂しました。その後、スウェーデンが所有するカルマル城は大改修工事によって防備が強化され、1611年から1613年に同地方の領有をめぐって起こったデンマークとのカルマル戦争では、見事デンマーク軍を退けること成功しました。

もっと知りたい！　スウェーデン王室がストックホルムに王城を建設すると、カルマル城は次第に重要性を失い、歴史の表舞台から去ることになります。18世紀のグスタフ3世時代には酒造工場として使用され、グスタフ4世時代には穀物の貯蔵庫となり、その後は監獄としても利用されました。カルマル城が現在のように復元されたのは、19世紀後半以降のことです。

ビエルタンの要塞教会

247

所在地：ルーマニア　シビウ県ビエルタン

オスマン帝国の侵攻に備え堅固な城砦風の造りとなっているビエルタンの要塞教会。建築様式はゴシックで統一されています。

300年間で離婚1組という「愛の回復小屋」

　ビエルタンの要塞教会は、丘の上に建てられた中世のホール型聖堂と城壁からなります。

　聖堂は1490年から1520年の間に後期ゴシック様式で建てられたもので、高さ7m前後・幅2mという城壁に囲まれています。

　当時は、オスマン帝国がヨーロッパ諸国への圧迫を強めており、ルーマニアのトランシルバニア地方では都市や教会を城壁で囲んで城塞化するのが一般的でした。ただこの要塞教会には、「愛の回復小屋」と呼ばれる簡素で小さな建物があります。

　礼拝室の外に出て教会の裏側に進むと、壁に沿って「愛の回復小屋」が見えてきます。

　教会には、信者である地域住民からは多くの悩みが寄せられますが、なかには離婚問題も多かったようです。カトリックではとくに離婚は戒律で禁止されており、相談にくる夫婦を改心させなければなりません。その場合、離婚を考えている夫婦を1週間から数週間、2人きりで共同生活させ、お互いをもう一度見つめ直してもらうのです。

　結果、過去300年間で、離婚したのは1組だけというすごい実績を上げているといいます。

もっと知りたい！　1993年、「トランシルヴァニア地方の教会要塞群のある集落」が世界遺産に登録されました。ビエルタンの要塞教会はそのひとつで、聖堂を取り巻く城塞は、この地方の農村部の城塞として最も堅牢なものとされています。他にもこの地方には200余の城壁をもった教会がありました。

9月4日

バルモラル城

所在地：イギリス（スコットランド）　アバディーンシャー州

ヴィクトリア女王の夫アルバート公が買い取り、現在もイギリス王室の夏の離宮として利用されるバルモラル城。

ヴィクトリア女王夫妻が拡張したイギリス王室の離宮

　バルモラル城は、現在もイギリス王室の夏の離宮として利用され、エリザベス女王（2世）と王配（夫）のエディンバラ公フィリップと家族が、避暑地として毎年のように利用していました。

　サー・ウィリアム・ドラモンドの自宅として1390年に建設されたバルモラル城は、何度か持ち主の変遷を経て、時の所有者サー・ロバート・ゴードンが1848年、女王ヴィクトリアと王配アルバートに賃貸するかたちで、王室の邸宅として使われ始めました。女王夫妻はバルモラル城を大変気に入り、1852年には3万ポンドで所有権を購入しています。

　アルバートはすぐに建築家ウィリアム・スミスと計画を立て、1856年に大きく拡張した現在の姿に生まれ変わらせたのでした。

　広大な森に囲まれた宮殿の外観はすばらしいのですが、王室の離宮だけあって内部はほぼ非公開。王室ゆかりの品が展示された「ボール・ルーム」だけが公開されています。

もっと知りたい！　1997年夏に起こったダイアナ元皇太子妃の交通事故死の一報を、エリザベス女王が聞いたのもバルモラル城でした。

スフォルツァ城

所在地：イタリア共和国　ロンバルディア州ミラノ

ミラノの支配者として君臨したスフォルツァ家の居城スフォルツァ城。

ミケランジェロの最後の作品がある!? 美術館としての価値

　イタリア第2の大都市で、商業・工業・金融・観光の街として国際的に有名なミラノには、ルネサンス様式の代表的建築であるスフォルツァ城があります。1466年に建造された高さ109mのフィラレーテの塔は、スフォルツァ城の正門であり、ミラノのシンボルになっています。

　15世紀中頃にフランチェスコ・スフォルツァ公爵が、以前の領主であったミラノのヴィスコンティ家の居城を改築して城塞としました。スフォルツァ家は、中世ミラノを首都とするミラノ公国の事実上の君主です。1796年のナポレオン1世の征服で一部破壊されましたが、1891年から1905年にかけて現在のように修復されました。

　しかしスフォルツァ城に集まる観光客は、城としてより「美術館」としての魅力に惹かれて集まっていると思われます。なかでも注目はやはりミケランジェロが息を引き取る3日前まで彫り続け、未完成に終わったという最期の作品『ロンダニーニのピエタ』でしょう。「ピエタ」とはイタリア語で「悲しみ」の意味。十字架に掛けられて亡くなったキリストの亡骸を抱きかかえ、嘆きに沈む聖母マリアを描いた作品をそう呼びます。

もっと知りたい！　ルネサンスの巨匠ミケランジェロはピエタの制作をライフワークとし、その生涯で4つのピエタを手がけました。『ロンダニーニのピエタ』を手がけた時、老齢のため視力をほぼ失っていましたが、倒れる直前まで制作に取り組み、当時としては異例の89歳という高齢で亡くなりました。

クーハーカルハット宮殿

所在地：タイ王国　プラチュワップキーリーカン県ホアヒン

神秘的な雰囲気のクーハーカルハット宮殿は、ラーマ5世の来訪記念として建設された洞窟内にある宮殿です。

タイのパワースポット!? 洞窟のなかで神秘的に輝く宮殿

　バンコク市内から南へ60kmほどの場所に、熱帯雨林の緑に覆われ、石灰岩の300の頂上を持つといわれる絶壁がそびえるカオ・サムローイ・ヨート国立公園があります。この公園内にあるプラヤーナコーン洞窟にクーハーカルハット宮殿が佇んでいます。

　クーハーカルハット宮殿は、ラーマ5世の来訪記念として1890年、洞窟内に建てられました。「宮殿」というものの、中央には黄金に塗られた仏像が安置され、宮殿を模した礼拝所が設けられるのみで、大きめの祠という趣きです。これまで知る人ぞ知る秘境の宮殿でしたが、近年、午前中の数十分間、洞窟の陰になっている宮殿に光が差し込む神秘的な光景が注目され、多くの観光客が訪れるようになりました。

　1868年から1910年に在位したラーマ5世は、歴代国王の中でとくに国民の人気が高く、奴隷制の廃止、学校制度の充実、道路などのインフラ整備、官僚制度の確立など、タイの近代化を推進しました。そのためか、交通の便がよいとはいえないクーハーカルハット宮殿に、以降の歴代国王はみな参拝に訪れています。

もっと知りたい！　クーハーカルハット宮殿があるプラヤーナコーン洞窟までは、歩いて行くか、途中までボートで行くかの2通りの方法があります。入場券を買う場所から2kmほどあり、海岸沿いの岩場を削って作られた石段を上がって行きます。石段が終わると浜辺につき、ボートでもここで下船します。案内板に沿ってビーチを歩くと、約1kmで洞窟に着きます。

サンレオ城

251

所在地：イタリア共和国　エミリア・ロマーニャ州サンレオ

ヴァチカンから移送されたカリオストロ伯爵が幽閉されたサンレオ城。現在2基の巨大な円塔が残ります。

『ルパン三世　カリオストロの城』の舞台になった理由

宮崎駿監督の傑作アニメ映画『ルパン三世　カリオストロの城』のモデルとして、日本人観光客がやってくるようになったサンレオ城。高さ583mの断崖絶壁の岩山の上に建つ城砦は、「天空の城」とも呼ばれる絶景です。

15世紀にはモンテフェルトロ公フェデリコ2世によって要塞化されましたが、16世紀にローマ教皇の所有となり、17世紀以降は牢獄として使用されるようになりました。この獄に終身刑を受けてつながれたのが、カリオストロ伯爵として有名なアレッサンドロ・ディ・カリオストロでした。

1743年にシチリアに生まれたカリオストロは、幼くして父を亡くし、預けられた修道院をたびたび脱走する問題児でした。本名をジュゼッペ・バルサーノといいます。やがて錬金術などを学び、偽名を複数駆使してヨーロッパ中を旅し、うまく社交界に紛れ込みました。

カリオストロ伯爵として高い世評を得ましたが、1785年のマリー・アントワネットへの詐欺事件（「首飾り事件」）に連座して名声を失い、4年後には異端者として宗教裁判にかけられ、1791年に終身刑となります。そして、サンレオ城に投獄されることになったのです。

もっと知りたい！　カリオストロ伯爵は、1795年にサンレオ城の独房で52歳の時に獄死します。実在のカリオストロ伯爵は、アニメ映画と違い、ヨーロッパを騒がせた稀代の詐欺師でした。その独房とされる場所は、見学が可能です。多くの極悪人が投獄された歴史があるサンレオ城ですが、城からの眺望は見事で、世界遺産に登録されている隣国サンマリノ共和国が見渡せます。

コルド・シュル・シエル

252

所在地：フランス共和国　タルヌ県コルド・シュル・シエル

山麓から山頂にかけて町と城塞が連なるコルド・シュル・シエルの景観。

「空の上のコルド」の意味を持つ丘の上の城塞都市

　海抜291mの丘全体を覆うように、詰め込まれたような中世の家並みがひしめく南フランスのコルド・シュル・シエルは、その名の通り「天空に浮かぶ城塞都市」として他には見られない絶景を堪能させてくれます。

　1222年、ミディ・ピレネー地方を統治していたトゥールーズ伯レイモンド7世は、異端カタリ派（＝アルビ派）撲滅のために進攻してくるアルビジョア十字軍に備えるために、街を囲む強固な城壁を築き、急速に街は発展しました。

　13世紀から14世紀には、商人や貴族が競って豪華な館を建てるようになりましたが、この頃に築かれたと考えられる数々の城門が残っているのもコルド・シュル・シエルの魅力です。

　代表的なものに、西の第一次城門オルモー門、ジャヌ門、東側の「大時計門」こと第4次城門ロルロージュ門があります。村は当時4重の城壁で守られており、これらの門を抜けない限り、出入りは不可能でした。村の中心部には、13世紀建造のサン・ミッシェル教会がそびえています。

もっと知りたい！　皮革や織物産業で繁栄したコルド・シュル・シエルは、石畳の坂道をぬって散策すると、トータルデザインされたかのような街並みが見事です。これに魅了され、移り住んだ現在の芸術家たちのアトリエが並んでいます。サン・ミッシェル教会のある頂上付近は広場があり、街並みを見下ろし、遠くに広がるブドウ畑を望めることのできるビュースポットです。

嘉峪関
（か　よく　かん）

世界遺産

所在地：中華人民共和国　甘粛省嘉峪関市

万里の長城の最西端を守る嘉峪関。白銀の初連山脈を望む荒涼とした砂漠地帯に高さ11mの城壁が連なっています。

「天下第一雄関」と呼ばれる万里の長城の最西端の要衝

　万里の長城の最西端である嘉峪関は、長城の関の中でも唯一建設当時のまま残る建造物です。最東端の山海関が「天下第一関」と称されるのに対し、「天下第一雄関」といわれています。シルクロードの要衝のひとつであり、周囲に敦煌莫高窟などの有名な史跡が存在します。

　嘉峪関の建設が始まったのは、明代初期の1372年のこと。当時、中央アジアでは"軍事の天才"と称えられたティムールが、旧モンゴル帝国の西南部を征服してティムール朝を建国していました。その脅威に備えるため、関の防備が強化されたのです。

　周囲733mを高さ11mの城壁に囲まれ、内域は33,500㎡という規模があります。東西にそれぞれ楼閣（門楼）と甕城を持つ城門を備え、それぞれ東を光化門、西を柔遠門といい、西門に「嘉峪関」の扁額がかかっています。

　嘉峪関には内城、外城、羅城、甕城、堀があり、南北両側は長城につながっています。その内外には城台、烽火台、砦が多数築かれ、ティムールが明侵攻前に死去したため実戦はありませんでしたが、明は鉄壁の防御を固め待ち構えていたのです。

もっと知りたい！　伝承では、嘉峪関建設の時、設計者が算出した煉瓦の数に加え、予備を1枚残したところ、完成時に正確に1枚だけ余ったといわれています。その煉瓦は現在門上に残されているそうです。1495年と1539年に大規模な増築があり、現在の姿になるのに168年かかりました。保存状態のいい勇壮な城壁は見事で、1987年登録の世界遺産「万里の長城」に含まれます。

本日の
テーマ　愛憎劇と陰謀の舞台

アヴィニョン教皇宮殿

世界遺産

所在地：フランス共和国　ヴォクリューズ県アヴィニョン

アヴィニョンの教皇宮殿とローヌ川にかかるサン・ベネゼ橋。戦乱と洪水により破壊が進み、4つのアーチが残るのみです。

ローマ教皇屈辱の歴史になった「教皇のバビロン捕囚」の宮殿

　1305年、ボルドー大司教が教皇に選出され、クレメンス5世としてリヨンで即位しました。このフランス人教皇誕生は、フランス王フィリップ4世の強い影響力によるものです。

　ローマ教皇と各国王との対立は、歴史の中でしばしば見られますが、フリップ4世はフランス山間部の教皇離宮アナーニにいる教皇を捕える（アナーニ事件）という強圧的な対応で、自身の都合のいい教皇の擁立に成功します。

　フィリップ4世の意志を受けた教皇クレメンス5世は、ローマに戻らず枢機卿団とともにアヴィニョンに滞在し、教皇庁の移転を宣言しました。これが「教皇のバビロン捕囚」といわれるものです。

　1309年にクレメンス5世がアヴィニョンに居を定めて以来、1377年にグレゴリウス11世がローマに戻るまで、7代68年間にわたってこの「捕囚」が続きました。この間、事実上の「キリスト教界の首都」となったアヴィニョンには、教皇宮殿、現在はプティ・パレ美術館である大司教館など、当時の建築が数多く残されました。

もっと知りたい！　「アヴィニョン歴史地区」は、1995年に世界遺産に登録されました。「世界でもっとも強固な住まい」というアヴィニョン教皇宮殿は、現存するヨーロッパの中世ゴシック様式建築物の中では最大級の規模です。他にもロマネスク様式のノートルダム・デ・ドン大聖堂、ローヌ川対岸に渡された石造アーチ橋・サン・ベネゼ橋（アヴィニョン橋）などがあります。

ノルマンニ宮殿(パレルモ)

255

世界遺産

所在地：イタリア共和国　シチリア州パレルモ

ビザンツ、イスラムなど国際色豊かな建築様式の融合が見られるノルマンニ宮殿。異文化に寛容であったシチリア王国の象徴的存在です。

キリスト教とイスラム教が共存するシチリア王の宮殿

　イタリア南部、シチリア島北西部の都市パレルモにあるノルマンニ宮殿は、キリスト教とイスラム教の文化が共存した装飾が施されています。シチリア島は西ローマ帝国滅亡後に東ローマ帝国領になりましたが、9世紀に北アフリカから侵入したサラセン人によってイスラム王朝が築かれます。この時パレルモは首都になっています。

　ノルマンニ宮殿は、このイスラム王朝下で建設されました。12世紀、ノルマン人がイスラム勢力を駆逐してノルマン・シチリア王国を築き、宮殿はノルマン王朝のルッジェーロ2世によって改築され、アラブとヨーロッパの建築様式が融合した独特の宮殿になったのです。

　天井や柱は、金銀をふんだんに使ったモザイク画で飾られています。とくに3階の「ルッジェーロ王の間」にある狩猟風景や植物を描いたモザイク壁画は、その美しさから有名です。

　なお、この宮殿はその後16世紀に修復され、ヨーロッパの各王家や総督の居城として使われました。現在はシチリア州議会の議場として使用されています。

　2015年には「アラブ・ノルマン様式のパレルモと、チェファル、モンアーレの大聖堂」として世界遺産に登録されました。

> もっと知りたい!　アラブとヨーロッパの建築様式が融合されたパラティーナ礼拝堂はノルマンニ宮殿の2階にあり、1130年にルッジェーロ2世がシチリア王に即位した年に造られました。2008年に修復が終わった黄金のモザイクの輝きに圧倒されるのはもちろん、教会建築には珍しい寄せ木細工の天井、イスラムのモスクを飾るアラベスク模様の大理石の床も注目点です。

256

アンベール城

世界遺産

所在地：インド　ラージャスターン州ジャイプール

ラージャスターン州の城砦建築のひとつアンベール城。

象のタクシーもある楽しみ満載の北インド屈指の観光名所

　ラージプート族のマハラジャ（藩王）がもともとあった砦を改築して1592年に築城したアンベール城は、都市機能も備えた城塞で、150年間にわたって増改築が重ねられながら都として繁栄しました。

　堅固な城壁に守られて丘の上にそびえる武張った外観に比べ、城内はイスラム様式の影響を強く受けつつ、ラージャスターン州の特有の優美なスタイルで造られています。

　精緻な幾何学模様のモザイクが壁面を飾り、象頭の神ガネーシャが描かれた「ガネーシャ門」をくぐると、左手に貴賓謁見のための豪華絢爛な「勝利の間」、奥には天井や壁一面に小さな鏡を散りばめたエレガントな「鏡の間」があります。

　アンベール城観光で有名なのは、麓から急坂を上る「象のタクシー」。かつてマハラジャだけが許された象の背中に揺られて城に向かう趣向は、観光客に高い人気を誇ります。

　アンベール城の背後の山に建つジャイガル要塞は、アンベール城と隠れた通路でつながっているという軍事拠点で、徒歩30分ほどで上ると絶景が見渡せます。

もっと知りたい！　見どころが多いアンベール城は、インド北部の砂漠地帯ながら、観光名所のジャイプールきっての人気スポットです。2013年に「ラージャスターンの丘陵城塞群」として世界遺産登録されています。強大なムガール帝国にも屈せずに独立を保った、ラージプート族の誇り高き文化に触れることができます。

カッツ城

世界遺産

所在地：ドイツ連邦共和国　ラインラント＝プファルツ州ザンクト・ゴアールスハウゼン

ライン川沿いに建つカッツ城。付近にはローレライの岩が伝わり、伝説に彩られた土地としても有名です。

日本人が所有し、一般公開されないライン川に面した世界遺産の古城

　　カッツ城はカッツェンエルンボーゲン伯爵ヴィルヘルム2世により、1360年から1371年頃に建設されました。「カッツ（ネコ）城」の通称で呼ばれますが、その由来はヴィルヘルム2世の顔がネコに似ていたからとも、城の一部がネコに似ているからともいわれます。

　　ライン渓谷の中程にあるカッツ城は、トリーア大司教が建設したマウス城（正式名称はトゥルンブルク城ですがネコに対する通称）に対抗するために建設されました。さらにそばにはラインフェルス城があり、当初はともに川の通行料を徴収するための城でした。

　　しかし、1479年にカッツェンエルンボーゲン家が断絶すると、周辺諸侯の間で争奪戦になり、1692年にルイ14世の征服によって城が破壊され、七年戦争でも1758年にフランスの攻撃を受けて奪われています。今も破壊されたままの主塔は、1806年にナポレオンの命により破壊されたものです。

　　度重なる戦禍によって、長く荒廃したままでしたが、カッツ城は1896年に修復され、ザンクト・ゴアールスハウゼン市が管理していました。1989年に売りに出され、古城ホテルを構想した日本人が買い取って現在に至ります。

もっと知りたい!　1989年に買い取られたカッツ城は、2003年にはいったんホテルとして開業しますが、2002年に「ライン渓谷中流上部」が世界遺産に登録され、増改築などにさまざまな制限が加えられたため、ホテル構想は止まってしまいました。現在もカッツ城は個人所有で内部は公開されていませんが、ライン川からの遠望は必見です。

シャトー・ディフ

258

所在地：フランス共和国　ブーシュ＝デュ＝ローヌ県マルセイユ

マルセイユ沖に浮かぶイフ島と、島に建設されたシャトー・ディフ。

投獄されたら帰れない『巌窟王』の舞台になった要塞

　フランス最大の港湾都市マルセイユに浮かぶイフ島に築かれたシャトー・ディフは、フランスの作家アレクサンドル・デュマの長編小説『モンテ・クリスト伯』の舞台として有名です。日本では黒岩涙香が明治期に翻訳し、『巌窟王』として刊行されました。

　フランス国王フランソワ１世によって1524年から1531年にかけて建設されたシャトー・ディフは、本来はマルセイユ港を守るための要塞でした。しかし、木も生えない岩だらけの孤島にある要塞は実際にはほとんど使われず、ほどなく監獄に転用されることになります。

　高くて分厚い城壁に囲まれたシャトー・ディフは、まさに脱出不可能の牢獄として機能し、『モンテ・クリスト伯』の主人公エドモン・ダンテスが罠にはめられ、14年間獄中生活を強いられた城塞のモデルとして喧伝され、一躍有名になったのでした。

　ダンテスが脱獄に成功して復讐をはじめる壮大な物語はもちろん創作ですが、1540年から1914年まで監獄だったシャトー・ディフは、投獄されたら二度と帰れない獄として長くフランスで語り継がれてきました。しかし、19世紀後半から一般公開され、現在に至っています。

もっと知りたい！　島の海岸に沿って城壁をめぐらせ、島内の一番高い場所にドンジョン（主塔）が築かれているシャトー・ディフは、1926年にはフランスの歴史的建造物として認定されました。マルセイユでも有名な観光地として、年間10万人が訪れます。マルセイユ港から4kmほど、船で20分の距離にあります。

竹田城

所在地：日本　兵庫県朝来市

雲海に覆われた"天空の城"竹田城。

雲海に浮かぶ「天空の城」として知られる山上の城跡

　南に生野や播磨、東に丹波を望む標高354mの古城山山頂に築かれた竹田城跡は、雲海に浮かぶその幻想的な姿から、「天空の城」として人気の山城です。虎が伏せているように見える山の形状から、別名「虎臥城」とも呼ばれています。天守台・本丸を中心に、三方向に放射状に曲輪が配され、戦国期の山城ではまれにみる保存状態のいい「石垣遺構」といわれています。

　1443（嘉吉3）年に、但馬の守護で、のちに応仁・文明の乱の西軍総大将になる山名宗全が13年かけて築城したとされています。

　1577（天正5）年からの豊臣秀吉の但馬攻略の折に落城し、当初の建物は遺構に残っていません。現在残っている南北約400m、東西約100mの総石垣の縄張りは、最後の城主・赤松広秀（広英）により改修された時のものといいます。

　雲海に浮かぶ姿を見るためには、2kmほど離れた朝来山中腹の展望スポット・立雲峡に登る必要があります。近くの円山川から発生する霧によって雲海が生じるのですが、発生しやすいのは9月から12月上旬、日の出から午前8時頃です。

もっと知りたい！　立雲峡には50台ほどの駐車場がありますが、近年のブームで、季節の土日・祝日の朝方には満杯になってしまいます。竹田城から雲海を眺めるには、30〜40分の登山道を早朝に上がるのがおすすめです。国の史跡であり、2006（平成18）年には「日本100名城」（公益財団法人日本城郭協会）に選定されました。

本日の
テーマ　歴史の舞台に立つ

パノムルン城

所在地：タイ王国　ブリラム県ターペク

アンコール朝に先立つクメール王朝が築いたパノムルン城。

クメール王朝が残したヒンズー文化に満ちた遺跡

　クメール語で「大きな丘」を意味するパノムルン山の頂上にあるパノムルン城は、10世紀から13世紀にかけてクメール王朝が築いた遺跡です。現在のカンボジア王国につながる王朝で、ヒンドゥー教の世界観で建造されています。

　パノムルン城はシヴァ神を最高神としたヒンドゥー教シヴァ派により建てられ、パノムルン山をシヴァ神の宿るカイラス山（古代インド伝説の山）に見立てて築かれています。

　たとえば山頂へ向かう1年52週間を意味する52段の階段や床に作られた蓮の模様は、宇宙の印である8つの方向を表しています。また1日の太陽の進路に沿ってすべての扉を配置し、日の出から日の入りまでに15の扉すべてに太陽光が当たるよう計算されています。

　年に4回、オレンジ色の美しい光球が現れる場所もあり、パノムルン城を訪れた人々は、この神秘的な遺跡からエネルギーを吸収できるといわれています。

　石畳の長い参道を登り詰めたところにある丘の上の境内から見下ろすと、眼下には農村地帯が広がり、晴天時にはカンボジアとの国境にあるドンラック山脈が望めます。

もっと知りたい！　クメール王朝が滅亡した15世紀以降、パノムルンは長く放置されていましたが、17年におよぶ復旧作業の末、1988年にパノムルン歴史公園としてオープンしました。バンコクから夜行バスで5〜6時間というアクセスの不便さなので、旅慣れていない人には日本からのパックツアーがおすすめです。

ドーヴァー城

所在地：イギリス（イングランド）　ケント州ドーヴァー

ヘンリー2世によって完成された中世の縄張りをとどめるドーヴァー城。

息子たちの反乱で失意の晩年を送ったヘンリー2世

　海峡を隔ててフランスとの国境にある港湾都市ドーヴァーは、「イングランドへの入口」といわれる交通・軍事の要衝です。イングランドでは11世紀、ウィンザー城に並ぶ最大の城塞として整備され、12世紀にヘンリー2世が9年かけてスクエア・キープがそびえる今の形に整備しました。

　ヘンリー2世はイングランド・プランタジネット朝の初代国王であり、軍事・外交面ではアイルランド、ウェールズを屈服させ、内政ではのちの議会制度につながる法整備をするなど、優れた王でした。しかし家族関係では、息子たちに背かれ、不幸な状況に悩まされます。長男が早世した後、1169年に14歳の次男の若ヘンリー、12歳のリチャード、11歳のジェフリーに大陸側に獲得した領土を与え、フランス王ルイ7世へ臣従の礼をとらせました。若ヘンリーはルイ7世の娘婿でもあり、いつまでも後継者の実権を与えない父ヘンリー2世に不満を募らせます。1173年、ついには父と不和の母アリエールと2人の弟を誘って若ヘンリーは反乱におよびます。乱は平定されますが、その後も息子たちが父に親愛の情を示すことはありませんでした。

　もっと知りたい！　父の死後、王位を継いだのは3男リチャード1世（獅子心王）でした。しかしリチャードも外征中に戦死、1169年の領地分配でまだ2歳だったジョンが第3代国王になります。しかし指導力のなさから諸侯の反乱を招きました（第一次バロン戦争）。1216年、これに乗じたフランス軍に包囲されたドーヴァー城ですが、見事防ぎきりました。

ブリサック城

所在地：フランス共和国　メーヌ＝エ＝ロワール県ブリサック・カンセ

「ロワール渓谷の巨人」と呼ばれる地上7階建てのブリサック城。

地上7階建ての高層の古城「ロワール渓谷の巨人」の魅力

　高さ48m・地上7階建てのブリサック城は、フランスでもっとも"上背"の高い城です。200室以上の部屋を持ち、ローマ時代の建築のイメージを残す古典主義建築の外観は、美しさと威厳に満ち、「ロワール渓谷の巨人」のあだ名にふさわしい威容を誇ります。

　城内も見どころが多く、金箔で飾られた天井やタペストリーが美しい内装の部屋、荘厳な雰囲気のチャペル、オペラが上演されるベル・エポック劇場などがあります。

　大広間に飾られた肖像画や写真からは、城主一族の歴史が感じられ、食堂はそのまま晩餐に入れるようなテーブルセッティングがなされています。

　巡り合わせがよければ、城主の第13代ブリサック公夫妻が、直接見学ガイドを務めてくれることもあるようです。

　部屋の中には、「ルイ13世の間」があります。1620年、即位した当初に摂政だった母マリー・ド・メディシスと対立した折、両者の和解交渉の場になったのが中立地帯のブリサック城でした。その時にルイ13世が宿泊した寝室が残されたのです。

もっと知りたい！　広大な芝生の庭園の中に建つブリサック城では、城内のチャペルで挙式し、庭で城を背景に記念写真を撮影することもできます。6世紀初頭の領主から20代にもわたってブリサック一族に引き継がれ、現在もブリサック公が所有しています。ブリサック城の敷地内にはブドウ畑があり、実際にワインの醸造もしています。

本日の
テーマ 訪ねたい城

バーナード城

263

所在地：イギリス（イングランド）　ダラム州バーナードキャッスル

テーズ川東側の丘陵地に建てられたバーナード城。

「バーナードキャッスル」の都市名になった破却された名城

　イングランド北東部にあるダラム州の「バーナードキャッスル」は、イギリスでは観光地として知られ、宮殿のような建築でボウズ夫妻が収集した美術コレクションが並ぶボウズ博物館の他、街の名前にもなったバーナード城の廃城など、見どころが豊富です。

　バーナード城はバーナード・デ・ベリオールによって、ベリオール家の居城として1112年から1132年にかけて建造されました。テーズ川東側の丘陵地にあり、城郭は３つの曲輪に分かれ、本丸にあたる西北側のモット（人工の丘）の上に円筒型キープ（主塔）が築かれています。キープはかなり朽ちていますが、この城の遠望のアクセントとしてそびえています。周囲を囲む城壁も痛んで崩れていますが、13世紀の以来の建造物とすれば、800年近い昔の遺物を目の当たりにできる楽しみがあります。

　10〜12世紀のイギリスやフランスで流行した「モット・アンド・ベイリー」という築城方式にも注目。キープが正確な円塔になっているのは珍しい事例で、ヨーロッパの古城ファンはぜひ足を運びたい観光名所です。

もっと知りたい！　バーナード城は、ダラム州の州都ダラムから40kmほどの距離にあり、アクセスにはレンタカーが最適です。公共交通機関では不便な街です。ロンドンからダラムは直通バスが出ていますが、4〜5時間はかかります。バーナードキャッスルの街にはホテルやレストラン、ショップも多く、バーナード城は郊外にそびえています。

シュヴェリーン城

264

所在地：ドイツ連邦共和国　メクレンブルク＝フォアポンメルン州シュヴェリーン

シュヴェリーン城は精霊の騎士によって守られているといわれます。

精霊騎士「こびとのペーター」が棲むと噂される古城

　シュヴェリーン城は、ドイツ北東部のメクレンブルク＝フォアポンメルン州都シュヴェリーン市にある古城です。市内のシュヴェリーン湖に浮かぶ島の上に建ち、メルヘンを感じさせる美しさから、「おとぎ話の城」「妖精の城」という愛称で呼ばれています。

　10世紀にはこの地に砦が築かれていたといいますが、現在の宮殿の主要部分は、メクレンブルク大公フランツ2世の命によって1845年から1857年にかけて建築されたもので、ネオ・ルネサンス、ロココ、バロックとさまざまな建築様式が用いられています。

　現在の建物こそ建築年代が新しいものの、シュヴェリーン城には「守護精霊・ペーターメンフェン」にまつわる伝説が残されています。

　中世の騎士（ナイト）の服装をし、ランタンと剣と鍵を持った「こびとのペーター」が、人々が寝静まった時間になると、シュヴェリーン城内を番人よろしく歩き回るというのです。行ないの善い者には幸運を、泥棒や侵入者にはお仕置きをするといわれ、城の守り神として今も語り継がれています。

もっと知りたい！　シュヴェリーン城は何代にもわたり、メクレンブルク＝シュヴェリーン大公・公爵の居城でした。しかし幾度か大きな戦火に遭い、有名な建築家ゴットフリート・ゼンパー、フリードリヒ・オーギュスト・シュテューラーらの協力を得た19世紀の再建築により、ヨーロッパの「歴史主義建築」のひとつとして、2015年に世界遺産の暫定リストに記載されました。

ヴィラヌフ宮殿

265

所在地：ポーランド共和国　マゾシェフ県ワルシャワ

ヴィラヌフ宮殿は、第2次ウィーン包囲のオスマン帝国軍を打ち破る活躍をしたポーランド王国の王ヤン3世によって建設されました。

オスマン帝国を打ち破った偉大な国王の壮麗な宮殿

　ワルシャワ市の南端にあるバロック様式のヴィラヌフ宮殿は、ポーランド王ヤン3世の夏の宮殿として17世紀に建築されました。18世紀にはイタリア人建築家によって増築され、「ポーランドのヴェルサイユ宮殿」と呼ばれる壮麗な姿を残しています。

　ヴィラヌフ宮殿には、ヤン3世が集めた家具、時計、中国陶器、肖像画などの美術品の数々が残されており、周囲の庭園もすばらしく、まさしくヴェルサイユ宮殿を彷彿とさせます。

　ヴィラヌフ宮殿を建設したヤン3世は1674〜1696年に在位し、ポーランド軍を率いてオスマン帝国の大軍を打ち破った英雄と称えられています。

　1683年、15万という大軍を動員したオスマン帝国による大規模なヨーロッパ侵攻がありました。神聖ローマ皇帝の居城があるウィーンは、大軍に包囲されます。この第二次ウィーン包囲戦で、ヨーロッパ連合軍の指揮を任されたヤン3世は、オスマン帝国軍が統率がとれずに士気が低いことを見抜き、到着したその夕方に総攻撃を命じました。ヤン3世自ら率いるポーランドの有翼重装騎兵フサリアは3000騎で敵陣中央を突破、オスマン帝国軍を潰走させる戦いをみせたのです。

もっと知りたい！　ヤン3世率いるポーランド軍の活躍で、オスマン帝国の大軍はわずか1時間ほどで包囲網を寸断されて潰走しました。ヤン3世はキリスト教世界を守った英雄として、この勝利を描いた絵画『ソビエスキ、ウィーンを解放する』（ヤン・マテイコ作）がヴァチカン美術館に飾られています。

麗江古城
れい　こう　こ　じょう

世界遺産

所在地：中華人民共和国　雲南省麗江

少数民族が多く暮らす麗江古城の街並み。美しい水資源にも恵まれた観光地としても知られます。

屋根瓦の連なりが絶景の「世界遺産」になったナシ族の街

　雲南省のミャンマーの国境に近い麗江古城は、中国国内でも人気の高い観光地です。この町を築いたナシ族は、8世紀頃に現在の青海省付近から南下してきた少数民族で、雲南省から四川省の山間部や盆地で生活を営み、唐代に帝国に編入されてからも、ナシ古楽や、世界で唯一の現役の象形文字であるトンパ文字など、独特の文化と歴史を保ち続けてきました。

　宋代末期に形成された麗江古城は、現代に至るまでチベット族、ペー族、漢民族など近隣に暮らす民族の影響を受けながら、ナシ族の政治・経済・文化の中心として機能してきました。

　その旧市街「老街」に広がる建築物のほとんどが1階から3階建ての木造瓦葺きで、水路と狭い石畳の路地が整備され、低い屋根瓦の家々が密集する光景は、麗江古城ならではの風情を醸し出しています。

　仏教や道教の仏像があり、麗江壁画というナシ族の描いた美術も残されています。1997年「麗江旧市街」として世界遺産に登録されましたが、住民生活のマーケットだった商業区まで土産物街に変化し、外部から労働人口が流入して急速に変容しつつあります。

もっと知りたい！　近くには、世界自然遺産である標高5596mの「玉龍雪山」があり、麗江古城は夜間のライトアップの時間帯には、そちらが目当ての観光客も集まって大変なにぎわいになります。

9月23日

ヴィシェフラット城

267

所在地：チェコ共和国　プラハ首都特別区

聖ペテロ・パウロ教会がそびえるヴィシェフラット城。

プラハをめぐる軍事衝突の末に廃城になった「高い城」

　プラハ市街南部に位置するヴィシェフラットの丘に城が築かれたのは、プラハ城より少し後の10世紀後半とされています。ヴィシェフラットとは「高い城」の意味です。

　ヴィシェフラット城は当時プラハ市域の外にあり、チェコ最長の大河ヴルタヴァ川（モルダウ川）の東にあって、プラハと川を押さえる大事な拠点でした。

　初代ボヘミア王ヴラチスラフ2世は、プラハ司教との権力争いもあって、プラハ城からヴィシェフラット城に居城を移し、司教座聖堂参事会を置いて司教に対抗しました。今に伝わる聖マルチン円形聖堂や聖ペテロ・パウロ教会を建造し、プラハとは別に独自の街を発展させたのです。しかし、12世紀前半のソビェスラフ1世の時、居城はプラハ城に戻ります。

　神聖ローマ帝国皇帝カール4世がプラハを首都とし、プラハを囲む長大な市壁がヴィシェフラットに接続されると、ヴィシェフラット城はプラハの南端を守る要塞となりました。しかし、1419年のフス戦争で大規模な攻撃を受け、キリスト教改革派のフス派によって徹底的に破壊されます。以後、城は再建されることなく、今日に至っています。

もっと知りたい！　ヴィシェフラット城跡は、城の建物はほとんど残されていませんが、城跡は展望がよく、市民の憩いの場になっています。カール4世が築いた当時の城壁は残りますが、あとは教会、墓地などが建っています。庭園が整備されており、巨大な城壁跡に沿って散策すると、ヴルタヴァ川の向こうにプラハ城が望めます。

大坂城

所在地：日本　大阪府大阪市

大阪城の本丸。豊臣時代の大坂城は、徳川家によって埋められ、現在も周辺での工事の際にその遺構が出土することがあります。

「天下の継承者」として我が子を死守した淀殿のプライド

　現在の大阪城天守閣は、江戸時代に建造された大坂城の縄張りに、「大坂夏の陣屏風」に描かれた豊臣時代の大坂城を復元するかたちで、1931（昭和6）年に鉄筋コンクリートで建てられました。江戸時代の大坂城は、豊臣家の大坂城を埋め立てて建造されたものです。

　完全に地下に埋没した豊臣氏の大坂城は、1615（元和元）年の大坂夏の陣で、豊臣秀頼とその母・淀殿とともに徳川家康が集めた全国の諸大名の攻撃によって落城・炎上しました。秀頼の母・淀殿は、家康からのいかなる譲歩の提案にも応じず、秀吉の後継者である我が子・秀頼を奉じて大坂城を動こうとしませんでした。

　淀殿の人生は、2度の悲劇的な落城に見舞われています。1度目は1573（天正元）年、父・浅井長政と母・お市の方の近江・小谷城が、お市の兄・織田信長に攻められて落城した時。2度目はお市の方が再嫁した柴田勝家の北ノ庄城が落ちた、1583（天正11）年です。

　武力で居城を追われ、城を去る厳しさを肌身で知っていた淀殿は、夫・豊臣秀吉からの筋道でいえば次の天下人たる秀頼に、同じような思いをさせたくなかったのでしょう。

もっと知りたい！　2代将軍・徳川秀忠は1619（元和6）年、大坂城跡を埋め立てた地に、城の縄張りもまったく違う別の大坂城の建造をはじめました。藤堂高虎を普請奉行に、9年かけて64家の大名を動員した大工事でした。徳川将軍家の西の権威の象徴といわれた大坂城ですが、天守は1665（寛文5）年に焼失しています。

ラホール城

269

世界遺産

所在地：パキスタン・イスラム共和国　パンジャーブ州ラホール

ムガール帝国のアクバル帝によって建設されたラホール城。

神話時代に築城が始まり、ひたすら拡張工事が続いた大城塞

　人口1000万人を超えるパキスタン第2の都市ラホールには、ムガール帝国の栄光を象徴するラホール城があります。ムガール帝国は、16世紀から19世紀に存在したインド最大のイスラム王朝です。ラホール城の起源を探ると神話時代に行きついてしまいますが、その発祥は少なくとも12世紀以前にさかのぼると考えられています。現在のラホール城はムガール帝国時代に築かれたものが多く、その始まりは1566年、第3代皇帝アクバルによるものでした。彼は王室の謁見の間などを建造しています。

　1618年には、第4代皇帝ジャハーンギールが、謁見の間を建設、庭園や寝所も増設が行われました。1631年以降になると、第5代皇帝シャー・ジャハーンが鏡の間、鏡のモザイクで埋め尽くされた夢の王宮、浴場、隠退の間、1645年には、「40本柱の間」と呼ばれる謁見の間、大理石をふんだんに用いた「真珠のモスク」を造営しています。

　ラホール城は、以降もムガール帝国末期まで拡張工事が続けられ、ムガール帝国以前からの建造物も含めると800年以上にわたって建設事業が続いた宮殿でもあるのです。

もっと知りたい!　1981年、「ラホールの城塞とシャーラマール庭園」は世界遺産に登録されました。シャーラマール庭園は1641年、ムガール帝国の最も安定した時代の第5代皇帝シャー・ジャハーンがラホール郊外に造ったものです。南北658m・東西258mの広さを持つ外壁に囲まれた巨大な庭園には、池と運河に410の噴水があります。

マドリード王宮

所在地：スペイン王国　マドリード州マドリード

フランス風とイタリア風が混ざり合うマドリード王宮には、2700を超える部屋が設けられています。

スペイン王の王宮として世界的に知られる観光名所

　マドリード王宮は、1738年にブルボン朝初代国王フェリペ5世によって建築が始まりました。もとは、スペイン帝国全盛期のフェリペ2世が1561年に宮廷をこの地に築いていたのですが、1734年に全焼してしまったのです。

　20年以上かけた建設によって、150m四方のフランス調の巨大な建造物に2700を超える部屋を備えた大宮殿が完成しました。「玉座の間」は、ヴェルサイユ宮殿の「鏡の間」を模したといわれるように、フランスの太陽王ルイ14世の孫である建造者のフェリペ5世の、自身が生まれ育ったヴェルサイユ宮殿へのあこがれが随所に反映されています。

　1931年までは歴代スペイン王が暮らしていましたが、現在は郊外のサルスエラ宮殿で暮らすことが多く、マドリード王宮は公式行事の場となっています。

　また、広大な宮殿は、ディエゴ・ベラスケス、ジョヴァンニ・バッティスタ・ティエポロ、カラヴァッジォ、フランシスコ・デ・ゴヤといった巨匠たちの芸術作品で贅沢に飾られ、歴史的価値のある王家の収集品を宮殿内で見学することができます。

もっと知りたい!　「玉座の間」は、赤いビロードの壁とロココ調の家具、豪華なシャンデリアにティエポロ作の天井フレスコ画という壮麗な空間です。

マフラ国立宮殿

271

世界遺産

所在地：ポルトガル共和国　リスボン県マフラ

礼拝堂と修道院も併設されるマフラ国立宮殿。

国内最大級の宮殿が「マフラ修道院」と呼ばれるワケ

　13年もの歳月をかけて1740年に完成した、ポルトガル最大級の宮殿であるマフラ国立宮殿。

　部屋数は2000におよび、宮殿中央部分の礼拝堂は、バチカンのサン・ピエトロ大聖堂を模倣したバロック様式の巨大ドームとなっています。また蔵書3万冊を収蔵する図書館、中国風の東洋趣味の陶器が置かれた薬院など、スケールも壮麗さも目を見張ります。

　このマフラ国立宮殿には「マフラ修道院」という別名があります。これは礼拝堂に加え、フランシスコ会の修道院も併設しているため。それには次のような伝説が伝わっています。

　世継ぎに恵まれなかったポルトガル王ジョアン5世と王妃マリア・アナが、子どもを授けてくれたら修道院を設立すると神に誓ったというのです。その後、無事王女が誕生したため、1717年から修道院の建設が開始されました。

　また、のべ5万人が動員されたという大事業にはかなり無理があったようで、ポルトガルのノーベル賞作家ジョゼ・サラマーゴの『修道院回想録』では、マフラ生まれの主人公が宮殿建築の労働者として置かれた厳しい労働環境が描かれています。

もっと知りたい！　マフラ国立宮殿には、人を食べることができるほどの大ネズミが棲み着いているという伝説があります。このネズミは恐ろしいことに猫、犬、人などを食べるために夜な夜な歩き回っているといいます。

ブイヨン城

272

所在地：ベルギー王国　リュクサンブール州ブイヨン

第1回十字軍を率いエルサレムを解放した男ゴドフロワ・ド・ブイヨンが一時城主を務めていたブイヨン城。

ベルギー最古の城の城主は、第1回十字軍の指導者

　ブイヨン城は「ベルギー最古の城」といわれ、988年にはすでに存在したと記録されています。1082年、この城に城主として入ったのが、フランス北部に領地を持つブローニュ伯ウスタシュ2世の次男ゴドフロワ・ド・ブイヨンです。まだ22歳くらいであったそうです。

　ゴドフロワは、1096年、第1回十字軍の勧誘に兄と弟とともに応じ、ブイヨン城からエルサレムへ向けて出撃。シリアの城塞都市アンティオキアを攻略し、トゥールーズ伯レーモンとともに1099年にエルサレム攻略に成功します。

　のちにゴドフロワは、キリストの聖地エルサレムの初代聖墓守護者となります。実質的なエルサレム王で、彼が王号を嫌ったことからこの称号が与えられたとされます。1100年に十字軍のエジプト侵攻を計画中に没すると、ゴドフロワは英雄化されます。実際にはレーモンをはじめ十字軍の複数いる指導者のひとりだったのですが、十字軍の最高指導者、もっともすぐれた戦士として中世には語り継がれました。しかし、ブイヨン城は1096年の段階で、遠征費用の借金のカタにリエージュ大司教に渡されており、フランス、オランダの支配を経て、1930年にベルギーの城になりました。

もっと知りたい！　古城というより軍事的城塞の趣が強いブイヨン城には、30箇所ほどの見所があり、順路に沿って効率よく見学できるようになっています。岩盤をくり抜いた通路や井戸、牢屋や拷問部屋も残されています。見張り塔からの景色も絶景です。後世、ルイ14世に重用された築城の天才ヴォーバンが改修の手を入れています。

エーレンブライトシュタイン要塞

273

世界遺産
所在地：ドイツ連邦共和国　ラインラント・プファルツ州コブレンツ

ヨーロッパの交通、交易、防衛の要衝を守ってきたエーレンブライトシュタイン要塞の威容。

スケールも眺望も"難攻不落"のヨーロッパ第2の巨大要塞

　ライン川と支流のモーゼル川が合流するドイチェス・エックを高さ約120mの丘陵地から望むエーレンブライトシュタイン要塞は、対岸からコブレンツの街並みを見下ろしています。

　その歴史は紀元前にさかのぼりますが、城としての役割は、11世紀にトリーア大司教の居城になったときから始まります。16世紀になると、水運の要衝で軍事的にも難攻不落な立地から要塞へと改築が進み、巨大な城壁が築かれます。

　その後17世紀には三十年戦争やプファルツ継承戦争に巻き込まれながらも無事でしたが、1799年にフランスのナポレオン軍によって落城。要塞は爆破され、しばらく廃墟でしたが、1817年からプロイセン国王ヴィルヘルム3世の命により再建が始まり、10年以上かけて現在の姿になりました。

　規模はヨーロッパ第2の要塞といわれ、幾重にも築かれた防衛用の壁や重厚な門、狭いトンネルで外敵を寄せつけない堅牢さが実感されます。敷地内には博物館があり、地元の歴史や芸術にまつわる企画展を開催しています。

もっと知りたい！　全長1320kmのライン川のうち、マインツ〜コブレンツ間の約65kmが2002年、「ライン渓谷中流上部」として世界遺産に登録されました。このあたりは観光船で川下りができ、ラインシュタイン城やライヒェンシュタイン城などの古城を眺めながら、「父なる川」と称えられるドイツ屈指の景観を堪能できます。

プファルツ城

274

世界遺産

所在地：ドイツ連邦共和国　ラインラント・プファルツ州カウプ

ライン川の中洲に立つ、船のような構造をしたプファルツ城。この構造のおかげで流されることなく現在に至ります。

ライン川の中洲で通行税を徴収した現場を今に伝える城

　プファルツ伯ルートヴィヒ４世によって1327年、ライン川の通行税徴収のための税関施設として中洲に建設されたプファルツ城は、平らな岩島に五角形の船の形で築かれた城です。形の理由は、水の流れが激流になった時の損傷を防ぐためといわれています。

　はじめに中核の６層の大塔が建設され、跡を継いだ甥の神聖ローマ皇帝ルドルフ２世により、1338年から1342年にかけて塔を囲む城壁が増設されました。この頃から「城」と呼ばれるようになり、1607年には、右端に外に向かって突き出た稜堡が造られています。

　レンガと漆喰で造られた白い城壁の高さは12mあり、天然スレートで葺いた黒い屋根との調和が美観を引き立てています。城壁の上には矢狭間や石落としを備えた木造の防御施設もありますが、プファルツ城は幸いにも戦いに巻き込まれることはありませんでした。

　城は1714年にバロック様式に改築され、現在のような姿になりました。税徴収のために作られた城ですが、1866年の普墺戦争後は徴税の必要がなくなり、1960年代まではライン川航行船のための信号塔として機能しました。

もっと知りたい！　城壁の内側は中庭を囲むように建物があり、敷石の上に造られた暖炉、地下牢への入口、落し格子戸など興味深い施設があります。税関吏の見張場と居留のための部屋も残っています。牢は井戸を利用し、深さ９mの井戸の水面に組まれたいかだの上に、税金を払えなかった商人たちを網や横木を使って降ろして収監しました。

10月1日

閬中古城
ろう ちゅう こ じょう

275

所在地：中華人民共和国　四川省閬中市

三国時代の名将ひとり張飛終焉の地となった閬中古城。

三国志きっての豪傑・張飛は、なぜ暗殺されたのか

　『三国志』の英雄・張飛は、劉備、関羽とともに「桃園の義」を結び、漢の皇帝の血筋を引く劉備を盛り立て、義兄弟として漢王朝再興に向けて戦うことを誓います。

　閬中古城は、その張飛が晩年の6年ほど守備していた地として知られ、古い建物の屋根瓦が海原のように広がる独特の街なかに、張飛像を祀った墓亭や彼を暗殺した張達や范彊の像もあります。張飛像の後ろは、土饅頭型の墓になっています。

　劉備が蜀の地に割拠すると、初期には義兄弟としてともに戦っていた3人も、関羽は荊州に、張飛は閬中とそれぞれ担当地区を持つようになります。そうしたなか、219年に義兄の関羽が呉の孫権の計略にはまって捕えられ、首を打たれてしまいます。

　1万人の兵に値すると評された張飛でしたが、もともと激情家で部下の兵卒には厳しく、劉備や関羽からしばしば注意されていました。関羽の死に激しく号泣し、さらに粗暴になっていた張飛は、221年、兵1万とともに劉備の呉討伐軍に合流しようとしたところ、部下の張達、范彊に寝首をかかれてしまったのです。両名は張飛の首をもって、呉に奔りました。

もっと知りたい！　閬中古城へは四川省の省都である成都からバスで向かいます。片道3時間半ほどです。閬中市は旧市街と新市街があり、観光客用の宿泊施設は旧市街に固まっています。張飛廟は「漢桓侯祠」と掲げられ、とくに人気があります。他にも孔子を祀る「文廟」、閬中古城を一望できる「中天楼」「華光楼」などの見どころがあります。

セゴビアのアルカサル

276

世界遺産

所在地：スペイン王国　カスティーリャ・イ・レオン州セゴビア

カスティーリャ王国の城であったセゴビアのアルカサルは、スペイン王国誕生にまつわる重要な舞台ともなりました。

『白雪姫』の城のモデルになった美しい外観と華麗な内装

　スペイン国土の中央よりやや北に位置するセゴビアは、古代から栄えた古い街で、アルカサルの建つあたりには紀元前にはケルト人が住んでいたと伝わります。ローマ帝国の時代を経て中世に入ると、11世紀以降のセゴビアは、カスティーリャ王国の主要都市として毛織物産業が発達しました。中世の終わりになって最盛期を迎えた王国は、町が広がる岩山の突端にゴシック様式のアルカサルを立て、のちにアルフォンソ10世がこれを王室の宮殿に変えました。

　青い円錐の屋根の塔が印象的なアルカサルは、のちにディズニー映画『白雪姫と7人の小人たち』に登場する城のモデルとして有名になります。そのメルヘンな外観に対して、城内は華やかな内装で彩られています。とくにイスラム式の装飾が施された窓などがあり、イスラム文化の影響をうかがわせる造りとなっています。城内は「玉座の間」「諸王の間」「王立砲兵学校博物館」など、12のエリアに分かれ、国王と王妃の繊細な彫刻を施した玉座が飾られた「玉座の間」、ガレー船を逆さにしたような天井に黄金と赤の装飾画が施された「ガレー船の間」は必見。塔の上からは水道橋を含めた旧市街の景観が一望できます。

もっと知りたい！　セゴビアの町ではローマ時代の水道橋が有名。1世紀、ローマ皇帝トラヤヌス帝は17km離れた山から水を引くべく水道橋を造らせました。長さ728m・高さ28mの石造りの橋は19世紀まで水道として使われ、今も旧市街のシンボルになっています。1985年に「セゴビア旧市街とローマ水道橋」として世界遺産に登録されました。

ラインフェルス城

277

世界遺産

所在地：ドイツ連邦共和国　ラインラント＝プファルツ州

古城ホテルとして宿泊することもできるラインフエルス城。

ライン川を望む高級ホテルになった堅牢な古城

　かつてライン渓谷最大の城塞だったラインフェルス城は、1245年、カッツェネルンボーゲ
ン家のディーター5世によって建造されました。1255〜1256年、ライン川の通行税増税をめ
ぐり、ライン都市同盟によって1年以上包囲されましたが、籠城に耐え、防衛に成功していま
す。その後、何度も包囲攻撃を受けましたが一度も落城したことがなく、16世紀後半にはド
イツでもっとも強固な要塞のひとつとなり、1692年にライン川の諸城がルイ14世のフランス
軍に蹂躙された時も、約3万の兵が守備して撃退しています。

　しかし1794年、フランス革命軍の攻撃を受けてついに陥落し、城は廃墟になりました。の
ちに1843年になって初代ドイツ皇帝ヴィルヘルム1世が買い取り、1925年に修復され、1973
年からは17世紀建設の南側部分を利用し、古城ホテルが開業しました。

　ホテルは「シュロス ラインフェルス」という4つ星の高級ホテルで、スタンダードタイプ
でも十分な広さと景観を楽しめます。プールやサウナ、ライン川の絶景が望めるレストランが
あります。世界遺産「ライン渓谷中流上部」にも含まれています。

もっと知りたい！　16世紀までに建てられた城の北側のメイン部分は、廃墟のまま「城跡博物館」となっています。ライン川沿
いで最大の城塞といわれた城跡を生かし、中世の武具などが展示された施設もあります。すぐ近くには、船乗りたちを川の渦に引き
込む乙女の歌が聞こえるという伝説で有名な「ローレライ」の岩山があります。

アバディア城

278

所在地：フランス共和国　ピレネー＝アトランティック県アンダイエ

19世紀の地質学者によって建設されたアバディア城。

城の壁面にヘビやワニがいる城を建造した地質学者

　フランス南西部端の国境の都市アンダイエにあるアバディア城の歴史は、1859年に地質学者アントワーヌ・ダバティー・ダラーが、バスク海岸近くに250haの土地を購入したことに始まります。ネオ・ゴシック様式とオリエンタリズムを組み合わせたこの城において注目したいのが、城の壁面などを彩るヘビやワニ、ゾウ、犬、カタツムリなどさまざまな生物の彫刻です。

　1810年、アイルランドのダブリンにて、バスク人貴族の富裕な家に生まれたアントワーヌは、8歳で一家とフランスに渡り、1827年には学位を得ました。1835年のフランス・アカデミーの科学調査に参加して弟アルノーとエチオピア探検に出発します。各地を旅して、地理や地質学、考古学やエチオピアの自然史に関する多くの情報を集めました。1848年にフランスに戻り、エチオピアに関する著作活動に入りました。1850年にアントワーヌはレジオンドヌール勲章を受け、フランス科学アカデミーの会員に選ばれます。1859年2月に結婚したアントワーヌはアンダイエに定住して、アバディア城を建築。動物たちの装飾に自身の経歴と矜持を反映したのです。

もっと知りたい！　研究者としての趣向も加味され、エキゾチックな雰囲気を持つアバディア城は、1時間ほどのガイドツアーで見学できます。1864年から1884年の間に建てられたこの建物は、パリのノートルダム大聖堂などを手がけた建築家ウジェーヌ・ヴィオレ・ル・デュクによる作品の中でも、ネオゴシック様式とオリエンタリズムを折衷した珍しい建築となっています。

シノン城

世界遺産

所在地：フランス共和国　アンドル＝エ＝ロワール県シノン

シノン城は、15世紀初頭には宮廷が置かれ、ジャンヌ・ダルクが王太子シャルル（シャルル7世）に面会に訪れました。

シャルル7世とジャンヌ・ダルク対面の城

　ロワール渓谷の諸城のひとつであるシノン城は、ジャンヌ・ダルクゆかりの城として、人気の高い観光地です。シノン城が建つ山に初めて城を築いたのは、954年、ブロワ伯ティボー1世といわれています。12世紀にはイングランド王ヘンリー2世が居城としています。

　シノン城を歴史的に有名にしたのは、1429年3月8日、英仏百年戦争のさなかに17歳の少女ジャンヌ・ダルクがフランスの皇太子シャルルを訪ねる逸話です。その日、「イングランド軍を駆逐して皇太子シャルルを王位に就かしめよ」という神のお告げを聴いたという少女ジャンヌがシノン城にやってきました。

　当時フランスは国内の勢力もイングランドに加担してシャルルの命運も風前の灯となっていました。シャルルはジャンヌを試すべく、偽の皇太子を玉座に座らせると、群衆のなかに紛れ込んだのですが、ジャンヌは謁見の場に到着するや皇太子の下へ進んで跪いたと言われます。こうして認められたジャンヌは、オルレアンを包囲するイングランド軍を破り、ランスでのシャルル7世の戴冠に貢献。フランスの劣勢を覆して救国の英雄となったのです。

もっと知りたい！　シノン城は16世紀末頃には刑務所になり、17世紀に入ると放置されました。19世紀の1840年になって、ようやくフランスの記念史跡として認められます。2000年に世界遺産「シュリー＝シュル＝ロワールとシャロンヌ間のロワール渓谷」の構成資産になると、やっと7年がかりの大規模な修復作業が行なわれたのです。

ロッカ・カラーショ

280

所在地：イタリア共和国　アブルッツォ州カラーショ

標高1460mの高所に朽ち果てたまま残るロッカ・カラーショ。

標高1460mの高所で中世そのものの姿を保つ名城

　ロッカ・カラーショはイタリア中部、アブルッツォ州のカラーショ村に遺された古城です。ラッツィオ州とアブルッツォ州にまたがる大きなグラン・サッソ・エ・モンティ・デッラ・ラガ国立公園の中にあり、車でのアクセスが必要です。

　中継点となるカラーショ村は、人口1500人ほどで狭い石畳の道の両側に石造りの家が建ち並び、中世そのもののたたずまいを見せています。村そのものが標高1200mの高所にあり、山頂にある廃城は標高1460mと、イタリアで最も高い場所にある城とされています。

　山の上にそびえるロッカ・カラーショの姿はまさに絶景。

　10世紀に見張り台として建てられた城は、16世紀にはメディチ家の領有となりますが、18世紀に入った1703年の地震で廃城になりました。1986年から1989年にかけて修復され、中世そのままの姿に再現されました。

　現在、城の建物の中には入れませんが、敷地内に入ることができ、眺望は四方の山並みを見渡せます。

もっと知りたい！　ロッカ・カラーショは、ふたつの有名な映画のロケ地として知られています。2020年に亡くなったショーン・コネリー主演のイタリア・フランス・西ドイツによるミステリー映画『薔薇の名前』（1986年）、アメリカのファンタジー映画でミシェル・ファイファーらが出演した『レディホーク』（1985年）です。

ニュルンベルク城

所在地：ドイツ連邦共和国　バイエルン州ニュルンベルク

1571年まで神聖ローマ皇帝が居城としたニュルンベルク城。

神聖ローマ帝国の帝都として権威と歴史を今に伝える

　バイエルン州第2の都市ニュルンベルクは800年以上の歴史を持ちますが、第二次世界大戦では戦災で街の多くが失われ、城も破壊されました。戦後、失われる前の城と街の景観が再現され、今では全長5kmの城壁で囲まれた旧市街に、中世ドイツらしい城下町が広がっています。

　そうしたニュルンベルクのランドマークといえる存在が、カイザーブルクとブルクグラーフェンブルクの2つの城から構成されるニュルンベルク城。とくに「皇帝の城」を意味するカイザーブルクは、神聖ローマ皇帝の権威の象徴でした。

　神聖ローマ皇帝が居城を移しながら政治を行なっていた当時にあって、カイザーブルクは1050年から1571年まで、歴代皇帝の誰もが一度は居城にしたという城で、神聖ローマ帝国のレガリア（王権の象徴となる宝物）が保管され、帝国議会の開催場所としても重要な位置を占めていました。城内には上部と下部の二重構造を持つ礼拝堂や、礼拝堂とつながる上階の皇帝の居室などが往時の名残を伝え、復活した中世の街並みとともに、ドイツ観光の人気スポットのひとつとなっています。

もっと知りたい！　神聖ローマ帝国の皇帝は、みな居城を移しながら政治を行なっていました。しかし、1356年に神聖ローマ皇帝カール4世がニュルンベルク城で即位すると、第1回帝国議会が行なわれ、議会は1543年まで続きました。また即位に必要なレガリアは皇帝が所持して特定の保管場所がなかったのですが、カイザーブルクに永久保存と決まったのもこの時代です。

本日の テーマ　愛憎劇と陰謀の舞台

リトミシュル城

282

世界遺産

所在地：チェコ共和国　パルドゥビツェ州リトミシュル

リトミシュル城は、スペインからボヘミア王国に嫁いできた王妃のために築かれた城館です。

スペインから嫁いだ妃ラーラへの領主の愛が築いた美しき城

　リトミシュルの街は、10世紀から11世紀にかけて造られ、発展してきました。14世紀にはリトミシュルに司教座が置かれるなど、中世ボヘミア王国の重要な都市となります。

　1567年にペルンシュテイン家が領主になると、スペインから嫁いだ妃ラーラのために、当時のボヘミアにはなかったような優雅で明るい城を計画しました。翌年の1568年から14年もの歳月をかけてルネサンス様式の城が建築されます。

　当時、リトミシュル周辺エリアでは、ルネサンス様式の建築物は珍しく、線画を描く壁の装飾技法スグラフィトの壁画が全体にわたり効果的に施されています。その種類は数千といわれ、同じ模様はひとつもないとされています。

　中庭にある壁画は聖書が出典の物語で、出色の出来ばえとして知られています。城内には城主が客人をもてなすために作ったバロック劇場がありますが、バロック様式の劇場は現在、世界に数か所しか残っておらず非常に貴重です。

　王妃のための城のせいか、女性的なやわらかい印象の城で、1995年、同じ名前のスペイン国王ラーラ姫が、この城を訪問しています。1999年には、世界遺産に登録されました。

もっと知りたい！　城内にあるビール醸造所は、チェコの国民的音楽家ベドルジハ・スメタナの生家です。スメタナは幼い頃から天才ぶりを発揮し、城内でピアノやヴァイオリンの演奏を披露しました。1949年から毎年6月、リトミシュル城を主会場にスメタナ国際オペラ・フェスティバルが開催され、大統領や首相も鑑賞に訪れています。

フォンテーヌブロー宮殿

世界遺産

所在地：フランス共和国　セーヌ＝エ＝マルヌ県フォンテーヌブロー

エルバ島に流されるナポレオンが兵士たちと別れを交わしたフォンテーヌブロー宮殿の馬蹄形の階段。

歴代の王と王妃に愛されたフランス最大の宮殿

　フォンテーヌブロー宮殿がある森は、もとはフランス国王の狩猟場であり、12世紀頃には建てられていました。16世紀前半、そこにフランソワ1世が王の居城を建てたのが、フォンテーヌブロー宮殿の始まりです。ルネサンスに憧れを持つフランソワ1世は、イタリアからレオナルド・ダ・ヴィンチなどの芸術家を招聘し、豪華絢爛な宮殿を構想しました。内装や庭園にイタリアのマニエリスムの様式を取り入れ、贅を尽くした宮殿へと作り替えていったのです。フランソワ1世が呼び寄せた芸術家たちによるフレスコ画や彫刻、木彫細工を施した部屋は華麗な美しさに満ちています。

　1789年に勃発したフランス革命によって荒廃したものの、これを蘇らせたのが、革命の混乱を収めた皇帝ナポレオンでした。ヨーロッパ諸国を相手に連戦連勝を重ね、絶頂期にあった彼は宮殿を修復し、彼好みの煌びやかな宮殿へと改装。しばしばこの宮殿に滞在しました。やがて失脚し、退位の同意書に署名したのも宮殿内の「退位の間」でした。

　12世紀以来、19世紀のナポレオン3世まで、800年にわたり29人の王・皇帝が住まい、愛したフォンテーヌブロー宮殿。歴代国王の想いが息づく見どころにあふれた宮殿です。

もっと知りたい！　1981年に「フォンテーヌブローの宮殿と庭園」として世界遺産に登録されたフォンテーヌブロー宮殿には、ナポレオン1世がエルバ島に流される時に近衛兵に別れを告げた「別離の中庭」があります。また宮殿内のルネサンス庭園は16世紀にフランソワ1世とアンリ4世によって整備され、英国庭園はナポレオン1世が現在のように造らせたものです。

ソアーヴェ城

284

所在地：イタリア共和国　ヴェネト州ソアーヴェ

ブドウ畑に囲まれるなかにそびえるソアーヴェ城。

白ワインと中世古城を堪能できる!?

　世界で最も有名な白ワインといわれる「ソアーヴェ」。イタリア語で「口当たりが良い」という意味で、その生産地は、ソアーヴェ城を中心とする広大なエリアで、13の市町村に広がっています。

　この地域では古くからブドウ栽培が行なわれていて、5〜6世紀にこの地を支配していた東ゴート族がワイン造りを始めたといわれています。

　13世紀半ばから14世紀終わり、デラ・スカラ家がヴェローナとその周辺の領土を支配していました。現存するソアーヴェ城と城壁は、デラ・スカラ家の領主カンシニョーリオにより築かれたものです。

　城は長きにわたって廃墟になりましたが、1800年代終わりに個人所有となり復元され、一般公開されています。要塞の高い壁、塔、中庭をもつ典型的な城で、鎧、家具、絵画なども展示されています。城壁に上ると、周辺の丘や渓谷、ブドウ畑の素晴らしい景色を見渡すことができます。

もっと知りたい！　城を囲む丘や谷は、見渡す限りブドウ畑が広がります。観光地として、ワイン、美食、そして城と白ワイン名産地の歴史を感じる旅ができます。飲み心地がよく食事に合わせやすいソアーヴェは、日本でも大変人気があるワインのひとつです。生産量が多いため、値段が手頃で安いものだと1本500〜1000円で購入できます。

ヴァヴェル城

285

所在地：ポーランド共和国　マウォポルスカ県クラクフ

1596年までポーランド王の居城として使われていたヴァヴェル城。

「ヴァヴェルの竜」伝説が残るポーランド王の宮殿

　ヴァヴェル城のある都市クラクフは、1596年までポーランド王国の首都でした。王宮として政治の中心でもあったヴァヴェル城はイタリア・ルネサンス風の中庭を持ち、中世、ルネサンス、バロックなど、さまざまな様式の建造物で囲まれています。

　1611年に首都がワルシャワに移ると王宮としての役割を終えますが、その長い歴史の中で「ヴァヴェルの竜」というモンスター退治の英雄伝説が語り継がれています。

　伝説のクラクス王の治世に、狂暴な竜が現われて毎日のように領内を荒らしまわったことがありました。人々を殺害し、家畜を貪り食ったといいます。人々が月に一度「竜の洞穴」の前に少女を差し出すと、わずかの間、鎮めることができました。

　クラクス王の命を受けて討伐に赴いた騎士たちも次々敗れ、困り果てた王は「竜を倒せた者には、誰でも娘と結婚させる」という条件を出します。するとスクプという貧しい若者が名乗り出て、子羊に硫黄を詰め込んで竜に食べさせると、竜は腹痛を和らげるために大量の川の水を飲み、膨張して破裂してしまったのです。スクプは約束通り王の娘と結婚し、2人は幸せに暮らしたとされています。

もっと知りたい！　ヴァヴェル城の下には、「竜の洞穴」といわれる地下洞窟が今も残っています。洞窟の長さは250mを超えますが、一般公開されているのは入口から80mほどです。1978年、ヴァヴェル城は世界遺産「クラクフ歴史地区」の構成資産として登録されました。現在では国内有数の美術館（1930年設立）として開放されています。

ハーレフ城

世界遺産

所在地：イギリス（ウェールズ）　グウィネズ州ハーレフ

ハーレフ城は建設以降、多くの戦乱に巻き込まれてきました。

エドワード1世が築き、何度も落城を経験した城

　ウェールズ支配の拠点としてイングランド王エドワード1世が1290年に建設したハーレフ（ハーレック）城は、高さ60mの丘の上にそびえ、外郭入口の内側に2棟の塔を備えたゲートハウスと、4つの塔を備えた内郭を持つ「多重環状城壁」という構造を持っています。東側以外は急峻な崖に囲まれており、かつては海とドゥイリド川の河口に面していたため、籠城中でも崖側から海路による補給が受けられる構造となっていました。

　建築者のエドワード1世は、ブリテン島の統一を掲げてウェールズやスコットランドに侵攻し、フランスとも抗争を展開して戦争に明け暮れる一方、国内の法整備を進め模範議会を招集するなどした、パワフルな王様です。

　同時にイギリスの城郭史においても欠かせない人物で、左右対称で均整の取れた縄張りを持ち、巨大なゲートハウス（城門）と大円塔が合理的に城壁で結ばれるハーレフ城などに代表される城郭を残しました。彼の築いた城郭の形式はエドワード式城郭と呼ばれ、ヨーロッパの築城技術の発展に貢献することとなりました。

もっと知りたい！　ハーレフ城はイギリスの多くの古城の中でも実戦にさらされた回数が非常に多い城です。1294年のマドッグ・アブ・ルウェリンの反乱では包囲されたものの海上補給によって持ち堪え、その堅固さを証明しています。しかし、1401年に発生したグリンドゥールの反乱ではフランス艦隊による海上封鎖で1404年に落城して以降、たびたび落城を経験することとなりました。

フージェール城

287

所在地：フランス共和国　イル・エ・ヴィレーヌ県フージェール

ブルターニュ公国の国境を守るフージェール城は、再建後の拡大でヨーロッパ最大規模の城へと発展していきました。

ブルターニュ公国の中世古城はヨーロッパ随一の規模

　旧ブルターニュ公国と旧フランス王国の北東部の国境に近いフージェール城は、総面積2haのヨーロッパ最大規模の中世古城といわれています。厚さ3.5mの城壁に13の塔がそびえる荘厳な姿は、度重なる実戦を経てきた城ならではの雰囲気があります。

　10世紀に最初の城が造られてから、1166年にノルマンディー地方を占領したイングランド王ヘンリー2世によって一度は完全に破壊されましたが、10年後には再建され、この時に強固な石造りに変更されています。

　周囲の丘から切り出される結晶片岩を利用して城の大部分を強化。耐久性はあるものの高価な花崗岩は、扉や窓、塔や壁の基礎など、要となる部分に使われました。城の立地に合わせた三日月型の設計、最初のドンジョン（主塔）であるゴブランの塔は、この時期に建設されたものです。

　その後も度重なる戦乱に見舞われますが、1430年代にブルターニュ公国がフージェール城の大規模な改築にとりかかり、現在の姿になりました。

もっと知りたい！　1532年にフランス国王とブルターニュ王女の結婚によって公国が併合され、国境防備の城としての意味がなくなると、フージェール城は風化が進みました。しかし居館部分以外の城壁部分は頑丈であり、1892年に自治体に購入されると、全面的に内装の整備や補修がなされ、年間数万人の観光客を集める名所となりました。

ポルタ・ニグラ

世界遺産

所在地：ドイツ連邦共和国　ラインラント＝プファルツ州トーリア

ローマ帝国によって築かれた植民市トーリアを守ってきた城門ポルタ・ニグラ。

ドイツ最古の街トーリアに残るローマ帝国時代の「黒い門」

　古代ローマ帝国の植民市（コロニア）であるアウグスタ・トレヴェロールムを起源とするトーリアは、紀元前に建設されたドイツ最古の都市で2000年以上の歴史を誇ります。ローマ帝国がヨーロッパ全土への進出の拠点とし、「第二のローマ」ともいわれたこの都市には、建築にも独自の地中海文明が持ち込まれました。

　ラテン語で「黒い門」を意味するポルタ・ニグラは、186年から200年にかけてローマ帝国の市壁の北門として建造されました。外壁が黒っぽい石材であること、門という名前ながら小さな古城をイメージさせる巨大さで、通過する者を圧倒します。

　その後、中世にはポルタ・ニグラは廃墟になりますが、11世紀になると門の跡地で暮らしたギリシャ人の隠者シメオンを記念し、新たに身廊や尖塔などで外側を包み、「聖シメオン教会」として改築されました。

　しかし1805年、フランス革命軍がこの地を占領すると、ナポレオンの命によりローマ時代以外の建造物が取り除かれ、ポルタ・ニグラも城門跡として元の姿に戻されたのです。

もっと知りたい！　聖シメオン教会として600年にわたり外側を保護されてきたためか、ポルタ・ニグラは古代ローマ帝国の遺跡の中でも、保存状態が良く、城門の上までらせん階段で上ることができます。1986年、トーリアの遺跡や建造物が「ローマ遺跡群、聖ペテロ大聖堂、聖母マリア教会」として世界遺産に登録されましたが、ポルタ・ニグラはその中心的存在となっています。

シャルロッテンブルク宮殿

世界遺産
所在地：ドイツ連邦共和国　ベルリン州ベルリン市

シャルロッテンブルク宮殿の正門。クリームイエローの外壁が美しい宮殿です。

国王を感化した王妃の名を付けた宮殿

　1699年、のちのプロイセン王フリードリヒ1世が妻ゾフィー・シャルロッテのために建設したのがシャルロッテンブルク宮殿です。

　ゾフィーが1684年に16歳でフリードリヒの2度目の妻となると、フリードリヒは1688年に死去した父の跡を継いでブランデンブルク選帝侯フリードリヒ3世に、1701年に戴冠してプロイセン王フリードリヒ1世となります。

　ゾフィー・シャルロッテはフランス語が巧みで、また哲学者ゴットフリート・ライプニッツと文通するほどの才女でした。彼女のサロンには当時の一流の学者や芸術家が集まり、11歳年下の王妃に影響されたフリードリヒ1世も学問と芸術の振興に務めました。

　ふたりの夫婦仲はよく、浪費家としても知られるフリードリヒ1世が、「夏の離宮」として王妃に贈ったのがシャルロッテンブルク宮殿でした。しかし、わずか6年後の1705年、肺炎のために36歳でゾフィー王妃は死去。最初「リーツェンブルク宮殿」と名付けられたこの宮殿は、ゾフィー王妃の死後に彼女にちなんだ名前に改名されたのです。

もっと知りたい！　ベルリン屈指の観光名所であるシャルロッテンブルク宮殿は、フリードリヒ1世以後の王らによって劇場や宮殿が増築され、現在の姿になりました。そのため宮殿内は、バロック様式、ロココ様式などが混在しています。世界遺産「ポツダムとベルリンの宮殿群と公園群」（1990年登録）に含まれます。

本日の テーマ	華麗なる宮殿

10月16日

ペーナ宮殿

290

世界遺産

所在地：ポルトガル共和国　リスボン県シントラ

シントラの丘にそびえるペーナ宮殿には、さまざまな建築様式を見ることができます。

巨大かつカラフルな色使いでテーマパークのような山上の宮殿

英国の詩人バイロンが「この世のエデン」と称えたポルトガル中西部の都市シントラは、観光保養地として古くから栄えました。首都リスボンの北西約20kmの森に囲まれた山の上にペーナ宮殿はあります。

1836年にポルトガル女王マリア2世の王配（夫）で、のちに国王になるフェルナンド2世が王家の「夏の離宮」として建造しました。標高約500mの山上に赤やオレンジ、黄色などに彩られた城の姿は、まさしく遊園地の城のようにファンタジックです。

建物もイスラム様式の玉ねぎ型のドームや過剰なほどの装飾が施されたバロック様式の塔など、ゴシック、マヌエル、ルネサンス、イスラムなど、さまざまな建築様式によって構成され、19世紀ロマン主義を象徴する建築物として、人気を集めています。

山の頂上にあるペーナ宮殿からの眺望は素晴らしく、建物の周りに造られている通路から、シントラの街や大西洋を一望することができます。博物館になっている宮殿内部は、王家の離宮にふさわしく、どの部屋も壮麗な装飾や豪華な調度品が展示されています。

もっと知りたい！　ペーナ宮殿の城内の見どころのひとつに、「トロンプ・ルイユ」が施された壁があります。実物と見間違うような写実的な絵画や彫刻のことで、見つけて歩くだけでも遊園地のような楽しみがあります。1995年、世界遺産「シントラの文化的景観」に登録された城のひとつでもあります。

297

セント・マイケルズ・マウント

所在地：イギリス（イングランド）　コーンウォール州マラジオン

イングランド南西部のコーンウォールのすぐ沖合の孤島に建てられたセント・マイケルズ・マウント。

英国版モン・サン＝ミッシェルは歩いて渡れる古城と礼拝堂

　　セント・マイケルズ・マウントは、イングランド南西部のコーンウォールのすぐ沖合にあります。ここは「英国版モン・サン＝ミッシェル」とも形容され、干潮から中位時には、グレートブリテン島側の町マラジオンと花崗岩で造られた土手道で地続きになります。

　　ふだんは海に浮かぶ島のセント・マイケルズ・マウントは城塞化した修道院で、かつて一度だけ戦場になったことがあります。イギリスの王位継承をめぐるヨーク家とランカスター家の薔薇戦争（1455〜1485年）中期の1473年9月にランカスター派のオックスフォード伯ジョン・ド・ヴィアーがこの島を占領し、ヨーク派に抵抗したものの降伏。オックスフォード伯はフランスのカレー要塞に幽閉されてしまいました。

　　そのためか、島内の建築物には石造りの修道院のほか、大砲まで残されています。山頂の古い建物は12世紀のものですが、ヴィクトリア様式で造られた美しい庭園もあり、城と庭園の見学はそれぞれ有料です。17世紀以来、セント・レヴァン男爵セントオービン家の所有で、イギリスのナショナル・トラストが管理しています。

もっと知りたい！　フランスの「モン・サン＝ミッシェル」とイギリスの「セント・マイケルズ・マウント」には、景観以外にも共通点があります。ともに「聖ミカエルの山」という意味なのです。建築年代も近く、イギリスとフランスの百年戦争では「モン・サン＝ミッシェル」も戦争の舞台になりました。英仏の観光名所は、不思議な縁でつながっているのです。

マンカスター城

292

所在地：イギリス（イングランド）　カンブリア州レイヴングラス

怪しげな空気が漂うマンカスター城。

道化師の幽霊が出るという湖水地方に残る美しい城

　イングランド西北部の風光明媚な湖水地方に建つマンカスター城は、最初はエクス川ほとりの城砦として13世紀に建設されました。薔薇戦争では、ランカスター家の居城として用いられています。

　今の姿になったのは、19世紀に4代目マンカスター卿が当時最先端の技術と流行を取り入れて大改築を施してからで、その頃から「観光名所」として知られていました。

　ところが、マンカスター城はイギリス有数の幽霊屋敷としても知られ、エリザベス朝時代の装飾が施された寝室に、トム・フールという道化師の幽霊が出るという目撃談が伝えられています。宮廷お抱えの道化師だったそうで、「悪人で人殺し」と書かれたものもありますが、トム・フールがなぜ霊になって城に出没するのか、その経緯はよくわかっていません。

　ただ、城のガイド担当が例の寝室で目撃したという話が現代もあり、2006年には「幽霊教室」なるものが開かれたそうです。城の周辺を囲む美しい花々に彩られた庭園とともに、観光の話題づくりに一役買っているのは間違いないようです。

もっと知りたい！　マンカスター城は、宿泊施設、レストラン、ギフトショップをはじめ、フクロウの保護・研究の目的で造られたフクロウセンターが併設され、観光地化が非常に進んでいます。19世紀の美術評論家ジョン・ラスキンが「天国の入口」と評したという城は、周辺の景観美を含めて美しいままに今日に残されています。

カリニャーノ宮殿

293

世界遺産

所在地：イタリア共和国　ピエモンテ州トリノ

バロック様式のカリニャーノ宮殿は世界遺産に登録されるサヴォイア王家の王宮群のひとつです。

悲劇のフランス宮廷女官長マリー・ルイーズ生誕の城

　トリノの中心部にある建築物の中でも、ひときわインパクトがあるバロック様式煉瓦造りの宮殿が、カリニャーノ宮殿です。1679〜1684年に建築され、トリノ・バロック建築の名作といわれるこの宮殿に、1749年、のちのマリー・テレーズ・ルイーズは生まれました。

　彼女はサヴォイア家の支族であるカリニャーノ公を父とし、1767年にフランス国王ルイ14世の曾孫ランバル公ルイ・アレクサンドルと結婚しますが、翌年に死別します。

　1770年、ランバル公妃マリー・ルイーズはフランス宮廷に仕え、マリー・アントワネットに気に入られ、女官長に任命されます。一時、寵愛が他の女性に移り女官長を外されましたが、慎ましやかで純粋なマリー・ルイーズは王妃の寵愛を取り戻し、女官長に返り咲きました。

　しかし、1789年にフランス革命が勃発。救援を求めにイギリスに向かうなど、ルイ16世とマリー・アントワネットへの忠誠を曲げませんでした。1792年8月、ルイ16世一家が幽閉されると、翌9月にマリー・ルイーズは裁判にかけられますが、革命の正当性を認めませんでした。直後の「9月虐殺」で民衆に撲殺され、遺体は切り刻まれたといいます。

もっと知りたい！　カリニャーノ宮殿はサヴォイア家の邸宅を経た後、国会議事堂として使用され、イタリア統一後の初の国会が開かれた場所です。現在は王立リソルジメント博物館となっています。展示室が約27室あり、イタリア史を語る資料や、遺品、武器、芸術作品などが展示されています。1997年登録の「サヴォイア家の王宮群の世界遺産」に含まれています。

ムーアの城跡

294

世界遺産
所在地：ポルトガル共和国　リスボン県シントラ

イスラム教勢力の支配下にあった時代に建てられたムーアの城跡。

「この世のエデン」を一望できる1400年前の城塞跡

　華やかな宮殿が多い「この世のエデン」といわれる美しいシントラには、標高450mの山上に、7〜8世紀頃に建造された「ムーアの城跡」が遺されています。

　ムーア人とはアフリカ北西部を本拠とするイスラム教徒のことで、イベリア半島の大西洋岸にあるシントラが彼らによって占領されていたのです。1147年にポルトガル王アンフォンソ・エンリケスが降伏させ、城壁内にキリスト教の礼拝堂を建築したといいます。

　城は16世紀には完全に放棄され、徐々に荒廃。さらに1755年のリスボン地震でも被害を受けます。しかし、1840年にフェルディナント2世によって修復され、その後、城跡の安全性を確保する工事が少しずつ進められ、現在のようなシントラのパノラマビューを楽しめる史跡となりました。

　529mの山頂からは白い壁にオレンジの屋根が印象的な深い森に囲まれた市街や、カラフルな色彩のペーナ宮殿などが一望でき、また山の尾根伝いに城壁が連なる「万里の長城」を彷彿させる城構えも圧巻です。

もっと知りたい！　1995年登録の世界遺産「シントラの文化的景観」は、シントラ宮殿、ペーナ宮殿、レガレイラ宮殿という華やかなポルトガル王家の宮殿に、ムーアの城跡を加えた4つの物件で構成されています。1147年にアンフォンソ・エンリケスがシントラをポルトガルに併合した時、当時の地域の城はすべて破壊され、華やかな宮殿と美しい街が残りました。

トプカプ宮殿

所在地：トルコ共和国　イスタンブール県イスタンブール市

トプカプ宮殿のハレムにあって壮麗な装飾が施される「皇帝の間」。

イスタンブールにある「オスマン帝国」歴代君主が住んだ宮殿

　オスマン帝国第７代スルタン・メフメト２世が1460年代頃造営を開始し、1478年頃に完成したのがトプカプ宮殿です。1453年に東ローマ帝国の首都コンスタンティノープル（現・イスタンブール）を陥落させたメフメト２世は、この地に大宮殿の建設を指示しました。

　以降、トプカプ宮殿は王宮であると同時に、オスマン帝国の行政の中心地として機能しました。スルタン（のちには大宰相）が主宰する御前会議（ディーワーヌ・ヒュマーユーン）は、宮殿の「ドームの間（クッベ・アルトゥ）」と呼ばれる部屋で開かれました。

　当初、後宮（ハレム）はありませんでしたが、第10代スルタンのスレイマン１世の時に建設されました。その結果、スレイマン１世の皇后となったロクセラーナに始まって16世紀後半頃から後宮権力が政治に介入するようになり、17世紀にはスルタンの母后が政治を動かす時代が続きました。

　17世紀中頃に政治機能が大宰相府（バーブ・アーリー）に移ると、トプカプ宮殿は王宮として帝国の儀礼と公式行事の中枢を担うようになりますが、1853年に宮廷が西洋風のドルマバフチェ宮殿に移ると放置され、荒廃していきました。

　もっと知りたい！　1924年、トルコ共和国はトプカプ宮殿を修復し、博物館として一般に開放しました。370年以上にわたり歴代スルタンが居住し、増改築が繰り返されたトプカプ宮殿は、オスマン建築、バロック建築などの様式が混在し、造りも複雑になっています。1985年登録の世界遺産「イスタンブールの歴史地区」に含まれます。

アールデン城

296

所在地：ドイツ連邦共和国　ニーダーザクセン州アールデン

レーヌ川に面した土地に建てられたアールデン城。その多くの部分は木造建築です。

夫と疎遠で不倫の末、32年間幽閉された王妃ゾフィア・ドロテア

　1682年、ゾフィア・ドロテアは16歳の誕生日に初めて従兄ゲオルク・ルートヴィヒ公子（のちのハノーファー朝初代イギリス王ジョージ1世）との婚約を告げられます。ゾフィアは気が進みませんでしたが、父親同士が決めた話に従い、2か月後に結婚します。

　美貌で名高いゾフィアでしたが、夫はあまり関心を示さず、姑ゾフィーからもきつく当たられました。夫ゲオルク・ルートヴィヒの母ゾフィーは、もとはゾフィアの父の婚約者でしたが、一方的に婚約を破棄された過去があり、その娘をまた憎んだのです。

　息子ゲオルク・アウグスト（後のジョージ2世）と娘が生まれた後は、愛人を作って妻を気にもかけない夫に、ゾフィア・ドロテアもまた、ケーニヒスマルク伯フィリップとの愛人関係にはまっていきました。

　ほどなく夫に知られ、1694年に愛人フィリップは失踪。ゾフィア・ドロテアは夫へ離婚を求めますが、「離婚手続きが済むまでの間」という理由でアールデン城に住むよういわれます。しかし、それが28歳から60歳までの32年間におよぶ、長い幽閉生活の始まりになったのです。

もっと知りたい！　イギリスのゲオルク・ルートヴィヒと結婚したゾフィア・ドロテアの幽閉先がドイツのアールデン城だったのは、夫がニーダーザクセン州を支配したハノーファー選帝侯だったことによります。実母以外は息子との面会も許されず、母を一方的に奪われたのちのジョージ2世は、父ジョージ1世を激しく憎悪することになります。

シュノンソー城

297

世界遺産

所在地：フランス共和国　アンドル＝エ＝ロワール県シュノンソー

シュノンソー城の河中に突出するような構造はディアヌによって改修された際に生まれました。

6代にわたる女性城主が、それぞれの美意識を投影した城

　シュノンソー城は、ロワール川南方の支流シェール川沿いに建つ美しい城で、16世紀から19世紀まで代々城主が女性だったことから、「6人の女の城」とも呼ばれています。

　最初の女性城主は、フランス国王フランソワ1世の財政長官トマ・ボイエの妻カトリーヌ・ブリソネです。カトリーヌ・ブリソネはヴェネツィアの宮殿の図面を元に、シュノンソー城をルネサンス様式に改築しました。次の城主は、アンリ2世の愛妾ディアヌ・ド・ポワティエです。ディアヌは1547年にシュノンソー城を譲り受けると城の造園工事を行ない、シェール川に橋を架けてその眺望を愛しました。しかしアンリ2世が没すると、正妻のカトリーヌ・ド・メディシスによってシュノンソー城を追われ、カトリーヌが3代城主になります。橋の上に長さ60m、幅6mのギャラリーを増築して現在の姿としたのはカトリーヌでした。

　4代目はカトリーヌの息子アンリ3世の妻ルイーズ・ド・ロレーヌでしたが、アンリ3世が薨去するとヴァロア朝フランス王国は終わり、以後ルイーズは喪服を着て、シュノンソー城内の居室で静かに暮らしたといいます。5人目以降は、王族・貴族の手を離れました。

もっと知りたい！　白亜の建物にブルーの屋根が愛らしいシュノンソー城ですが、とくに2代目城主ディアヌ・ド・ポワティエと3代目カトリーヌ・ド・メディシスが城にかけた思いは強く、城内にはそれぞれが装飾させた部屋があり、庭園もディアヌとカトリーヌの造園のものが競うように造られています。

テッサロニキの城壁

298

所在地：ギリシャ共和国　テッサロニキ県テッサロニキ

テッサロニキの城壁上から眺める街並みとテルマイコス湾の美しい景色。

紀元前3世紀には築かれた!? 古代マケドニア王国の面影を訪ねて

　ギリシャ北部のエーゲ海に面する港湾都市テッサロニキは、古代マケドニアのカッサンドロス王によって紀元前315年頃に築かれました。同時に街の周囲をめぐる城壁が建設されていましたが、現在残るものは4世紀の建設です。街に残る古代ローマの遺跡から取った石や大理石が使用され、往時の城壁を意識して再建されたといいます。

　城壁の大部分は19世紀後半に行なわれた街の拡張によって取り壊されましたが、朽ちた様子が逆に歴史を感じさせて人気を呼び、残った城壁沿いには現代的な家屋やレストラン、ショップが建ち並んでいます。

　この城壁にそびえる防御塔からは、テッサロニキの街並みとテルマイコス湾の美しい景色を眺めることができます。壁の所々には太陽や十字架などのシンボルが刻まれ、古代ギリシャと初期キリスト教の文化に思いを馳せることができます。

　丘をのぼり、城壁の最も高い場所にたどり着くとテッサロニキのアクロポリス（「高い都市」の意）があり、2000年以上の歴史を持つ建造物の壁の遺跡が残されています。

もっと知りたい！　テッサロニキの城壁は、「ビザンツ（ビザンティン）の壁」ともいわれます。マケドニア王国は紀元前168年に滅びてローマ帝国の属州になりますが、379年に帝国が東西に分裂すると、テッサロニキはビザンツ帝国（東ローマ帝国）の重要都市になりました。城壁の再建はこの時のことであり、史上この都市がもっとも栄えたのがビザンツ帝国の時代でした。

セビリアのアルカサル

299

世界遺産

所在地：スペイン王国　アンダルシア州セビリア

グラナダのアルハンブラ宮殿の影響が見て取れるセビリアのアルカサルの意匠。

「残虐王」にして「正義王」という建造者ペドロ1世の人物像

　14世紀、カスティーリャ王ペドロ1世の命により、イスラム支配時代の宮殿の跡地にムデハル様式で建設されたのがセビリアのアルカサルです。グラナダのアルハンブラ宮殿を意識したとされますが、15世紀から16世紀にも増築されたため、ゴシックやルネサンスなど、ヨーロッパの建築様式の部分も混じっています。

　1350年に父王の薨去によって16歳で即位したペドロ1世は、対立した母マリアを実家のポルトガルに追い返し、異母兄エンリケと度重なる抗争の末、敗死する運命をたどります。

　ペドロ1世は、敵対する王国の貴族たちを容赦なく殺したとして、「残虐王」と呼ばれていましたが、あくまで法を犯す者に厳しかっただけであり、彼の治政下でカスティーリャ王国の治安はむしろ安定していたといいます。「正義王」の名は、ペドロ1世を公正な王として評価する人々によって、彼の死後につけられたものです。

　在位は20年に満たなかったペドロ1世ですが、セビリアにアルカサルやその他の建築を構想し、実現させたのはやはり一角の為政者であったことをうかがわせます。

もっと知りたい！　セビリアのアルカサルは1987年「セビリアの大聖堂、アルカサル、インディアス古文書館」として世界遺産に登録されました。セビリアの大聖堂はスペイン最大の聖堂で、世界最大規模のゴシック建築といわれます。インディアス古文書館は、16世紀のスペイン王フェリペ2世が商品取引所として建設し、現在、スペイン帝国最盛期の資料を収蔵しています。

ブラチスラヴァ城

所在地：スロバキア共和国　ブラチスラヴァ県ブラチスラヴァ

ドナウ川を見下ろす丘の上にそびえるブラチスラヴァ城。

ハンガリー王国の主城に住んだマリア・テレジアの治政

　ドナウ川を見下ろす小高い丘の上で、オレンジ色の屋根に長方形の白亜の壁面が印象的なブラチスラヴァ城は、長くハンガリー王国の主城でした。多くの城主たちの中でも、最も印象的な人物は、マリア・テレジアでしょう。

　1740年にオーストリア大公マリア・テレジアがハンガリーの女王を兼ねることになった際、彼女は両王国の貴族たちにオーストリアとハンガリーの両方に住むことを約束しました。その約束を律義に守り、マリア・テレジアは多くの時間をこの城で過ごしたのです。

　1756年からプロイセンとの間に戦われた七年戦争では、ハンガリー騎士団が城に駆けつけ、マリア・テレジアを支えました。

　1761年から1766年にかけて城は大規模に改装され、内部のさまざまな変更とともに大きな庭園が北側に造営されました。植物学に興味があった夫のオーストリア皇帝フランツ１世が造営した庭園は、城の東側に残ります。1766年にブラチスラヴァ城に移り住んだ夫妻によって、科学や文化を愛する気風が根付き、街を発展させたともいわれています。

もっと知りたい！　1770年に城の東側に新しい宮殿（テレジアヌム）が完成すると、マリア・テレジア自ら、貴重な絵画や家具を主城とテレジアヌムの両方に備えるよう指示し、任命した総督をテレジアヌムに移らせました。「ハプスブルク帝国」といわれ、ヨーロッパに巨大な権勢を確立したマリア・テレジアですが、この静かな城を愛し、非公式に頻繁に訪れていたといいます。

ランブイエ城

301

所在地：フランス共和国　イヴリーヌ県ランブイエ

フランス国王の狩猟のための城として利用されたランブイエ城は、後世、大統領の夏の別邸となりました。

「素晴らしい庭園」を持ち、フランス大統領の夏の離宮だった城

　パリの南西約50kmに位置するランブイエには、フランス文化省による「素晴らしい庭園」に認定された150haの広大な庭園があります。ランブイエ城はその中にたたずむ城で、古くはフランス王宮として、のちに大統領の夏の別邸として使われています。

　ランブイエ城の歴史は、14世紀にさかのぼります。1368年、国王シャルル5世の顧問ジャン・ベルニエが田園の小さな館を購入し、堀を巡らせて城塞を改築したのが始まりです。

　城を取り巻く豊かな森は、狩猟の獲物の宝庫であり、フランソワ1世、ルイ16世、ナポレオン1世など、歴史上のそうそうたる国王・皇帝が狩りを楽しんでいます。

　庭園内には、王妃マリー・アントワネットの酪農場と貝殻で飾られた田舎家があり、ランブイエ城の内装、とりわけ19世紀当時の家具で整えられたナポレオン1世のアパルトマンは必見です。

　1896年から2009年までは、フランス共和国大統領の夏の離宮として使われ、1975年には世界初の先進国首脳会議「G6」がここで開催されました。

もっと知りたい！　庭園は無料で見学できますが、城内はガイドツアーに申し込んで見学します。第1回サミット「G6」の晩餐会場になった部屋などを見て回れます。別館マリー・アントワネットの酪農場は、ルイ16世がチーズ製造や乳製品加工用に改修した館で、貝殻で飾られた田舎家は、質素な外観からは想像もつかないすべて貝殻できらびやかに飾られた豪華な内装となっています。

テオドシウスの城壁

302

世界遺産

所在地：トルコ共和国　イスタンブール県イスタンブール市

イスタンブール旧市街を囲むテオドシウスの城壁。1453年の陥落までコンスタンティノープルを守り続けました。

1000年間難攻不落だった東ローマ帝国の首都防衛線の城壁

　テオドシウスの城壁はトルコのイスタンブールにあり、東ローマ帝国（ビザンツ帝国）時代から伝わる大城壁で、イスタンブール旧市街が覆われる規模です。

　5世紀初頭に、東ローマ皇帝テオドシウス2世の命で建設されたテオドシウスの城壁は、首都コンスタンティノープル（現イスタンブール）の防衛線として内壁・外壁・堀の三重構造で、見張り塔が一定間隔で建てられました。全長は約7kmにもおよびます。

　内壁の厚さは5m・高さは8〜12m、外壁は厚さ10m・高さ8mです。さらに堀の幅は約20mもあります。この強固な城壁により、コンスタンティノープルは約1000年にわたって難攻不落の都市となりました。

　しかし1453年、オスマン帝国第7代スルタンのメフメト2世が激しい攻防の末、ついにコンスタンティノープルを陥落させます。これで東ローマ帝国は滅びましたが、テオドシウスの城壁は大きなダメージを受けることはなく、その後の支配者オスマン帝国になっても活用されました。そして現在に至るまで、原形を保って残されているのです。

もっと知りたい！　1985年登録の世界遺産「イスタンブールの歴史地区」のひとつに入っているテオドシウスの城壁は、じつは13世紀初頭に第4回十字軍によって一度攻略されています。しかしこれは城壁が突破されたのではなく、皇帝の逃亡後、内応者が内側から城門を開いたからでした。またオスマン帝国は、新兵器の火砲で城壁の一部を打ち崩し、城内に突入しています。

フレデリクスボー城

所在地：デンマーク王国　シェラン島ヒレロズ

1620年にクリスチャン4世の居城として完成したフレデリクスボー城。

城主で名君クリスチャン4世が見舞われた後宮スキャンダル

　コペンハーゲン近郊の湖畔に立つフレデリクスボー城は、1620年にクリスチャン4世の居城として完成しました。父王フレデリック2世から2代にわたって建造され、歴代デンマーク王の戴冠式が行なわれた北欧最大のルネサンス様式の城といわれます。

　60年にわたり善政を敷いたといわれるクリスチャン4世ですが、対外戦争の結果は芳しくありませんでした。スウェーデンとのカルマル戦争では優位に戦ったものの、続くカトリックとプロテスタントの対立による三十年戦争では積極介入したものの苦境に陥りました。

　三十年戦争をなんとか和平に持ち込んだ1629年前後から、王室内の愛憎劇が勃発します。夫人クリスティナの密通に気づいたクリスチャン4世は、クリスティナを追い出すと侍女ヴィベケと公然の愛人関係になります。彼女との間にも多くの子供をもうけ、クリスチャン4世には認知・非認知あわせて、少なくとも26人の子がいたといわれています。世継ぎには恵まれたものの、クリスティナの子たちとヴィベケの子たちが反目。王室内に火種を抱えたクリスチャン4世の晩年は、身内との対立に悩まされるものになってしまいました。

もっと知りたい！　1648年、自ら願ってフレデリクスボー城を出たクリスチャン4世は、コペンハーゲンに移って70歳で生涯を終えました。その死後、フレデリクスボー城は王の居城としてより、公式行事の場として、王室のコレクションの保管場所として利用されるようになりました。1859年に大火で大部分が焼失しましたが再建され、現在は国立歴史博物館となっています。

二条城

世界遺産
所在地：日本　京都府京都市

京都における将軍の在所として築かれた現在の二条城は、幕末期、大政奉還の舞台となりました。

徳川の天下を世に示した豪壮な「武士の宮殿」

　1603（慶長 8 ）年、江戸幕府の初代将軍・徳川家康は、天皇の住む京都御所の守護として、また将軍上洛の際の宿泊所として二条城を建造しました。将軍が不在の時の二条城は、江戸から派遣された武士や二条在番によって守られていました。

　3 代将軍・家光の時代、後水尾天皇行幸があることから、城内は大規模な改修が行なわれ、二の丸御殿にも狩野探幽の障壁画などが数多く加えられました。武士の城に天皇を迎えることで、江戸幕府の支配が安定したものであることを世に知らしめたのです。

　二条城には国から文化財指定を受けた建造物が多く、二条城の正門にあたる「東大手門」、城壁の 4 隅に建つうちのひとつ「東南隅櫓」、二の丸御殿の正門「唐門」、「本丸御殿」は重要文化財となっています。

　また、1867（慶応 3 ）年、15代将軍慶喜が「大政奉還」を表明した大広間のある「二の丸御殿」は、国宝に指定されています。いずれも桃山文化の香りが漂う、合戦を想定していない「武士の宮殿」といえるような壮麗さと優美さが特徴です。

もっと知りたい！　二条城全域は、1939（昭和14）年に「二条離宮」として指定されています。1994（平成 6 ）年には世界遺産「古都京都の文化財」の構成資産のひとつに二条城も登録されました。「二条城」はこれ以前に室町幕府13代将軍・足利義輝、同15代将軍・足利義昭、織田信長、豊臣秀吉らに住まれていますが、現在の二条城とは別の建造物です。

トラカイ城

所在地：リトアニア共和国　トラカイ

ガルヴェ湖に浮かぶ冬のトラカイ城。雪景色のなか、幻想的な雰囲気をたたえます。

壮麗にして難攻不落の城塞都市、リトアニア大公国の首都

　リトアニア共和国は、フィンランドの南にあるバルト3国（他はエストニアとラトビア）の
ひとつです。中世ヨーロッパの雰囲気を残す旧市街がある首都ヴィリニュスから、西に約
30kmのところにトラカイ城はあります。

　ガルヴェ湖に浮かぶ小島にトラカイ城が建てられたのは14世紀頃で、リトアニア大公国王
の居城としてでした。城が建てられたあとは歴代のリトアニア大公国の統治者が住んでいまし
たが、大公国の首都がヴィリニュスに遷った16世紀中頃には政治的な力は失います。しかし、
長い間王室の夏の住居として使われていました。

　湖をはさんで遠望するトラカイ城は、屋根も壁もレンガ色を生かした赤茶の色彩で統一さ
れ、周囲に広がる森を借景としてメルヘンチックな佇まいを見せています。

　300mある木製の橋を渡って城門をくぐると、牢獄に使われた時代に囚人を拘束した器具や
大砲が置かれた中庭があります。内部は「トラカイ歴史博物館」になっており、リトアニアや
トラカイ城について学べる解説・展示があります。

もっと知りたい！　古都トラカイには約200の湖があり、リトアニア国内では夏にはボート遊びやハイキングが楽しめる行楽地と
して人気です。ソ連併合以前に臨時の首都だったカウナスの旧日本領事館は、「東洋のシンドラー」こと杉原千畝がビザを発給し
た場所であり、現在は記念の博物館になっています。

プロヴァンの城壁

所在地：フランス共和国　セーヌ＝エ＝マルヌ県プロヴァン

プロヴァンの城壁とセザール塔。定期市が開かれるプロヴァンの街は、この城壁によって守られてきました。

ヨーロッパ中に知られた商業都市はなぜ衰退したのか？

　12世紀から13世紀頃にかけてヨーロッパ有数の商業都市として繁栄していたシャンパーニュ地方の街プロヴァン。"シャンパーニュ大市"が定期的に開催され、ヨーロッパ中にその名を知られていました。

　それほどの街が急速に衰退したのは、商業用の街道の変更、宗教戦争、疫病の流行などさまざまな理由がありますが、領主シャンパーニュ伯の力が弱まったことが大きいようです。しかしその実力の痕跡は、旧市街を囲む城壁に見られます。

　旧市街を囲む城壁は、シャンパーニュ伯の指示により13世紀に造られました。当時は5kmあった城壁も、現在は1.2kmほどが残るのみですが、高さ25m以上の城壁は、商業の街には似つかわしくないほどの迫力があります。

　また、シャンパーニュ伯の権力を誇示し、プロヴァン繁栄の象徴だったのが、12世紀建造の「セザール塔」です。監視塔、刑務所、鐘楼などさまざまに利用されてきましたが、今でも街の最も高台に建つセザール塔の最上階からの眺めは、プロヴァンの街を一望する絶景です。

もっと知りたい！　中世の早い時期に繁栄のピークを終えたことは、結果としてプロヴァンを歴史的な街として保存する効果がありました。2001年には「中世市場都市プロヴァン」として世界遺産に登録され、世界中の観光客がより訪れるようになっています。

ペンブローク城

所在地：イギリス（ウェールズ）　ペンブロークシャー州ペンブローク

テューダー朝の創始者となったヘンリー7世生誕の地であるペンブローク城。

国王ヘンリー7世誕生の城は現在のイギリス王室の原点

　ウェールズ南部の最西端、海峡を挟んでアイルランドと向き合うペンブローク城は、ペンブローク川が湾曲して3方を囲んで流れる台地に建設されています。この城は、テューダー朝イングランド初代国王となったヘンリー7世が生まれた城として有名です。

　ヘンリー7世の父であるリッチモンド伯エドマンド・テューダーは、西ウェールズで戦闘中に捕えられ、獄死してしまいます。ランカスター家の出身で当時妊娠中だった妻マーガレットはペンブローク城に入り、夫の死後の1457年1月28日にヘンリー7世を出産したのです。

　それから28年──。ヘンリー7世は、「天下分け目」のボズワースの戦いに勝利してヨーク朝のリチャード3世を戦死させ、30年におよんだランカスター家とヨーク家のイングランド内戦「薔薇戦争」を終結させます。リチャード3世の兄エドワード4世の娘であるエリザベスと結婚して王位についたのです。以降、外交的な政治センスも高かったヘンリー7世は、強大化するスペインと結んでフランスを牽制し、イングランドの勢力を固めます。イングランド王位を戦争で勝ち取った最後の王となり、その後は武力に頼らない継承が続いて今日に至っています。

　もっと知りたい！　ペンブローク城は、中央に巨大な4層建ての円塔型のキープ（主塔）がそびえ、敷地の唯一陸に続く側には、立派なゲートハウスを備えた城門があります。城内は観光地化され、ヘンリー7世が誕生した折の様子を蝋人形で再現した部屋などもあります。廃城ながら威風堂々とした城郭建築です。

シュピーツ城

所在地：スイス連邦　ベルン州シュピーツ

トゥーン湖畔に建てられたシュピーツ城。

トゥーン湖畔のリゾートの街に映える小さな城

　アルプス山脈北側のベルン州にあるトゥーン湖畔のシュピーツは、緑豊かな小高い丘やブドウ園に囲まれた美しい街です。ヨットやカヌー、パドリング、ボートなどウォーター・スポーツが人気ですが、この景勝の地で1000年以上の歴史を誇る古城が中世に建設されたシュピーツ城です。

　城といっても小ぶりな居館といった規模なので、城内はさほど広くありません。シュピーツ城の城内では中世の城の厨房や、城の歴史に関する資料が展示され、城主が暮らした時代の様子がうかがえます。

　また城のなかでひときわ目立つ塔に登ることも可能で、頂上まで登る階段は急ですが、たどり着くとトゥーン湖畔から周辺の山並みが一望できる絶景が広がっています。山と谷と湖の織りなす景観は、湖畔に面した城の上だからこそ望むことができる贅沢な眺めです。

　隣接する教会は11世紀初頭に建てられたもので、厳粛な石造りの内装とともに12世紀に描かれたフレスコ画で装飾されています。

もっと知りたい！　シュピーツでぜひ体験したいのが、ブルムリサルプという外輪蒸気船に乗るトゥーン湖のクルージング。緑と山々に囲まれた景色の中に、おとぎ話に出てくるような古城が点在するのが見られます。アクセスは列車でベルンから28分、バーゼル、チューリッヒから1時間半前後、ルツェルン、ジュネーヴからも2時間半ほどです。

首里城
しゅ　り　じょう

世界遺産

所在地：日本　沖縄県那覇市

再建が待たれる沖縄のシンボル首里城。

何度も全焼・全壊しながら琉球王朝の歴史を伝える城

　2019（令和1）年10月、首里城で火災が発生し、正殿・南殿・北殿が全焼するなど、7棟約4800㎡が被害を受けました。琉球王朝時代の工芸品など約400点が焼失したといわれます。

　首里城は14世紀末頃に、琉球王朝の王宮として建設されています。東西最長約400m・南北最長約270m・楕円形の面積4万6167㎡の城域は、堅牢な石垣で囲まれていました。今回無事だった2千円札にも印刷された守礼門は、首里城に向かう時にくぐる第二の外門にあたります。

　15世紀初期に尚巴志王が首里に遷都し、現在のように整備されましたが、その後、火災などでしばしば損壊し、そのつど再建されました。

　1879（明治12）年、明治政府の琉球処分により尚泰王が城を明け渡して王国が崩壊すると、その後、首里城は、熊本鎮台沖縄分遣隊の営所になりました。1923（大正12）年に大修築が行なわれ、18世紀に再建された正殿が国宝指定されています。第二次世界大戦中の1944（昭和19）年には日本軍第32軍の司令部壕が地下に築かれ、アメリカ軍の爆撃を受けて城は全壊。1992（平成4）年の再建を待つこととなります。

もっと知りたい！　戦後、首里城跡にアメリカの指導で琉球大学ができ（1950年）、1972年の沖縄返還の後、国指定史跡になりました。その後、大学が移転し、1986年から正殿、城壁、城門の復原工事が進み、首里城跡一帯は首里城公園として整備されました。2000（平成12）年には、「琉球王国のグスク及び関連遺産群」の中心として、世界遺産に登録されています。

本日の
テーマ　愛憎劇と陰謀の舞台

11月5日

アレクサンドロフスキー宮殿

所在地：ロシア連邦　サンクトペテルブルク連邦直轄地

エカテリーナ2世によって4年の歳月をかけて造営された宮殿は、サンクトペテルブルク近郊のツァールスコエ・セローにあります。

最後のロシア皇帝ニコライ2世と皇后アレクサンドラが愛した宮殿

　1792年から1796年まで、4年の歳月をかけて造営されたアレクサンドロフスキー宮殿は、ロマノフ朝の歴代皇帝たちが「冬の離宮」として使用しました。なかでも帝政ロシア最後の皇帝であったニコライ2世と皇后アレクサンドラは、とりわけこの宮殿を愛しました。

　ニコライ2世は、日露戦争、第一次世界大戦を指導した皇帝でしたが、革命気運の高まった人民に強く弾圧を加えたため、かえって帝政の寿命を縮めました。アレクサンドラ皇后も、怪僧ラスプーチンに心酔して国政への口出しを許すなど、命運に陰りが見えていました。

　皇帝夫妻にとっては血の日曜日事件（1905年）以後、頻発する首都での不愉快な騒擾を避けるのに、アレクサンドロフスキー宮殿は静かで最適な環境だったようです。ペテルブルクから南へ24km離れた避暑地ツァールスコエ・セローにあるこの宮殿に、皇帝一家は永住を希望します。

　ロシア革命が起こると、アレクサンドロフスキー宮殿はロシア臨時政府に接収されます。臨時政府首相アレクサンドル・ケレンスキーによって、皇帝一家はシベリア鉄道でトボリスクに移送され、翌年、ボリシェヴィキにより全員が銃殺されたのです。

もっと知りたい！　以後、宮殿はソビエト政権によって博物館となります。第二次世界大戦直前には、最も貴重な家具、インテリア類は避難しましたが、避難が終了しないうちに独ソ戦が開始され、宮殿はナチス・ドイツに占領されます。戦争によって、貴重なコレクションは半壊を余儀なくされましたが、レニングラード攻防戦での勝利を経て、宮殿はソ連軍の手に奪還されました。

ルートヴィヒスブルク宮殿

所在地：ドイツ連邦共和国　バーデン＝ヴュルテンベルク州ルートヴィヒスブルク

ロココ様式の建築であるルートヴィヒスブルク宮殿は「シュヴァービアのヴェルサイユ」の愛称で親しまれます。

ドイツ最大のバロック建築宮殿はまさに美の殿堂

　ドイツ南西部のルートヴィヒスブルク市は、町割りからして「宮廷都市」として美しく整備されており、その象徴がルートヴィヒスブルク宮殿。18の建物と452の部屋を持つ、ドイツ最大のバロック様式の宮殿で、第二次世界大戦でも奇跡的に無傷で残りました。

　ルートヴィヒスブルク宮殿は、ヴュルテンベルク王国のエーベルハルト・ルートヴィヒ伯爵の狩猟館を起源とし、この館が17世紀末に焼失したため、新たな狩猟館として1704年に着工されたものです。ほかの多くの宮殿に倣い、フランスのヴェルサイユ宮殿を真似て1704年に着工、1733年に完成しました。ヴュルテンベルク国王フリードリヒ1世は特にこの宮殿を気に入り、夏の離宮として利用していました。

　公開ガイドツアーでは、王と王妃の部屋を見学することができます。また、宮殿内には陶磁器博物館や、17世紀から18世紀のドイツおよびイタリアの絵画120点以上を展示するバロック・ギャラリーなど、いくつかの博物館・美術館が入っています。また、広大で美しいバロック庭園も広がり、見どころの多い宮殿です。

もっと知りたい！　宮殿の前後には、ヴェルサイユ宮殿を手本としたフランス式（平面幾何学式）の庭園が広がっています。その様式の特徴であるシンメトリー（左右対称）の模様が見事です。宮殿の北東の庭園は、一部をイギリス式風景庭園に変えられました。

ブルトゥイユ城

所在地：フランス共和国　イヴリーヌ県

16世紀の建造当時からブルトゥイユ家に代々所有されてきたブルトゥイユ城。

気分はリアル「ベルばら」！「ろう人形」で史実を再現した城

　パリから南西へ35kmの距離にあるブルトゥイユ城は、16世紀の建造当時からブルトゥイユ家に代々所有されてきました。美しい庭園と広大な森は75haにおよび、貴族たちが狩猟や散策を楽しんだ趣が残っています。

　18世紀後半の城主ルイ・オーギュスト・ル・トノリエ・ド・ブルトゥイユ男爵は、ルイ16世と王妃マリー・アントワネットから深く信頼され、大臣を歴任しました。ブルトゥイユ男爵は、「王妃の首飾り事件」という有名な詐欺事件に連座したライバルのルイ・ルネ・エドワール・ド・ローアン卿を、逮捕する役を担った人物として知られています。

　ブルトゥイユ城内には、ろう人形を使って史実の一場面を再現している展示があり、「王妃の首飾り事件」のエピソードもあります。ローアン卿の逮捕状に国王ルイ16世がサインしている場面の再現で、それを見守るマリー・アントワネット、不安そうに見つめるローアン卿の人形があります。別の部屋には「王妃の首飾り事件」で問題となった、650個ものダイヤモンドを使用した豪華な首飾りのレプリカも展示され、男爵の活躍を伝えています。

もっと知りたい！　王妃の親しい友人だと偽ってローアン卿に近づいたジャンヌ・ド・ラ・モット伯爵夫人が、宝石商ベーマーから160万リーブル（金塊1t相当）の首飾りをローアン卿に買わせ、それを王妃に渡すとしてだまし取ったのが「王妃の首飾り事件」です。日本の人気漫画『ベルサイユのばら』でも描かれ、「ベルばら」ファン人気の観光地にもなっています。

松江城

所在地：日本　島根県松江市

現存十二天守のひとつであり、国宝にも指定される松江城の天守。

天守の人柱にされた娘の祟りか？　次々に城主が病死した名城

　松江城は、関ヶ原の合戦で軍功のあった堀尾吉晴が築かせた平山城です。出雲・隠岐24万石の松江藩の政庁として、出雲地方の政治経済の中心として栄えました。

　標高29mの亀田山に建つ天守から見渡す宍道湖の眺望は見事で、ゆったりと幅広くとられた堀は宍道湖とつながり、湖上に浮かぶような景観はまさに絶景です。松江城は1611（慶長16）年に落成しますが、天守建造をめぐる「人柱伝説」が伝わっています。

　天守台の石垣を築くにあたり何度も崩れてうまくいかず、人柱が必要と考えた家臣たちは、盆踊りのさなか、最も美しく、最も踊りのうまい娘をさらい、生き埋めにしてしまったというのです。その後、城は無事完成しましたが、その年に城主・堀尾吉晴が亡くなっています。

　跡を継いだ2代藩主・忠晴は嗣子がなく、1633（寛永10）年に没して堀尾家は御家断絶。後に入封した京極忠高も、わずか3年後の1637（寛永14）年に無嗣断絶となりました。人々は娘の祟りと恐れ、明治維新まで続く次の松平氏が入るまで怪異の噂が続きました。その人柱伝説は、松江の地を愛した作家ラフカディオ・ハーン（小泉八雲）も作品で紹介しています。

もっと知りたい！　五層六階の松江城天守は、日本に5つしかない国宝指定の城のひとつです（他に犬山城、彦根城、姫路城、松本城）。明治初期の廃城令で松江城は陸軍省所管となり、城内の建物はすべて解体して売却されるところを、地元の有志が天守だけを買い戻したといいます。近年は観光の目玉となり、二の丸の櫓が復元されるなど、往年の姿に戻りつつあります。

エーグ＝モルト

314

所在地：フランス共和国　ガール県エーグ＝モルト

地中海へのアクセスが良好な地に築かれたエーグ＝モルトは、ルイ9世の2次にわたる十字軍の拠点として建設されました。

ルイ9世が十字軍遠征の拠点とした地中海沿岸の城郭都市

　ジーンズのデニム生地発祥の地として知られるフランス南部のニーム近郊には、ローヌ川河口に築かれた城郭都市エーグ＝モルトがあります。「死んだ水」という意味の名が示す通り、城のある一帯は、製塩業がさかんな塩水の湿地帯となっています。

　791年、フランク王のカール大帝は、湿地帯の真ん中にマタフェル塔を建て、敵が近づいた場合の見張りをさせました。これがエーグ＝モルトの始まりです。

　1240年、フランス王ルイ9世は地中海へ直接出られる要所としてこの地を整備すべく、私財を投じて周辺地域を買い上げました。敬虔なキリスト教徒であった彼は、のちにエーグ＝モルトから2度にわたって十字軍の遠征に出発しています。1248年の第7回十字軍、1270年の第8回十字軍です。しかし、前者ではエジプトを攻撃するも捕虜となって失敗。後者ではチュニスに到着するも、同地で赤痢に感染し病没してしまいました。

　エーグ＝モルトが城塞都市となるのはこのあとのこと。1272年、フィリップ3世の代になって、小さな街を囲む城壁の建築が始まり、30年余をかけて完成しています。

もっと知りたい！　ルイ9世は、1226年から1270年まで在位した「聖王ルイ」といわれる英明な王で、内政に力を入れて平和を保ち、フランス王国を繁栄させました。国内外を問わず、紛争の解決に尽くし、「ヨーロッパの調停者」として理想のキリスト教王と評価されます。

オーイドンク城

3 1 5

所在地：ベルギー王国　オーストフランデレン州ダインゼ

豊富な水によって演出されるオーイドンク城。

伯爵一家が自ら管理する「レイエ川の真珠」と呼ばれる城

　ベルギー西部の緑豊かな美しいフランドル地方にあり、川から引き込んだ濠の水に囲まれ、「レイエ川の真珠」と称えられるオーイドンク城。中世にはゲント市を守る要塞だったというこの城は、二度破壊されていますが、1595年に現在の優美な城に再建されました。16世紀のスペイン・フランドル風ルネサンス様式を代表する、ベルギーで最も美しいお城のひとつとされています。

　オーイドンク城が現在のように美しく保持されることになったのは、1864年、アンリ・トキント・デ・ローデンベーク上院議員（のちに上院議長や国務大臣に）とその妻によって購入され、その子孫が代々修復を繰り返しながら住み続けてきたことによります。

　150年以上を経た今日も、ローデンベーク伯爵とコラリー伯爵夫人、3人の息子たちが私邸として暮らし続けています。結婚後、コラリー伯爵夫人がインテリアを全面的に修復し、一部の完全なプライベートゾーンを除いて、一般見学を可能にしました。12室あるレセプションルームをはじめ、チャペルやサロン、ゲストルームなどを見学できます。

もっと知りたい！　オーイドンク城は、結婚式を挙げることもでき、実際に現在も国の要人の晩餐や貴族が集まるパーティなどで使用されています。赤茶色の城壁に屋根の上にある玉ねぎのような球形の飾りが印象的です。周辺の庭園もきれいに整備され、個人所有でここまでこだわる現所有者である伯爵家のオーイドンク城への愛情が伝わってきます。

ブダ城

世界遺産

所在地：ハンガリー共和国　ブダペスト市

ハンガリーの激動の歴史を見守りながら、ネオ・バロックの大宮殿として生まれ変わったブダ城。

武器火薬庫だったこともある破壊と再生を繰り返した王宮

　15世紀、中欧最大の国家として存在したハンガリー王国でしたが、16世紀になると、首都ブダはオスマン帝国の支配下に入り、ブダ城は国王の館から火薬保管庫に転用され、1578年頃に倉庫への落雷が原因で爆発して炎上してしまいます。

　17世紀後半にハプスブルク家によってブダが解放された時、廃墟となっていたブダ城を再建したのは、ハンガリー王となったハプスブルク家出身の女王マリア・テレジアでした。

　オーストリア継承戦争で苦境に追い込まれた彼女を、ハンガリーが支援し助けた事への報恩として、1770年、マリア・テレジアはブダの王宮をバロック様式で再建したのです。しかし、1848年から翌年にかけての革命で焼失。その後も再建・拡張し、1904年にネオ・バロックの巨大王宮になりますが、これも第二次世界大戦で破壊されてしまいます。1950年代に現在の形に修復されましたが、1956年のハンガリー動乱でふたたび大きく損壊し、復旧したのは1980年代に入ってからのことでした。城内には、ハンガリー王国歴代の王たちの結婚式や戴冠式が行われたマーチャーシュ聖堂が残されています。

もっと知りたい！　ブダ城は、「ドナウ河岸、ブダ城地区およびアンドラーシ通りを含むブダペスト」として、1987年に世界遺産に登録されました。内部見学も可能ですが、ヨーロッパの多くの王宮と比べて非常に質素な装飾の部屋が多くなっています。しかし、ドナウ川を見下ろす高台にそびえるその姿は、「ドナウの真珠」と称えられるブダペストの景観の象徴になっています。

ロシュ城

世界遺産
所在地：フランス共和国　アンドル＝エ＝ロワール県ロシュ

百年戦争を終結へと導いたフランス王シャルル7世の愛人アニェス・ソレルが眠るロシュ城。

毒殺疑惑のある絶世の美女寵姫アニェス・ソレルの城

　ロワール渓谷の支流アンドル川に向けてせり出した岩山に建つロシュ城の歴史は、8世紀に
さかのぼります。中世を通じて常に戦略的な要衝で、シャルル7世の即位前の居城でした。
1429年5月オルレアンを解放したジャンヌ・ダルクが、その足でロシュ城に向かい、シャル
ル王太子に王位継承を説得したことで知られています。

　ロシュ城を有名にしたのは、フランス王シャルル7世の愛人アニェス・ソレルの居城になっ
たことです。アニェス・ソレルは絶世の美女で、王に強い影響力を持ってフランス史上初の公
式の寵姫（公妾）になった女性です。

　アニェスは王妃マリー・ダンジューとも不仲ではなく、傍若無人な性格でもありませんでし
た。しかし、シャルル7世への発言力の大きさと贅沢好みが仇となり、周囲の反感を招きまし
た。1450年、29歳の時に王の遠征に同行した際の急病で死去してしまいます。当時は赤痢と
されていましたが、水銀中毒の可能性が高く、毒殺疑惑が根強くささやかれているのです。ア
ニェスの墓は、ロシュ城内の「アニェス・ソレルの塔」にあります。

もっと知りたい！　2000年登録の世界遺産「シュリー＝シュル＝ロワールとシャロンヌ間のロワール渓谷」のひとつであるロシュ
城は、眺望が素晴らしいことでも知られます。主塔の砲台、砦、城のテラスからは、ロシュの街並みやアンドル川が一望できます。
城内には、ジャンヌ・ダルクがシャルル7世に戴冠を進言した広間が残されています。

ブルターニュ大公城

所在地：フランス共和国　ロワール＝アトランティック県ナント

ブルターニュ公国最後の大公フランソワ２世によって建築が始められたブルターニュ大公城。

ブルターニュ公国の首都にある防御力と優美さが共存した城

　フランス北西部の大西洋に飛び出したブルターニュ半島は、かつて500年にわたって存在したブルターニュ公国の領土でした。その南側にあるロワール川の河口付近に位置するナントは、公国の首都として、16世紀から18世紀にかけてフランス最大の港として栄えました。

　1446年、ブルターニュ公国最後の大公フランソワ２世によって建築が始まり、娘のアンヌ・ド・ブルターニュの時代に完成したのがブルターニュ大公城です。1532年に公国がフランスに併合されると、城はフランス王の所有となりました。

　ブルターニュ大公城を歴史的に有名にしたのは1598年の「ナントの勅令」です。カトリックと新教徒（プロテスタント）の間での40年におよぶ宗教戦争を収めるため、フランス王アンリ４世が新教徒に信仰の自由を認めたのです。

　1840年、フランス文化省によって「歴史的建造物リスト」に加えられると、観光地化していきました。外からの敵には威厳を持ってそびえる要塞の外観、中庭からは繊細で優美なフランスらしい城の外観が望めます。

もっと知りたい！　1990年代から15年かかった修復工事によって、ブルターニュ大公城の32の部屋がナント歴史博物館として公開されています。ナントは芸術と文化に重きを置いた都市計画を進め、「フランス人がもっとも住みたい町」といわれており、その象徴がブルターニュ大公城になっています。

コッホ城

所在地：イギリス（ウェールズ）　サウスウェールズ州カーディフ北郊

ゴシック・リヴァイヴァル様式で建設されたコッホ城の内部は、ヴィクトリア朝期の華麗な装飾で彩られています。

メルヘンな外観と室内装飾を堪能できる19世紀の城

　ウェールズの首府カーディフを守るため、11世紀にノルマン人によって造られた要塞に始まるコッホ城は、19世紀に時の城主第3代ビュート侯爵ジョン・クライトン＝ステュアートが建築家ウィリアム・バージェスに設計を依頼し、1872年から20年かけてゴシックリバイバル建築の城として生まれ変わりました。

　ウィリアム・バージェスは、19世紀イギリスを代表する建築家で、工業化や流行の新古典主義建築と一線を画し、中世ヨーロッパ建築の理想とした人物でした。

　そんな彼の設計によるコッホ城は、円すい状の石造りの塔や跳ね橋など、中世の要塞のような堅牢さを見せる一方、童話の世界に出てくるようなメルヘンチックな外観も魅力です。

　城内も見学可能で、鳥や蝶、星が描かれたアーチ天井がある八角形のドローイング・ルーム、ギリシャ神話に登場する3人の神の美しい彫像がある暖炉の他、ビュート侯爵夫人のベッドルームでは、鳥や花、フルーツが描かれた赤とゴールドのドーム型天井が印象的です。中庭に出て見上げるキープ（主塔）やキッチン・タワーも中世ロマンを堪能させてくれます。

もっと知りたい！　第3代ビュート侯爵ジョン・クライトン＝ステュアートは、コッホ城から近いカーディフ城もウィリアム・バージェスに設計を依頼しました。こちらは1866年から1928年という年月をかけて築城されています。バージェスは1881年に53歳で亡くなってしまい、コッホ城もカーディフ城も自らの眼で完成を見ることはできませんでした。

タラスコン城

320

所在地：フランス共和国　ブーシュ＝デュ＝ローヌ県タラスコン

聖女マルタにまつわる伝説が残るタラスコン城。

城の街に伝わる聖女マルタが怪物タラスクを退治した伝説

　1401年にアンジュー公ルイ2世が建造に着手し、長男ルイ3世、次男ルネと引き継がれて1447年に完成したタラスコン城は、ローヌ川沿いにあるフランスの代表的中世城郭です。

　このタラスコンの街には、「怪物タラスク」の不思議な伝説が残っています。タラスクはローヌ川付近の森に棲息しており、遠くオリエントのシリアからやってきたとされ、海の巨大な怪物レヴィアタンと牛の姿をした怪物オナクスとの間に生まれた半獣半魚の竜だといいます。

　1世紀の頃、キリスト教布教のためにサント＝マリー＝ド＝ラ＝メールから聖マルタが当地にやって来ました。聖マルタは、ネルルク（「黒い森」の意）村を訪れた際、怪物タラスクの話を聞くと、これを鎮めるべく森に入りました。

　怪物を発見すると、彼女は恐れることなく一心に祈りを唱え、聖水を振りかけてタラスクを封じ込めます。怪物は鎖に繋がれ、聖女のもとにひれ伏しますが、長らく苦しめられ続け、家族を喰われてきた村人たちは、石を投げてこれを殺したといいます。

　タラスコン城完成の400年以上前の出来事として、現在まで語り継がれています。

もっと知りたい！　タラスコンでは、毎年6月の最終土曜日に「タラスク祭り」が開催されています。タラスコン城ができた15世紀頃から始まったというこの祭りでは、タラスクを模した張り子が、若者達に曳かれて会場を練り歩きます。日本の獅子舞や、地方の村祭りにあるような不思議な祭りが、フランスにもあったのです。

ユスポフ宮殿

世界遺産
所在地：ロシア連邦　サンクトペテルブルク連邦直轄地

華麗な装飾で彩られるユスポフ宮殿は、末期の帝政ロシアの宮廷を牛耳った怪僧暗殺の舞台となりました。

怪僧ラスプーチンの暗殺現場となった宮殿

　サンクトペテルブルクの都心にあるユスポフ宮殿は、モイカ宮殿とも呼ばれ、1830年から1917年まで貴族モイカ家が所有していました。この時期に大規模な改修が行なわれ、スペインのモスクを模した客間やタペストリーの間など、豪華な内装が整えられました。

　ユスポフ宮殿を有名にしている歴史的な出来事が、怪僧ラスプーチン暗殺事件です。

　1916年、ニコライ2世の皇后アレクサンドラの信頼を得て宮廷内で絶大な権力をふるった修道僧グリゴリー・ラスプーチンは、ユスポフ宮殿の新築祝いとして当主のユスポフ公に招待され、青酸カリ入りのケーキや紅茶をふるまわれます。

　しかし、食べ終えても平然としていたのでユスポフ公はワインで数時間歓談して泥酔させ、拳銃で背後から撃ちました。ラスプーチンは床に倒れこみましたが、それでも目を見開いて立ち上がってきたといいます。実行犯はユスポフ公をはじめ数人いましたが、恐怖の中でようやくラスプーチンを殺害すると、死体を川に投棄しました。まもなく帝政ロシアが崩壊したため、詳しい調査記録は残っておらず、殺害状況の真相はいまだ闇に包まれています。

もっと知りたい！　モイカ川畔に建つユスポフ宮殿内は見学可能なほか、殺害現場となった地下室も公開されています。殺害の時に音が漏れないよう、防音性の高いワインセラーを改造した部屋だったとされています。ユスポフ宮殿は、1990年登録の世界遺産「サンクトペテルブルク歴史地区と関連建造物群」の構成資産のひとつに含まれています。

スターリング城

322

所在地：イギリス（スコットランド）　スターリング

三方を断崖に囲まれるという天然の要害に立つスターリング城。

火山性の岩山の上に建つ、三方断崖の戦略の要衝

　首都エディンバラと最大の都市グラスゴーの間に、スコットランドで最小の都市スターリングがあります。しかし小さいながらハイランドの山岳地帯に近接したその地は、スコットランド対イングランド攻防の要衝として、歴史的には重要な役割を担ってきました。

　その都市で火山性の岩山の上に築かれ、三方は崖という高みにそびえるスターリング城は、遠くから眺めると、周囲の山並みや緑に溶け込んだヨーロッパ古城の醍醐味を堪能させてくれます。

　城内は観光客向けに開かれており、有料のゲートをくぐって中に入ると、テイクアウト可のカフェもあります。大砲（おそらくレプリカ）が城外に向けて並んでおり、本丸に入って高い建物の上から望むスターリングの風景は圧巻です。

　13世紀のイングランド王エドワード1世のウェールズ遠征では、巨大な投石機で攻撃された攻防戦の記録が残っています。1800年から1964年まではイギリス軍の兵舎となっており、第二次世界大戦での日本軍からの戦利品が展示されたコーナーもあります。

もっと知りたい！　スターリング城へは、エディンバラから鉄道に乗ってスターリング駅で降りて徒歩10分ほど。スターリング城入口右手には、スコットランド王ロバート1世の銅像があります。スコットランドを独立国家に導いた英雄としてもっとも尊敬される王であり、スコットランド人としての誇りと気概が今日に受け継がれていることを実感します。

ツェツィーリエンホーフ宮殿

世界遺産

所在地：ドイツ連邦共和国　ブランデンブルク州ポツダム

第二次世界大戦後の世界情勢を決める会談が行なわれたツェツィーリエンホーフ宮殿。

20世紀初頭に建造され、「ポツダム会談」が行なわれた世界遺産

　第二次世界大戦末期、アメリカ・イギリス・ソ連の首脳が、日本に無条件降伏を迫るポツダム宣言の他、戦後処理について話し合った「ポツダム会談」。ツェツィーリエンホーフ宮殿は、その舞台となった宮殿です。

　1917年、ドイツ皇帝ヴィルヘルム2世が、皇太子ヴィルヘルム・フォン・プロイセンのために建造させました。宮殿の名前は、皇太子妃ツェツィーリエにちなんでいます。宮殿といいますが、大きめの貴族の別荘のような外観で、派手さはありません。

　しかし、翌1918年にヴィルヘルム2世は亡命・退位を余儀なくされ、宮殿は国の所有となりました。そして1945年、ソ連の「赤軍」によって占領され、ポツダム会談の舞台に選ばれたのです。

　ツェツィーリエンホーフ宮殿は内部見学が可能で、ポツダム会談が行なわれた部屋も当時のままに残されています。部屋数は約170室あり、ドイツが国有化した後は上流階級の社交場として使われていました。

もっと知りたい！　1990年の世界遺産「ポツダムとベルリンの宮殿群と公園群」には、フリードリヒ大王の離宮サンスーシ宮殿をはじめ、プロイセン王国時代の宮殿や庭園が中心に指定されています。その後、1992年、1999年と拡張登録されましたが、ツェツィーリエンホーフ宮殿はその歴史的重要性から、当初から世界遺産に含まれています。

ヒーヴァー城

所在地：イギリス（イングランド）　ケント州ヒーヴァー

ヒーヴァー城は、ヘンリー8世の2番目の王妃となったアン・ブーリンが生まれ育ち、国王との出会いの場となった城です。

略奪愛した王に処刑された悲運の王妃アン・ブーリン

　ロンドンから車で1時間半ほど、イギリス屈指の庭園に囲まれたテューダー様式のヒーヴァー城は、ナショナル・トラストの管理で一般公開されています。この城は、イングランド王ヘンリー8世の2番目の王妃であったアン・ブーリンの実家にあたります。

　ヘンリー8世の最初の王妃キャサリン・オブ・アラゴンの侍女になったアンは、「魅力がとぼしい」と記録が残るような女性でしたが、ヘンリー8世はお気に入りでした。

　王妃キャサリンが待望の男子を出産できなかったこともあり、国王から愛人にしたいと求められたアンは、実は非常に上昇志向が強い女性でした。ヘンリー8世への返答をじらし、肉体関係と引き換えに「王妃の座」を巧みに要求したのです。

　1533年、アン・ブーリンはついに王妃の座につきました。しかし、アンが出産したのは女子（のちのエリザベス1世）でした。また王妃になるや家具・衣装・宝石などに浪費を始め、ヘンリー8世はアンの侍女ジェーン・シーモアに愛情を移していきます。そして結婚から2年余り、反逆・姦通などの罪で、アンはロンドン塔で斬首となったのです。35歳でした。

もっと知りたい！　ヒーヴァー城は非常によく整備され、ヘンリー8世が来城した時に出迎えたという城門からすぐの中庭や、度々泊まっていった部屋などが残されています。父トマス・ブーリンも政治的野望を持ってアン王妃の誕生を支援しました。しかしアンはおろか息子ジョージも処刑され、トマスもイギリス宮廷から追放されて失意の晩年を送りました。

レドニツェ城

世界遺産
所在地：チェコ共和国　南モラヴィア州レドニツェ

ネオゴシック様式のレドニツェ城。

400室を誇る「ネオゴシック様式」の城と庭園が世界遺産

レドニツェ城の建造はリヒテンシュタイン家の夏の離宮として13世紀に始まり、時間とともにバロック様式から改装され、19世紀に現在のネオゴシック様式になったといいます。400室以上という部屋数があり、部屋ごとに印象的な趣向のデザインになっています。

壁とカーテンがターコイズブルーに統一された部屋は、家具との調和が美しく、豪華なシャンデリアがいっそう輝いて見えます。他にも上品な蒼色の部屋、ワインレッドの壁と家具の部屋などがあり、城内見学はまさにゴシック装飾の見本市のようです。

いまでもすぐ使えるような雰囲気ですが、チェコが社会主義国家だった時代、レドニツェ城の調度品や家具の多くは持ち去られ、がらんとした部屋だけが残る廃墟のような雰囲気でした。そこから整備が始まり、かつての城の所持品を回収し、現在でも当時の雰囲気が再現できる装飾品を世界中で探しているそうです。

宮殿の外には、17～19世紀に整備された広大な庭園があり、この庭園も含めて世界遺産に登録されています。庭園は無料で開放されています。

もっと知りたい！　1996年に「レドニツェとヴァルチツェの文化的景観」として世界遺産になったレドニツェ城は、やはり城と庭が世界遺産のヴァルチツェ城とセットで世界遺産になっています。こちらは重厚なバロック建築で、オーストリアとの国境にあり、リヒテンシュタイン家の居城でした。

本日の
テーマ　**訪ねたい城**

クロイツェンシュタイン城

所在地：オーストリア共和国　ニーダーエスターライヒ州レオベンドルフ

ウィーン防衛の拠点として建設され、20世紀の修復で蘇ったクロイツェンシュタイン城。

ウィーン郊外の中世コレクション満載の必見古城

　ウィーンから20km余り北の緑深い丘の上にそびえるクロイツェンシュタイン城。ドナウ川とアルプス山脈の一部であるウィーンの森からも近く、12世紀頃から城があったと推定されています。中世にはウィーン防衛の要衝でしたが、17世紀の三十年戦争で破壊され、放置されていました。

　現在のメルヘンな佇まいのクロイツェンシュタイン城は、1874年からオーストリア皇帝フランツ・ヨーゼフ1世に仕えたヴィルチェック伯爵により再建されたものです。

　当初は城跡に家族用チャペルと墓地のみを建設する予定でしたが、極地探検家として知られ、熱心な美術品収集家だった伯爵は、城を丸ごと建て直し、自身のアートコレクションを展示・公開するようにしたようです。再築城は1906年に完成するまで32年にわたりましたが、第二次世界大戦の折に攻撃を受け、城壁や屋根の一部に生々しい砲弾の痕が残りました。内部は中世の生活様式が忠実に再現され、騎士の広間や大公の間、台所などがあります。武器庫には、個人収集のものではオーストリア最大規模のコレクションが展示されています。

もっと知りたい！　クロイツェンシュタイン城は、標高220mの小高い丘の上にあります。ウィーンから鉄道で30分以上かかり、最寄り駅から40分ほど坂道も含めて歩くことになります。城内の公開は3〜10月のみで、見学ガイドツアーに申し込む必要があります。中世ロマンにあふれる外観は映画やCMの撮影でしばしば使われています。

マルボルク城

世界遺産
所在地：ポーランド共和国　ポモージェ県マルボルク

レンガ造りゴシック様式のマルボルク城は、バルト海沿岸地方を征服するための拠点としてドイツ騎士団によって建設されました。

ポーランドに巨大な「ドイツ騎士団」の城がある理由は？

　ポーランド北部にあるマルボルク城は、ヨーロッパ最大のレンガ造りの城として知られています。マルボルクはプロイセン地域の一部であり、13世紀からローマ＝カトリック教会公認のドイツ騎士団が城を構えました。テンプル騎士団、聖ヨハネ騎士団と並ぶ三大騎士団です。

　プロイセンには異教徒であるプルーセン人（古プロイセン人）がおり、その教化や統治に手を焼いたポーランド王が、ドイツ騎士団をハンガリーから招いて征服させたのでした。

　教皇とフリードリヒ大王（プロイセン王フリードリヒ２世）の承認を受け、ドイツ騎士団は1230年頃からこの地域の教化活動を本格化させます。マルボルク城は、この期間にドイツ騎士団のバルト海沿岸地方征服の拠点として建設され、1274年に第一次建設が終わり、バルト海沿岸を中心に広大な騎士団国家を形成しました。

　1309年、騎士団国家の本拠をマルボルク城に遷し、騎士の人数増加に伴い増築されて１万人が駐屯できる規模になりましたが、1466年にポーランド王国に敗れ、マルボルク城はポーランド領となりました。

もっと知りたい！　十字軍がイスラム勢力を破ってエルサレムを占領すると、信者の保護や聖地防衛のために宗教騎士団の存在が不可欠になりました。なお、マルボルク城は1997年に「マルボルクのドイツ騎士団の城」として世界遺産に登録されました。外観、内装とも当時の様子がよく残っていますが、1961年からは巨大な城塞博物館として公開されています。

本日の
テーマ　人物と逸話

ヴァンセンヌ城

所在地：フランス共和国　ヴァル＝ド＝マルヌ県ヴァンセンヌ

ヴァンセンヌ城のドンジョン（主塔）は、外壁の内側に設けられた濠に囲まれた内郭にそびえています。

歴代フランス王が手塩にかけた森の中の城

　パリの郊外、東方約8kmにあるヴァンセンヌ城の歴史は、ルイ7世（在位：1137〜1180年）がヴァンセンヌの森で大きな狩猟の催しを行ない、休息のための城を築くことを決めたことに始まります。ルイ7世の後継者フィリップ2世（在位：1180〜1223年）は城を拡張し、城壁で森を囲んで狩猟を行ないました。

　時代は下り、ヴァロワ朝の時代に城の要塞化が始まります。1337年には城中央に巨大なドンジョン（主塔）が築かれ、第3代シャルル5世（在位：1364〜1380年）の治世に、4基の円塔を持つ中世ヨーロッパ最高の高さ52mのドンジョンが完成しました。

　ただしこのドンジョン、城壁の内側にさらに城壁と濠で囲まれた内郭があり、内郭中央に備えたドンジョン（主塔）がそびえる特異な構造を取ります。これはフランスの税制を整え、のちに賢王と称えられたシャルル5世の発案と言われます。彼には、パリで起こった反乱で、目の前で従者が殺害されるという幼少期の体験がありました。ここから、同胞でさえも信頼できなかったため、このような城の中に城があるような構造を発案するに至ったといわれます。

もっと知りたい!　17世紀終わりにヴァンセンヌ城は放置されると、刑務所として使われるようになります。一方で、歴代フランス王の狩猟用だったヴァンセンヌの森（パリ市域）に農民の定住が始まります。1740年にはルイ15世（在位1715年〜1774年）の寵姫ポンパドゥール夫人が後援して、城内に国立のヴァンセンヌ磁器の工房がつくられました。

メスペルブルン城

329

所在地：ドイツ連邦共和国　バイエルン州メスペルブルン

水に囲まれた美しい城として人気を集めるメスペルブルン城。

ドイツの森にたたずむメルヘンそのものの「水の城」

　メスペルブルン城のように、湖や川の上に浮かんでいるように見せている城を「水城」といい、風景に溶け込んだ美しい景観を楽しませてくれます。とくにドイツ国内で人気のメスペルブルン城には、年間100万人もの観光客が訪れるといいます。

　渓谷の狭間にあるメスペルブルンは小さな村ですが、バイエルン王国、ヴュルツブルク、アシャッフェンブルク、フランクフルトと強力な都市に周りを囲まれ、中世から重要な戦略拠点でもありました。

　メスペルブルンは16世紀に現在のようなメルヘンそのものの水城になりましたが、戦略的な目的に加え、当時の城主の結婚式を記念するために改築されたといいます。その後も代々同じ一族に保存され続け、運よく戦火に遭うこともなく、優美な姿を今日に伝えています。

　森に囲まれ、湖上に浮かぶ優美なメスペルブルンは、青々とした緑、秋の紅葉、冬の雪景色と季節ごとの美しさを楽しむことができ、周辺は「十字架の道」と呼ばれるスペインへの巡礼の道の一部になっており、ハイキングコースとしても親しまれています。

もっと知りたい！　メスペルブルン城には、今も城主一族が暮らしています。城内はガイドツアーで見物可能ですが、2階以上の写真撮影は禁止です。見学できるエリアは中世の武器や財宝が飾られています。また結婚式場としても人気で、美しい装飾の食事の間やギャラリーを使用できるようです。2021年には建設600年を祝いました。

オラヴィ城

330

所在地：フィンランド共和国　南サヴォ県サボンリンナ

ロシアとの国境から50kmの地に建設されたオラヴィ城は、ロシアとの戦いの歴史を刻む堅固な要塞です。

スウェーデン王国の最前線に築かれた戦いの歴史を物語る城

　オラヴィ城は1475年、ロシア国境と50kmほどしか離れていないサボンリンナ市の南北２つの湖を結ぶ水路上にある小島に、スウェーデン王国によって築かれた要塞です。

　建設者は、デンマーク出身の騎士エリック・アクセルソン・トットで、戦略的に重要なサヴォ地域をロシアの脅威から守ることを目的としていました。「鐘の塔」「教会の塔」「聖エリックの塔」と呼ばれる中世の様式の３本の塔と、分厚い石造りの頑強な城壁が、当時の緊迫した情勢を物語っています。

　しかし、ロシア帝国の脅威はしだいに増し、1741年にはロシア・スウェーデン戦争が勃発。足かけ３年にわたった戦争は1743年に終結し、「オーボ条約」が結ばれました。この時、スウェーデン王国の一部をロシアに割譲することになり、オラヴィ城もそのなかに含まれていました。対ロシアの防御拠点のはずが、今度はロシア側の国境警備の城となったのです。

　1812年、ロシアがフィンランドを併合したことにより、オラヴィ城はフィンランド領に戻されました。フィンランド共和国が独立するのは、ロシア革命で帝政ロシアが崩壊した後の1917年。このようにオラヴィ城は、フィンランドの国境をめぐる紛争の歴史の象徴なのです。

もっと知りたい！　「フィンランドの３大古城」に数えられるオラヴィ城ですが、あとの２つは、1812年までフィンランドの首都だったトゥルクにあるトゥルク城、首都ヘルシンキから北へ100kmほどの位置にある要塞ハメ城です。いずれも首都移転や国境防備の役目を負って忍従の歴史を刻んでおり、フィンランド共和国の周辺諸国の狭間での厳しい歴史の証言者といえます。

リナーレス宮殿

所在地：スペイン王国　マドリード州マドリード市

331

1877年、リナーレス侯爵によって建設が始まり、1900年に完成したリナーレス宮殿。

リナーレス侯爵と妻の「禁断の物語」が残された宮殿

　マドリードの観光名所として有名なシベーレス広場にあるリナーレス宮殿は、初代のリナーレス侯爵ホセ・デ・ムルガ・イ・レオリドが一族の住まいとして建造し、1900年に完成しました。財力にものをいわせた贅沢な宮殿ですが、不思議な悲劇の物語が伝わっています。

　ホセ・デ・ムルガの妻ライムンダは父親のわからない女性でしたが、いつしか亡くなった侯爵の父の手紙を発見してしまいます。それによるとライムンダは侯爵の父の庶子であり、血のつながりがある夫婦であったことが発覚します。当時のカトリックでは、とくに高貴な身分の貴族は簡単に離婚することができません。夫妻は血のつながった関係を知りながら、寝室を分けて暮らし、結婚生活を続けたといいます。

　別の伝説では、リナーレス侯爵の息子ホセ・ムルガが、ライムンダ・オソリアという少女に恋をします。しかし父はその名前を聞くと、少女が昔の愛人の子で2人は兄妹だと気づきます。侯爵は息子に彼女を忘れるように命じますが聞き入れません。近親相姦のスキャンダルを恐れた侯爵は少女ライムンダを殺し、宮殿内に密かに埋葬したというのです。

もっと知りたい！　後者の伝説では、それ以来、リナーレス宮殿には女の子の泣き声が聴こえるようになり、今でもライムンダの霊がさまよっているとして、リナーレス宮殿は「心霊スポット」として好事家に知られています。マドリード観光のランドマークというべき円形のシベーレス広場にある宮殿にしては、じつに不思議な物語が残されました。

ルンダーレ宮殿

所在地：ラトビア共和国　ゼムガレ地方ルンダーレ

クールラント大公の夏の離宮として建設されたルンダーレ宮殿。

国全体が「バルト海の真珠」といわれる中でもさらに壮麗な宮殿

　ルンダーレ宮殿は、ラトビア共和国の首都リガから車で1時間半ほどの位置にあり、18世紀にクールラント大公のために建てられた夏の離宮です。サンクトペテルブルクの「冬の宮殿」を手がけた建築家ラストレッリによる設計で、2階建てで138もの部屋があるバロック様式の宮殿の豪華絢爛さや美しい庭園を称えて「バルトのヴェルサイユ」ともいわれています。

　宮殿内部は、壁一面の金の漆喰の装飾と天井画が輝く「黄金の広間」、純白の世界に覆われた舞踏場「白の間」、バンケットホールにもなった「大廊下」、東洋趣味の磁器が美しく飾られた「磁器の間」などが、美しく修復・保全されています。

　「大公の寝室」は宮殿のちょうど真ん中に位置し、城門のような装飾の下にベッドがあり、左右に大きな磁器の暖炉が据えられています。「薔薇の間」「イタリアンサロン」「大理石の間」など、豪華さとともにユニークなコンセプトが次々と出てくることに圧倒されます。

　宮殿には珍しい「ビリヤードの部屋」のビリヤード台は、1770年代のものを再現したというこだわりです。

もっと知りたい！　ルンダーレ宮殿全体は16の建物で構成され、総面積は約1万4000㎡です。庭園は、フランス式庭園（10ha）と森林公園（32ha）を含めて85haにおよびます。ルンダーレ宮殿は博物館になっていますが、宮殿の維持・管理だけでなく、豊富な美術コレクションを所蔵し、企画展も行なわれています。

マウデン城

所在地：オランダ王国　北ホラント州マウデン（ムイデン）

正方形の濠のなかにそびえるマウデン城。14世紀以来の姿を現在に留めています。

アムステルダム近郊の14世紀の小さな城は「国立博物館」

　マウデン城は、首都アムステルダムから東へ15kmほどのフェクト川とエイ湖に面したオランダで最も古い城のひとつです。1280年にホラント伯フロリス５世により建てられましたが、いったん取り壊されて、1370年頃から再建築されました。

　ほぼ正方形の人工池の中に建つ小さな城で、いかにも中世ヨーロッパの古城というイメージの外観です。人工池の周りは、一面の緑豊かな芝に囲まれています。

　城は現在、「国立博物館マウデン城」となっており、中世の鎧や武器、絵画、家具、彫刻などのコレクションが、城内の各部屋に展示されています。16世紀に使用されていたという鎧や武器は、ちょうど日本の戦国時代と同時期のものと考えると興味深いものです。

　城としては小さなマウデン城なので各部屋をめぐると、探検気分が味わえます。とくに塔を登るらせん状の階段は、まさに中世そのものを体感できます。

　城の正門の反対側には手入れの行き届いた美しい庭園があり、薬草やハーブ、そして野菜なども栽培されています。

もっと知りたい！　城の一室には、中世の衣装を身につけて記念撮影ができる部屋もあります。1階にはWi-Fiを無料で利用できるカフェがあり、中庭のテーブルから城を眺めながら休憩できます。ミュージアムショップのグッズも充実し、外観は映像関係のロケも多い古城ながら、地元の学校教育にも活用される博物館になっています。

ファドゥーツ城

所在地：リヒテンシュタイン公国　ファドゥーツ

リヒテンシュタイン公の官邸として利用されるファドゥーツ城。リヒテンシュタイン公国発祥の地となりました。

リヒテンシュタイン公国の首都の城は、なぜ森の中にあるのか？

　ヨーロッパ中部アルプス山中にある永世中立国リヒテンシュタイン公国は、南北25km・東西10kmという小さな国です。首都郊外にあるファドゥーツ城が、君主の居城です。

　ファドゥーツ城の歴史は12世紀頃までさかのぼりますが、詳細な記録は残っていません。ドイツ南部のバイエルン・シュヴァーベン地方が発祥の貴族リヒテンシュタイン家が、ファドゥーツ伯爵の地位を購入した1712年から歴史の表舞台に現われてきます。

　1719年に現在の首都のファドゥーツと北部のシェレンベルクのふたつの公領が、リヒテンシュタイン家のもとに統一され、リヒテンシュタイン公国が誕生します。1867年には永世中立国を宣言し、翌年には軍隊を廃止しました。

　1923年にスイスと関税同盟を結び、安全保障もスイスが担いましたが、1938年にナチスドイツがオーストリアを併合。父から譲位されたばかりのフランツ・ヨーゼフ2世は、住んでいたオーストリアを追われ、ファドゥーツ城に移住します。そして君主大権を行使して総選挙を無期限延期とし、自国でのナチズム台頭を阻止したのです。

もっと知りたい！　ファドゥーツ城は、現在もリヒテンシュタイン家の居城であり、一般公開はされていません。しかしアルプスの山嶺を背景に小高い丘にそびえるファドゥーツ城は美しく、中世ロマンあふれる姿を見せています。街中には切手博物館やリヒテンシュタイン現代美術館があります。

ルメリ・ヒサル

335

所在地：トルコ共和国　イスタンブール県イスタンブール市

コンスタンティノープルを征服したメフメト2世によって建設されたルメリ・ヒサル。

メフメト2世の軍事センスが光る東ローマ帝国攻略の最前線

　1452年、東ローマ（ビザンツ）帝国の首都コンスタンティノープルを攻略中のメフメト2世がわずか4か月ほどで造営し、拠点としたのがルメリ・ヒサルです。コンスタンティノープルから金角湾をはさんで北側約10kmのヨーロッパ側に築かれました。

　金角湾の入口には東ローマ帝国が鉄製の太い防鎖を張っており、オスマン帝国の艦隊が進入できないようにしていたため、メフメト2世は艦隊を陸上から丘を越えて金角湾に移動させるという奇策を用いたのです。

　ルメリ・ヒサルには小さな塔、3つのメインタワー、13の小さな監視塔が作られました。メインタワーの隣には3つの門が配され、さらにサイドゲートがひとつ、南門には隠し扉が2つ付けられています。木造の兵舎とモスクも築かれました。

　多い時で400人のイェニチェリ（常備歩兵軍団）が駐留し、水際に大砲が置かれ、湾を航行する船から通行料を取りました。応じなかった船は撃沈されたといい、メフメト2世の軍事的センスのさまざまな側面を今に伝える城塞だといえます。

もっと知りたい！　メフメト2世は幼い頃から学問を好み、1444年に父王ムラト2世からの譲位を受けて、14歳で即位します。しかし、尾下の兵に反乱が起こると、2年で父の復位のために帝位を返上。1451年、父が急死すると再び即位。十分に教養と軍事知識を学んだ21歳のメフメト2世は、のちにオスマン帝国の最大版図を築く指導者としてスルタンの座に戻ってきたのです。

アゼ・ル・リドー城

世界遺産

所在地：フランス共和国　アンドル・エ・ロワール県

フランスにルネサンスを輸入したフランソワ1世。その財務官を務めていたジル・ベルトゥロによって建てられたアゼ・ル・リドー城。

「ロワールの真珠」といわれる初期フランス・ルネサンス様式の傑作

　1518年から1527年に建設され、初期のフランス・ルネサンス様式で建てられたアゼ・ル・リドー城。ロワール川の支流アンドル川の中洲に建てられ、川面に映る姿は本当に浮かんでいるように見えます。

　「アンドル川にはめ込まれた切り子細工のダイアモンド」と表現したのは文豪バルザックですが、「ロワールの真珠」とも讃えられ、白亜の壁にブルーの屋根が印象的です。

　アゼ・ル・リドー城の建設が始まったのは1518年、フランス王フランソワ1世の財務官を務めていたジル・ベルトゥロによって建てられました。しかし、親族の公金横領が発覚して、共犯を疑われたベルトゥロは城を没収されてしまいます。

　その後、アゼ・ル・リドー城は所有者が転々としますが、19世紀に入ってフランス革命時に城を買収したシャルル・ドゥ・ビアンクール侯爵が、改修工事を進めてイギリス式庭園を加え、現在の美しい城になりました。1905年からは国の所有となり、博物館として公開されています。

もっと知りたい！　アゼ・ル・リドー城は内部見学が可能で、16世紀初頭の家具やタペストリー、王や王妃の肖像画、フランソワ1世の紋章のある暖炉などが展示されています。2000年に世界遺産登録された「シュリー＝シュル＝ロワールとシャロンヌ間のロワール渓谷」の十数件におよぶ名城のひとつになっています。

ガイヤール城

337

所在地：フランス共和国　ウール県レザンドリー

ノルマンディーの防衛拠点としてリチャード1世によって建設されたガイヤール城。

イングランドVSフランスの激しい攻城戦の舞台

　イングランド王リチャード1世によって、1196年から1198年のわずか約2年で、当時大陸側のイングランド領だったノルマンディーに築城された大規模城塞ガイヤール城。セーヌ川が蛇行する高さ90mの断崖に建ち、まさに難攻不落の偉容を見せていたガイヤール城ですが、1204年に落城してしまいます。

　籠城戦は1203年8月、フランス王フィリップ2世のノルマンディー侵攻によってはじまりました。築城者の「獅子心王」リチャード1世は、1199年の遠征中に不慮の死を遂げ、弟のジョンが王位を継いでいました。

　フランス軍はガイヤール城を包囲する一方、兵士に川から城外郭の木造柵まで近づかせ、爆薬をしかけました。火が内側に燃え広がると、外郭を占領。イングランド側は非戦闘員を逃して籠城戦に備えますが、坑道掘りや攻城兵器を駆使した攻撃に追い詰められていきます。

　この時、トイレの落とし戸から侵入を許し、落城したという逸話が伝わっていますが、実際には複数の侵入路から突入され、1204年3月に陥落してしまったのです。

もっと知りたい！　ガイヤール城は、落城後は刑務所として使われますが、1337年からの百年戦争で今度はフランス側のノルマンディー防衛の城塞として修復・活用されます。しかし百年戦争の際、1419年にイングランド軍によって陥落。16世紀末になると、フランス王アンリ4世は敵の手に落ちないよう破却を命じます。歴史的建造物として保護されたのは、1862年からでした。

スードリー城

338

所在地：イギリス（イングランド）　グロースター州ウィンチカム

ヘンリー8世の6番目にして最後の王妃、キャサリン・パーがヘンリー8世の没後に移り住んだスードリー城。

結婚歴4回の王妃キャサリン・パーが住んだ城

　スードリー城は、16世紀のテューダー朝のイングランド国王ヘンリー8世の最後の王妃キャサリン・パーが晩年をすごした城です。16歳と21歳の時に結婚し、いずれも夫と死別したキャサリンは、1543年に31歳で国王の求婚を受け入れ、6人目の王妃になりました。

　聡明なキャサリンは、庶子に落されていた最初の王妃の娘（メアリー1世）と2人目の王妃の娘（エリザベス1世）を呼び戻し、王位継承権者にするよう国王に嘆願しました。また、52歳になって病気がちのヘンリー8世を人任せにせず看護し、絶大な信頼を得ました。

　1547年1月、57歳でヘンリー8世が崩御。すると、5月にかつての恋人トマス・シーモアと、周囲の反対を押し切って結婚してしまいます。11月、キャサリンは4度目の結婚にして初めて妊娠しました。しかし、こともあろうにトマスが、夫妻で引き取った若いエリザベスと男女の関係をもったことが発覚します。

　激怒した彼女が、ロンドンを去って移り住んだのが、このスードリー城です。キャサリン・パーは出産後まもなく亡くなり、城内のセント・メアリー教会に埋葬されました。

もっと知りたい！　築城から1000年の歴史を持つスードリー城ですが、17世紀以降は使用されなくなりました。廃墟となったセント・メアリー教会にキャサリン・パーの墓が発見されたのは19世紀に入ってからのことでした。現在は観光地として整備され、エリザベス1世のドレスの模様にあやかったというテューダー様式の庭園「ノット・ガーデン」が有名です。

ケルス宮殿

339

所在地：ポルトガル共和国　リスボン県シントラ

ケルス宮殿の礼式ファサード。ケルス宮殿は華麗な装飾によって彩られるロココ様式によって建設されました。

「ポルトガルのヴェルサイユ宮殿」の壮麗さ

　ポルトガルのシントラにあるケルス宮殿は、1747年、王家がポルトガル人建築家マテウス・ヴィセンテ・デ・オリヴェイラに依頼して建設が始まりました。しかし、建設が進むなかで発生した1755年のリスボン地震からの王都復興にオリヴェイラが起用されたため、フランス人建築家ジャン・バティスト・ロビヨンが後任になります。

　ロビヨンはロココ様式で建物・内装・庭園を設計し、小規模ながらも「ポルトガルのヴェルサイユ宮殿」といわれる美しい宮殿が完成しました。

　宮殿内の「玉座の間」「大使の間」「音楽の間」などは、すべてロココ絵画と金箔を貼った木とポルトガル・タイルで壮麗に飾られています。また屋外に拡がる庭園は1762年に完成したもので、植栽の刈り込みが美しい幾何学的なフランス式庭園と、人工の滝や泉のあるイタリア式庭園で構成されています。噴水や彫刻作品が点在し、訪れる人々の目を飽きさせません。

　1794年、ポルトガル女王マリア1世の時代になると、ケルス宮殿は王家の夏の離宮として利用されるようになりました。

もっと知りたい！　マリア1世の時代には、フランスではフランス革命が勃発しています。フランス革命でルイ16世と王妃マリー・アントワネットが処刑されたという報に接した彼女は、強いショックを受けて精神に異常をきたしてしまったという逸話があります。女王に代わり、翌年から3男ジョアン王子が摂政となりました。

テレボルグ城

340

所在地：スウェーデン王国　クロノベリ県ベクシェー

トルーメン湖の岸辺に佇むテレボルグ城は、現在ホテルとして利用されています。

宿泊目的で行ける自然豊かな古城は湖畔のホテル

　スウェーデン南部クロノベリの森の緑と湖畔に包まれた一角にあるテレボルグ城。トルーメン湖の岸辺からわずか50mの場所に建ち、その外観は、中世に建設された歴史あるゴシック様式の城にしかみえません。

　しかし、この城は1900年に建設された「テレボルグスロット」というホテルです。

　客室では無料Wi-Fiが利用できるほど設備が整った「城」ですが、一部の客室から望める湖の景観は素晴らしく、タイル張りの北欧らしいストーブも備えられ雰囲気を盛り上げてくれます。また、本館であるテレボルグ城の客室は、古城を利用したホテルらしく格調あるベッドや絵画、調度品でシックに整えられ、往年の貴族の気分に浸ることができます。

　城内ではジュエリーや書籍などを扱うギフトショップも併設され、サウナ、ホットタブ、庭園もあり、城内のガイドツアーも行なっています。

　付近にはアスネン国立公園やリンネパークがあり、美しい自然を堪能でき、レンタサイクルも準備されるなど、古城気分を味わうに止まらない「城」となっています。

もっと知りたい！　テレボルグ城は外観が美しく、ホテルとして客室も食事も接客もいいようです。客室の料金はリーズナブルで、「ダブルルーム　共用バスルーム」が2名宿泊・朝食ありで1泊約17000円（2021年2月時点）と旅行サイトにあります。

ダノター城

341

所在地：イギリス（スコットランド）　アバディーン

北海に突き出た断崖の上に佇むダノター城の遺構。

「丸天井の部屋」があった風光明媚な怨念の城

　ダノター城は、スコットランド北部にあるアバディーン市からバスで50分ほどの北海に突き出た岩壁の上に廃墟となった姿で佇んでいます。5世紀にキリスト教の宣教師によって教会が建てられたことを起源とし、7世紀にはヴァイキングを防ぐための砦に改築されました。

　14世紀にマリシャル伯爵家の居城として現在の城が築かれ、17世紀まで増改築が繰り返されました。しかし、清教徒革命のクロムウェルの遠征軍によって落城します。

　この城で有名なのは1685年、イングランド王ジェームズ2世の即位に反対したホイッグ党の167名（男性122名・女性45名）が、「ホイッグス・ボールト」と呼ばれる下水道のような半円筒型の部屋に収監された事件です。

　9週間におよぶ集団監禁の中、わずかな食料だけを与えられる劣悪な生活により、167名全員が死亡したといいます。名誉革命で3年後には国外追放されるジェームズ2世の残虐性がうかがえます。飢餓に苦しんで陰鬱な石造りの部屋で死んだ人々の怨念からか、風光明媚なダノター城の中で、ここだけは長居しにくい雰囲気が漂っています。

もっと知りたい！　長く廃墟だったダノター城が、観光地として整備されたのは20世紀になってからのこと。入場料を払って歩道を歩いて行くと、断崖の上に石造りの中世城郭の遺構がせまってきます。屋根がないため城内の壁は苔むしていますが、廃城の風情が満喫できます。ディズニー映画『メリダとおそろしの森』など、映画のロケ地やモデルにもなっています。

ハーストモンスー城

所在地：イギリス（イングランド）　イーストサセックス州ハーストモンスー

イギリスにおける最古級のレンガ造りの城とされるハーストモンスー城。

卒業生の慈善家が母校に寄贈した赤レンガの古城

　イギリス南東の端、イギリス海峡に面したイーストサセックス州に建つハーストモンスー城は、1441年に建てられたイギリスの煉瓦造りの城としては最も古いもののひとつです。持ち主が入れ替わるなか、1777年に時の持ち主が外壁を残して解体し、廃城になりました。城は次第に朽ち果て、つたに覆われた廃墟となっていきます。

　そんなハーストモンスー城に脚光が当たったのは、20世紀に入ってから。1913年にイギリスの政治家でもあるクロードローザー大佐によって本格的な修復が始まりました。

　1933年に修築が完成したハーストモンスー城は、居住用として売りに出されたのです。

　その後、何度か売買されたハーストモンスー城に、運命的な購入者が出現します。1992年、カナダの化学者にして慈善家のアルフレッド・ベイダーが購入し、カナダのオンタリオ州にある母校のクイーンズ大学へ寄贈したのです。ベイダーはナチスによるユダヤ人迫害を逃れるなどの苦労を経て、化学者の学位をクイーンズ大学で取得し、その後成功を収めて財を成した人物でした。

もっと知りたい！　城内の見学は、ガイドツアーのみ（有料）です。大学の都合やイベントの日程で行なわれない日もあるので、事前に問い合わせが必要です。近くのエリザベス朝庭園、シェイクスピア庭園、バラ園、ハーブ園などの庭園は自由に散策できます。遊歩道のある広い森林庭園も、癒やされる空間です。

ヴァイダフニャド城

所在地：ハンガリー共和国　ブダペスト市

ハンガリー建国1000年を記念して1896年に建設されたヴァイダフニャド城。

ハンガリーの首都にあるおとぎ話から抜け出たような城

　1896年のハンガリー建国1000年祭のために建造されたヴァイダフニャド城は、王族・貴族が暮らす城とは異なり、現在はヨーロッパ最大の農業博物館になっています。

　いわば建国記念イベントのパビリオンとして造られたヴァイダフニャド城ですが、ロマネスク様式、ゴシック様式、ルネサンス様式を自由に取り入れ、味わい深い中世的な外観が魅力です。市民公園の中の湖のほとりからの佇まいは絵画のようで、おとぎ話の城といったファンタジックな雰囲気です。

　ルーマニアのドラキュラの城として有名なブラン城をモデルにした建物や、ロマネスク様式の教会などがあり、これまでにも映画のロケで数多く使われてきました。

　外観だけでなく内装も美しく、立派な大理石の階段、見事な彫刻が施された柱、まばゆいクリスタルガラスのシャンデリア、色とりどりのステンドグラスの窓など、中世ロマンあふれる造りになっています。

もっと知りたい！　ヴァイダフニャド城は、市民公園の中のセーチェニ島の上に建っています。城の前には広い湖が広がっているので、夏にはボートを借りて優雅に周遊するのもおすすめです。冬になると湖の一部はスケートリンクになります。100年にわたって一般開放されてきた歴史があり、スケート靴を借りて滑ることも可能です。

オー・クニクスブール城

344

所在地：フランス共和国　バ＝ラン県オルシュヴィラー

軍事・交通の要衝に位置するオー・クニクスブール城は、標高700mを超える高所に郭が広がり、堅固な防御を誇っていました。

三十年戦争、第一次世界大戦……戦いに翻弄された国境の城

　ドイツ国境ライン川に沿ってそびえるヴォージュ山脈は、古くから軍事・交通の要衝でした。その標高755m地点に建つオー・クニクスブール城は、12世紀、神聖ローマ帝国によって築かれたのがはじまりといいます。1618年からの三十年戦争でスウェーデン軍の攻撃によって落城し、280年以上も廃墟でしたが、1900年にドイツ皇帝ヴィルヘルム2世が中世当時の姿に再建しました。その後、第一次世界大戦の講和条約である1919年のヴェルサイユ条約により、オー・クニクスブール城はフランスの領有になり現在に至ります。

　山頂にそびえる国境防備の城としての重厚感の一方、城内には豪華な「皇帝の間」や食料庫、武器庫、礼拝堂などが残っていて、中世の生活を垣間見ることができます。城の中央にある塔から眺めるアルザスの美しい風景は、まさに絶景です。

　カトリックとプロテスタントの戦いである三十年戦争や第一次世界大戦後のヴェルサイユ条約など、ドイツを発端とする歴史的事件に翻弄されたオー・クニクスブール城ですが、いまでは年間50万人を集めるフランス有数の観光地のひとつとなっています。

もっと知りたい！　城内はいくつもの銃眼や大砲の展示もあって、外敵との戦いに備えるオー・クニクスブール城の性格をあらわしています。一方で内部は、ドイツのメルヘンな城のような細かな装飾やシャンデリアを用いた部屋が多いのが特徴です。城を再建した「皇帝ヴィルヘルム2世」の名を刻んだ城門があり、等身大の写真まで展示されています。

岡崎城

所在地：日本　愛知県岡崎市

徳川家康の出生地である岡崎城は、出世城としても人気を集めています。

内通の嫌疑により死に追いやった家康長男・岡崎信康の城

　徳川家康の祖父・松平清康の居城だった岡崎城は、家康が竹千代と名乗った今川義元の人質時代は、今川氏の城代が置かれていました。しかし、桶狭間の合戦で義元が横死してしまうと、前線で戦っていた松平元康（家康）は、逃亡した城代に代わって岡崎城に入ります。

　家康は家臣団をとりまとめ、織田信長と同盟を結んで三河一国を統一。1570（元亀元）年、姉川の合戦の年に岡崎城は12歳の嫡男・岡崎信康に譲り、自身は浜松城に移りました。信康は14歳で初陣し、1575（天正３）年の長篠の合戦で武名を響かせます。

　岡崎城主となった信康は、信長の娘の徳姫を妻としていました。ところが今川家出身の家康の正室・築山殿は織田家出身の徳姫をよく思わず冷たく扱ったため、徳姫は1579（天正７）年、父・信長に対して12箇条の告発状を書きました。手紙には、信康と不仲であること、築山殿は武田勝頼と内通したなどの訴えがなされていました。手紙を届けた酒井忠次は信長に糺されると反論せず、すべてを事実と認めてしまいます。1579年（天正７）年、家康は期待の長男を岡崎城から退去させ、21歳で切腹させることになります。

もっと知りたい！　この事件については、江戸時代の『三河物語』の記述などで通説化しましたが、実態は必ずしもこうでなかったと見る説も多くあります。正室・築山殿も連座して殺害されていますが、武田勝頼に母子で内通していたことには近年疑義も出されています。信康にも武辺者らしい直情径行があったといいますが、家康はこの処断を後年まで悔いていました。

シャンティイ城

346

所在地：フランス共和国　オワーズ県シャンティイ

コンデ公のコレクションを基礎とするコンデ美術館が併設されるシャンティイ城。

フランス学士院が所有する美術と図書と室内装飾がすごい城

　フランス中北部のシャンティイ城は、コンデ美術館としても知られています。

　10世紀頃から城館がありましたが、現在の城郭は1582年にオルジュモン家によって建設されたもので、以降ブルボン家の支流である歴代コンデ公によって改築され、壮麗なネオ・ルネサンス様式の城となりました。しかし、フランス革命によって城は破壊され、廃墟となってしまいます。

　そのシャンティイ城を現在の姿に改築したのは、コンデ公ルイ6世の相続人であったオマール公アンリ・ドルレアン。最後のフランス国王ルイ・フィリップの5男にあたる人物です。彼は歴代コンデ公の美術コレクションを相続し、さらに自身でランブール兄弟の『ベリー公のいとも豪華なる時祷書』、ラファエロの『三美神』などを収集してコレクションを充実させていきました。

　そして晩年の1884年、シャンティイ城を含む所領と美術品のすべてをフランス学士院に寄贈するよう遺言しました。こうしてフランス屈指のコンデ美術館が誕生したのです。

もっと知りたい！　コンデ美術館は1898年の開館以来、ここでしか見られない貴重な絵画・彫刻などが展示され、美術品も「プチ・シャトー」にある蔵書6万冊も館外貸し出し禁止です。また、隣接するシャンティイ競馬場は城館を思わせるような厩舎を持ち、国内最古のダービーが開催される地として国内外から競馬ファンを集めています。

ダラム城

世界遺産
所在地：イギリス（イングランド）　ダラム州ダラム

14世紀初頭に司教アントニー・ベックがダラム城に建設した広大な大広間への入口。

『ハリー・ポッター』のロケ地にもなった世界遺産の学生寮

　大学生になって学生寮に入ったら、そこが「世界遺産」の古城だった!?　ダラム城はそれが現実になっており、1840年からダラム大学の学生寮として使われています。

　1072年にウィリアム征服王がスコットランド侵攻に備えて着工したダラム城は、ノルマン様式の「モット・アンド・ベイリー」という築城様式がとられています。

　ダラム城は八角形の巨大なキープ（主塔）を擁する大城塞として完成しましたが、当初の目的とは異なり、この地方の領主でもあったダラム司教に与えられました。当時の司教は「プリンス・ビショップ」と呼ばれ、聖職者でありながら国境警備のほか、貨幣の鋳造や軍隊所有などの権利が与えられていました。以後、ダラムの司教は周辺地域の統治と防衛も担当し、13世紀には城に隣接する大聖堂も改築され、3つの塔を持つ砦のような大聖堂へと変貌します。

　その支配は11世紀から19世紀の長きにわたって続き、「ダラム城と大聖堂」（1986年登録）として世界遺産登録を受ける宗教・文教都市が今日に遺されたのでした。また、映画『ハリー・ポッター』の空前のヒットで、そのロケ地としても世界からファンを集めています。

もっと知りたい！　ダラム城が学生寮になったのは、1837年に新設されたダラム大学に最後の城主が城を寄贈してからのことです。1832年設立のダラム大学は、オックスフォード大学、ケンブリッジ大学に並ぶ老舗の名門大学です。ダラム城見学は、大学構内のため45分の見学ツアーでしか入れないので、事前の確認が必要になります。

ショーモン城

348

所在地：フランス共和国　ロワール＝エ＝シェール県ショーモン＝シュル＝ロワール

2基の塔がそびえるショーモン城の入口部分。

ノストラダムスが未来を予言した伝説が残る城

　ロワール渓谷のショーモン城の歴史は11世紀に始まりますが、1560年にフランス王妃カトリーヌ・ド・メディシス（メディチ）が所有していた時の伝説で有名です。

　カトリーヌは多くの占星術師をショーモン城に招きましたが、その中に『ノストラダムスの大予言』で有名なミシェル・ノストラダムスの姿があったといいます。

　ノストラダムスはショーモン城で、カトリーヌに未来の情景を映し出す鏡を見せて、1328年以来続いてきたヴァロワ朝の終焉が近いことを予言したといいます。

　カトリーヌの夫アンリ2世はヴァロワ朝第10代の王でしたが、1559年に祝宴での馬上槍試合で不慮の傷がもとで薨去します。その後、第11代フランソワ2世、12代シャルル9世、13代アンリ3世とカトリーヌの子供たちが継承し、アンリ3世の死によってヴァロワ朝は終焉します。ノストラダムスは、アンリ2世の事故死やカトリーヌの息子3人が王になることも予言し、カトリーヌから心酔されていました。

　ただ、ノストラダムスがショーモン城に滞在したのが史実かどうかは確認できていません。

もっと知りたい！　夫のアンリ2世が薨去すると、カトリーヌは王の母として実権を握り、夫の愛妾ディアーヌ・ド・ポワチエからシュノンソー城を奪回すべく、ショーモン城を無理矢理売りつけて交換しています。いずれも世界遺産「シュリー＝シュル＝ロワールとシャロンヌ間のロワール渓谷」（2000年登録）に含まれる美しい城です。

ヴァルトブルク城

349

世界遺産

所在地：ドイツ連邦共和国　チューリンゲン州アイゼナハ

宗教改革の重要な舞台となったヴァルトブルク城の外観。

宗教改革者ルターが聖書をドイツ語訳した部屋がある城

　18世紀バロック音楽の世界的作曲家ヨハン・ゼバスティアン・バッハの出身地として有名なドイツ中部のアイゼナハ市。ヴァルトブルク城は、1067年に「王の道」と呼ばれた街道沿いに築かれたのを始まりとします。

　この街と関わりの深いもうひとりの歴史上の人物が、16世紀の宗教改革者マルティン・ルターです。ルターは15歳だった1498年から、ラテン語の勉強のためアイゼナハに住んだことがあり、この時の家は現在も保存され、ルターの生涯と業績をたどる展示があります。

　1517年、『九十五カ条の提題』を提出してカトリック教会を批判したルターは、1521年のヴォルムス帝国議会で帝国追放の刑となります。この時、ヴァルトブルク城主のザクセン選帝侯フリードリヒ3世はルターを保護し、仕事部屋を与えて匿いました。ここで1年余りを過ごす間に、ルターは新約聖書のドイツ語訳を完成します。これがのちのプロテスタントと文語体としてのドイツ語の確立に、大きく寄与することになりました。

　ルターが翻訳作業を行なった部屋は、今でも当時の雰囲気そのままに保存され、見学可能となっています。

もっと知りたい！　1999年に世界遺産に登録された「ヴァルトブルク城」には、他にも多くの見どころがあります。丘の上にそびえる城の美しさはもちろん、城内にはチューリンゲンに生まれた聖女エリザベート妃を記念するモザイク画、この城で行なわれたという伝説があるワーグナーのオペラ「タンホイザーとヴァルトブルクの歌合戦」を描いた壁画などがあります。

ナジャック城

所在地：フランス共和国　アヴェロン県ナジャック

丘の上に建てられたナジャック城には高い見張り塔がそびえ、村のどこからでも見ることができます。

馬の背のような丘の稜線に、城下町が細長く続く奇観

　家屋が小高い丘の稜線に沿って密集するフランス中南部のナジャックは、人口700人ほどの小さな村です。村は坂が多く、どこからでも高所に建つナジャック城の見張り塔が高くそびえるのが見えます。ナジャック城を創建したのは、1100年頃のトゥールーズ伯とされています。トゥールーズ伯は、ローマ教会が異端とするカタリ派を擁護したため、アルヴィジョワ十字軍の征討を受けて没落しました。現在の城は、フランス王ルイ9世の異母弟アルフォンス・ド・ポワティエによって1253〜1266年に建造されたものです。

　その後、ナジャック城は苦難の歴史を歩みます。14世紀半ばからのフランスとイングランドによる百年戦争を経て、16世紀にはカトリック派とカルヴァン派の宗教戦争（ユグノー戦争）で荒廃。17世紀半ばには農民反乱で占拠されました。フランス革命期（1789〜1799年）には革命政府によって安値で宿屋の主に売却され、城から石材が切り出されたといいます。しかし、19世紀後半になって新しい所有者によって改築され、中世の街並みを残すアヴェロン県の観光地として生まれ変わりました。

もっと知りたい！　ナジャック城に向かうと、坂道ばかりの村でもとりわけきつい勾配があります。遠くから見える見張り塔以外は崩れ落ちており、外壁がわずかに往時の面影をとどめています。見張り塔の内部は資料館で、かつて現役の城だった時代のナジャック城が模型で展示されています。見張り塔のテラスからは、馬の背のような山上に家々がひしめく村の絶景が見渡せます。

ベナック城

3 5 1

所在地：フランス共和国　ドルドーニュ県ベナック・エ・カズナック

百年戦争の際、フランス軍の拠点として、イングランドから同地を守り抜いたベナック城。

「百年戦争」「ユグノー戦争」などの歴史を刻んだ断崖の城

　フランス南西部のドルドーニュ川に突き出た断崖に建つベナック城は、12世紀初頭に当地の領主ベナック男爵によって築城されました。今も残る主塔と二重の城壁は、この時代の建築といわれています。

　13世紀初頭には、南フランスで盛んだったカタリ派（ローマ教会から異端とされる民衆運動）を制圧したアルビジョア十字軍に占領された時期もあります。

　ベナック城は、14世紀中頃からおよそ100年にわたって続いたイングランドとフランスの「百年戦争」の舞台のひとつとなりました。

　フランス軍の拠点として、対岸のイングランド側のカステルノー城と対峙。フランス軍が劣勢に回るなかでも高い防御力によりイングランドの侵攻を許しませんでした。

　さらに16世紀後半にはフランス国内で勃発した40年におよぶカトリックとプロテスタント（新教徒）の宗教戦争であるユグノー戦争でも、ユグノー派の城となりました。

　18世紀には放棄され、修復工事が始まったのは1961年に現所有者の手にわたってからのことです。

もっと知りたい！　ベナック城は12世紀の建築が残る城としては保存状態がよいとされ、「フランスで最も美しい村」のひとつに数えられるベナック＝エ・カズナックの風光明媚さもあって高い観光人気があります。城内には当時のタペストリーや武器・絵画が保存され、ガイドツアーに参加すれば見学できます。

ランジェ城

世界遺産

所在地：フランス共和国　アンドル＝エ＝ロワール県ランジェ

庭園越しに眺めるランジェ城の外観。

アンヌ・ド・ブルターニュが2代にわたり国王と結婚した城

　10世紀後半にアンジュー伯フルク・ネラが建てたランジェ城は、ロワール渓谷に集まる諸城の中でも、最古の主塔を持つことで知られています。

　ランジェ城は1491年、フランス王シャルル8世とブルターニュ女公アンヌ・ド・ブルターニュの結婚式が行なわれたことで有名です。アンヌはブルターニュ公国の独立を守るため9歳で王位を継ぎ、結婚の時は14歳でした。

　フランスとイングランドの両大国に挟まれたブルターニュ公国を守るため、フランス王妃になったアンヌは、シャルル8世との間に嫡子ができずに王が亡くなった場合、次のフランス王と結婚する約束をしていました。これはアンヌが外国の王侯と結婚してブルターニュ公領が外国のものとなることを防ぐためでした。結局、7歳年上のシャルル8世は、皮肉にも8年後に急逝してしまい、アンヌはその従兄弟で、次のフランス王ルイ12世と1499年に再婚します。再婚の時は22歳だったアンヌは、2代にわたってフランス王妃となったのです。

もっと知りたい！　ランジェ城にはシャルル8世とアンヌ・ド・ブルターニュが結婚式を挙げた大広間が残っています。アンヌは37歳で亡くなるまでブルターニュ公国の保全に努めますが、実際はフランス国王が実権を握り、のちの1532年にフランスに併合されています。

本日のテーマ 華麗なる宮殿

マダマ宮殿

353

世界遺産

所在地：イタリア共和国　ピエモンテ州トリノ

サヴォイア家の王妃たちが住まいとしたことから、優美な雰囲気をたたえるマダマ宮殿。

多くの王妃が住まいとして暮らした「貴婦人の宮殿」

　トリノ王宮と同じくカステッロ広場に面するマダマ宮殿は、隣接する豪壮なトリノ王宮に対し、その名の通り「貴婦人（マダム）の宮殿」といわれます。かつて複数の王妃が個人的な住まいとして暮らしていた時期があり、彼女たちの趣味が付加されて現在に至っているからです。世界遺産「サヴォイア王家の王宮群」（1997年登録）にも含まれています。

　館内のエントランス部分は、白を貴重としたエレガントな内装にまとまっています。各部屋の装飾や調度品、天井のフレスコ画も、どことなく女性的な柔らかさのあるセンスを感じさせます。

　マダマ宮殿は、元はローマ帝国時代の砦であった場所で、14世紀にアカイヤ家により建築がはじまり、1584年にアスカニオ・ヴィトッツィがファサード（正面部分）を設計しました。1718年に王室お抱えの建築家フィリッポ・ユヴァッラが主要部分の拡張工事を実施。バロック様式の美しい正面部分に対し、裏側の外壁は城砦だった時代の名残で、15世紀の古城の外観が残されています。

もっと知りたい！　現在は市立古典美術館になっており、キリスト教の祭壇画や聖人たちの絵画・彫刻を中心に展示されています。「古典」とはいうものの、主に中世後期から18世紀までの絵画、彫像、教会の装飾品、磁器、装飾芸術などが中心の大規模なコレクションです。上の展望台からは、遠くの山並みを背景にトリノの街が広がる眺望を楽しめます。

ヴァレール城

所在地：スイス連邦　ヴァレー州シオン

教会でありながら城塞の役割を果たしたため堅固な作りとなっているヴァレール城。

15世紀のパイプオルガンが残る司教の住居だった城

　マッターホルンをはじめ、スイスアルプスに囲まれたツェルマットへのハイカーの聖地で、ヴァレー産ワインの集散地であるシオン市には、街を見渡せる小高い丘が2つあります。いずれも頂上に向けて古城があり、とくにヴァレール城は整備された観光名所になっています。

　621mの丘の上に建つヴァレール城は12〜13世紀に建てられ、正面の丘にトゥルビヨン城を臨む展望のいい場所にあります。かつては城塞でありながら教会の役割もあり、フランス革命の時代までは聖職者の住居でした。

　城内の大聖堂には1430年製の木製パイプオルガンがあります。まだ弾くことができるパイプオルガンとして世界最古といわれています。フレスコ画などもやや色あせて残ります。

　ヴァレール城は1883年から県の歴史博物館になっており、展示ブースごとに土器、教会装飾具、剣、法衣、銀器、金細工など、シオンにまつわるさまざまな展示物が並んでいます。

　アクセスはシオン駅から徒歩15分ほどで、鉄道で駅に入る直前のアナウンスが流れると、街の名所である城が建つ2つの丘が車窓から見えます。

もっと知りたい！　ヴァレール城と互いに見渡す距離にあるトゥルビヨン城は、13世紀頃にシオンの司教によって建てられた城で、長く破壊と再建を繰り返してきましたが、1788年のシオン大火事によって全焼します。現在は城と司教館の廃墟が残るだけとなっていますが、ヴァレール城にはない廃城の趣や眺望の素晴らしさは、一見の価値があります。

ラムレー城

355

所在地：イギリス（イングランド）　ダラム州チェスター・レ・ストリート

北イングランドのラムレー城に宿泊すれば、殺害された城主の妻の幽霊に出会えるかも。

殺されて井戸に投げ込まれた城主の妻の霊が彷徨う城

　14世紀後半、スコットランドの戦いで活躍したサー・ラルフ・ラムレーという貴族の居城だったラムレー城は、その後、ダラム大学の学生寮となり、1976年にはホテルとして開業したという異色の経歴の古城です。

　しかし、この城を一番有名にしているのが、城主サー・ラルフ・ラムレーの妃の幽霊伝説です。城内の一室に「レディ・リリー・ラムレーの井戸」があり、僧侶によって殺害され、井戸に沈められたラムレー夫人の幽霊が今も出没するといわれています。

　井戸が室内から掘られていることや殺害に至るまでの経緯などは詳しく伝わっていませんが、ホテルとしてのラムレー城は、スタッフがエリザベス1世時代の16世紀後半の衣装をイメージした制服を着用し、注文すれば当時の宮廷料理をふるまうなどの趣向を凝らしたサービスで知られています。

　幽霊に本当に出会えるかはわかりませんが、ダラム城や世界遺産のダラム大聖堂、名門ダラム大学など、周辺に見どころも多い魅力的なホテルです。

もっと知りたい！　近くのダラム大聖堂は、1986年に「ダラム城と大聖堂」として世界文化遺産に登録されました。1093年に創建されましたが、今でもイングランド国教会の聖地として信仰を集めています。73室ある客室も内装が中世趣味で整えられたラムレー城は、幽霊伝説もPRポイントに押す珍しい古城ホテルです。

アマリエンボー宮殿

所在地：デンマーク王国　コペンハーゲン市

デンマークのフレデリク5世によって建設されたアマリエンボー宮殿。

極度のアルコール依存症だった造営者フレデリク5世の治政

　アマリエンボー宮殿はデンマーク王室の「冬の王宮」として造営され、中央の八角形の広場の周囲に4つのロココ調の宮殿が建っています。

　宮殿の造営者は、広場の中央に威風堂々とした騎乗の像となって人々の前に雄姿を見せるフレデリク5世です。デンマーク＝ノルウェー王として1746年から1766年まで在位した王は、政治の面では優れた大臣たちに任せ、あまり影響力がなかったといいます。

　極度のアルコール依存症だったとも伝えられ、パーティでの乱行などもあったというフレデリク5世ですが、宰相たちがヨーロッパの戦争から中立を守り、その治世にコペンハーゲン王立劇場と王立デンマーク芸術アカデミーが創設されており、かえってデンマーク王国の内政面は充実していました。

　1760年に事故で足に怪我を負い、優れない体調を抱えたまま、フレデリク5世は1766年に42歳で死去します。「余の慰みは、晩年において掌に一滴の血も落ちなかったことである」と、最期の言葉を残したといわれています。

　もっと知りたい！　1794年にクリスチャンスボー城が焼失すると、歴代の国王とその家族が4つの宮殿（クリスチャン7世宮殿・クリスチャン8世宮殿・クリスチャン9世宮殿・フレデリク8世宮殿）にそれぞれ居住しました。現在も女王マルグレーテ2世の滞在時には、近衛兵の衛兵交替式を見ることができます。

クンバルガル城

世界遺産

所在地：インド　ラージャスターン州

357

山の稜線に沿って連なるクンバルガル城の城壁。

全長36kmに及ぶ「インド版・万里の長城」が魅せる絶景

　2世紀のジャイナ教徒の建物が起源というクンバルガル城は、ラージャスターン州ウダイプルから北西約80kmの位置にあります。15世紀にヒンドゥー王朝であるメーワール王国のクンバ王によって強固な城壁が建設されました。

　城壁の総延長は36kmといわれ、山の稜線に沿って堅牢な城壁が続く景観は、「インド版・万里の長城」として、2013年の世界遺産登録とともに観光客も増しています。

　クンバルガル城は中も広く、城門をくぐると、宮殿まで上り坂を進んでいきます。宮殿の中心となるのがバダル・マハル。彩色されたゾウの壁画が見どころのひとつです。

　城の名前の由来ともなった建設者のクンバ王は、王であるとともに戦闘指揮官としてもすぐれ、15世紀後半から度重なる周辺諸国による侵略にさらされながら、ことごとく退けてきました。とくに1456年、グジャラート・スルターン朝が2度にわたりクンバルガル城を包囲した時は、多方向からの攻撃に耐えて敵を撃退しています。

　その威容は見かけ倒しではない、実戦の修羅場を潜り抜けた美しさなのです。

もっと知りたい！　メーワール王国は、マールワー・スルターン朝、グジャラート・スルターン朝という2つの強国に挟まれ、つねに不利な状況に置かれていましたが、クンバ王の指揮のもと国を維持しました。王国内に32の城塞を建築したとされますが、その中で最大なのがクンバルガル城です。世界遺産「ラージャスターン州の丘陵城塞群」のひとつとなっています。

カステルノー城

所在地：フランス共和国　ドルドーニュ県カステルノー

百年戦争において、ベナック城と対峙するイングランド軍の拠点となったカステルノー城。

ベナック城と対峙したフランス対イングランドの舞台

　フランス南西部のドルドーニュ川を挟んでベナック城と5kmほどの距離で対峙するように向き合うカステルノー城は、百年戦争の折はイングランド軍が拠点としており、フランス軍との戦いの最前線のひとつになりました。

　カステルノー城は、ドルドーニュ川の急峻な崖の上にそびえ、セウ川との合流地点を見下す要害の地にあります。12世紀には現在の場所に城が建設されましたが、1214年に第5代レスター伯シモン・ド・モンフォールが占領します。

　シモン・ド・モンフォールは、アルビジョア十字軍を率いてカタリ派に残虐な討伐を繰り返した中心人物で、カステルノー城占領もカタリ派の領主を討つためでした。ドンジョン（主塔）と城壁以外は破壊されたといいます。

　のちに再建されますが、15世紀になるとイングランド軍がいったん占領するものの、1442年には再びフランスが奪回。1337年に開戦した百年戦争の末期にあたりますが、カステルノー城はイングランドとフランスの激しい攻防戦の舞台になったのです。

もっと知りたい！　カステルノー城は、その後、ユグノー戦争を経て、フランス革命以降は廃墟化し、19世紀には石材の採石場のようになって廃れていました。1966年、フランスの歴史的記念建造物に認定されたのを機に、復元に向けた動きが始まり、1985年に現在の城が完成。城主の居室を利用した中世戦争博物館が開館し、200点にのぼる武器や甲冑を所蔵・展示しています。

365

クロンボー城

359

所在地：デンマーク王国　シェラン島ヘルシンオア

稜堡式要塞によって守られるクロンボー城。

『ハムレット』の舞台として知られる城に幽閉された王妃

　コペンハーゲンの北45kmの海峡を見下ろすクロンボー城は、シェイクスピアの戯曲『ハムレット』の舞台として知られる美しい城ですが、デンマーク＝ノルウェー王クリスチャン7世の王妃カロリーネ・マティルデの幽閉先としても歴史に刻まれています。

　1766年、マティルデが15歳で王妃となったクリスチャン7世は、幼時の暴力的なしつけの影響で重度の精神障害に苦しんでいました。王は王妃を愛せないと公言し、マティルデは長男を出産して以降は孤独な生活を送ったといいます。

　1769年、クリスチャン7世を診察したドイツ人医師ヨハン・フリードリヒ・ストルーエンセは、絶大な信頼を得て侍医となり、やがて王は彼の言いなりになっていきます。さらにストルーエンセは王妃マティルデにも接近し、愛人関係になります。

　ストルーエンセは王の名前でさまざまな改革を行ないますが、王妃との愛人関係も公然の秘密となり、人々の反感が募っていきます。1772年、王太后のクーデターによってストルーエンセは逮捕されて処刑され、マティルデはクロンボー城に幽閉の身となったのです。

もっと知りたい！　マティルデ王妃は兄のイギリス国王ジョージ3世の働きかけで釈放されますが、再びドイツのツェレ城に追放されました。デンマーク帰国を願い続けたマティルデですが、1775年に23歳で病死します。2000年に世界遺産に登録された優美な「クロンボー城」ですが、国王に愛されなかった王妃の悲しい物語が残されたのです。

トリノ王宮

360

所在地：イタリア共和国　ピエモンテ州トリノ市

正面から見たトリノ王宮。

世界遺産「サヴォイア家の王宮群」の中心となる「豪壮な宮殿」

　18世紀末のイタリア統一運動で主力となったサヴォイア家は、1563年にトリノをサヴォイア公国の首都と定め、さまざまな建築を残しました。そのひとつがトリノ王宮です。

　16世紀から17世紀に建てられたトリノ王宮は市内中心部カステッロ広場に面した左右対称の美しい建築物です。

　1584年から1596年にトリノ都市計画を行なったアスカニオ・ヴィトッツィが建築し、その後はカルロ・モレッロに設計が継がれ、1658年に完成しました。完成後も改装・改築が続き、18世紀に現在の形になっています。

　王宮の裏手（北側）に広がる庭園は、フランスの造園家アンドレ・ル・ノートルが1697年に手がけました。王宮内の各室には、歴代君主が収集した絵画・中国陶磁器などで飾られ、サヴォイア家の芸術への関心の高さを物語っています。装飾品や美術品や家具、シャンデリアで飾られた王宮内は、まさに豪華絢爛たるものです。また見所のひとつに「武器庫」があり、武器や鎧、馬の剥製などはじめ、日本の武士の甲冑や刀まで幅広く展示されています。

もっと知りたい！　11世紀はじめにフランスで興ったサヴォイア家は、1416年にサヴォイア公国を樹立し、1563年にトリノを首都とします。18世紀末からのイタリア統一運動を受け、1861年に初の統一国家イタリア王国が成立します。サヴォイア家の歴史は、イタリア共和国誕生への歩みです。トリノ王宮は、世界遺産「サヴォイア家の王宮群」（1997年登録）の中心でもあります。

ルーヴル宮殿

世界遺産

所在地：フランス共和国　パリ県パリ市

建築家イオ・ミン・ペイによって建設されたルーヴル・ピラミッドとルーヴル美術館。

壮大な宮殿跡を訪ね、世界最高峰の美術品に酔う

　12世紀末の要塞に起源を持つルーヴル宮殿は、16世紀以降増改築が繰り返されてきた歴代フランス王の王宮でした。現在ではルーヴル美術館として世界的に知られています。

　1682年にフランス王ルイ14世がヴェルサイユ宮殿に移って王宮ではなくなりましたが、1789年のフランス革命まで、事実上は公式な政庁でした。1793年にルーヴル美術館が創設されると、1692年以来収集されてきた古代彫刻などの王室美術品コレクションの収蔵・展示場所となり、時代を追って美術館スペースが拡大されていきました。

　現在、ルーヴル美術館はフランス国立美術館として世界最大規模を誇り、パリの中心部1区のセーヌ川の右岸にあります。収蔵品38万点以上、先史時代から19世紀までの美術品3万5000点ほどが、総面積約6万㎡にわたって展示されています。

　レオナルド・ダ・ヴィンチの『モナ・リザ』をはじめ、ミロス島（ギリシャ）で発見された彫像『ミロのヴィーナス』、ウジェーヌ・ドラクロワの『民衆を導く自由の女神』など、世界的な美術品が展示され、すべてを見て回るには1週間ほどかかるともいわれています。

もっと知りたい！　ルーヴル美術館は「パリのセーヌ河岸」として、1991年に世界遺産に登録されています。世界遺産の範囲には、エッフェル塔やノートルダム大聖堂なども含まれています。ルーヴル美術館は、世界でもっとも入場者数の多い美術館であり、2018年の年間入場者数は1000万人を超えました。

プレジャマ城

362

所在地：スロベニア共和国　ノトランスカ地方プレジャマ村

一部が洞窟の中に建設されているプレジャマ城は、独自の景観美を誇ります。

家来の密告により、トイレで死んだ城主の霊がさまよう古城

　プレジャマ城は、高さ123mの断崖の中腹にある洞窟に、まるではめ込まれたように建築された城です。今見られる城は16世紀頃の建築で、内部は中世の甲冑などを展示した部屋や寝室、キッチンまで、観光用に整備されています。

　プレジャマ城は「心霊スポット」としても有名で、15世紀の城主エラゼム・ルーガーの逸話が残っています。エラゼムは騎士でありながら裕福な貴族から財宝を取り上げ、貧しい人々に分配するような領主でした。

　当地を支配していたオーストリア帝国は、帝国軍の司令官マーシャル・パッペンハイムを殺害されたとして、プレジャマ城に立て籠もるエラゼムを討とうとします。城を包囲して兵糧攻めを企図しますが、裏手に伸びる鍾乳洞を利用した通路から食料を補給できたため、容易に降伏しません。

　しかし1484年、買収された従者によりトイレの場所を密告され、エラゼムはトイレ使用中に大砲を撃ち込まれて落命します。無念の死を遂げたその霊が、今も城内を歩き回るというのです。

もっと知りたい！　エラゼムが砲撃を受けて亡くなった場所だとされるトイレ跡は、今も残っています。エラゼムの死後、プレジャマ城は他の貴族の手に渡りましたが、家来に裏切られたエラゼムの声や足音が聞こえるという伝説が現代まで伝えられてきました。しかし、観光地としての人気は高く、「ヨーロッパ唯一の洞窟城」としてギネスブックにも認定されています。

五稜郭
ごりょうかく

363

所在地：日本　北海道函館市

戊辰戦争最後の戦いとなった箱館の戦いで、旧幕臣たちが立て籠もった五稜郭。箱館奉行所を守る稜堡式要塞として建設されました。

幕臣・榎本武揚がこの城で描いた「蝦夷共和国」構想
えのもとたけあき

　五稜郭は、日本では珍しい「星形要塞」とよばれる築城様式です。15世紀中頃のイタリアで、火砲にもろい城壁型の弱点を補って考案されました。五稜郭は、陵堡式要塞を学んだ伊予大洲藩の蘭学者・武田斐三郎が1857（安政5）年に設計を担当しています。
あやさぶろう

　1868（明治元）年、幕臣・榎本武揚率いる旧幕府艦隊8隻が来攻すると、守備兵が少ない府知事は逃亡。榎本はここを拠点に旧幕臣による「蝦夷共和国」構想を描きます。この年の12月には蝦夷地平定の祝賀祭が開かれ、榎本を総裁とする仮政府を樹立しました。

　箱館（函館）に入港したイギリスやフランスの艦長に、明治政府への「嘆願書」を仲介するよう依頼しています。その中で榎本は、徳川幕府が倒れたことで禄に困った旧幕臣を入植させ、農林水産業や鉱業を起こし、ロシアに対する北方警備にあたると説明しています。

　蝦夷共和国は、イギリスやフランスからは「事実上の政権」として認定され、国家の要職を榎本軍の中とはいえ選挙で選び軍制改革を行なうなど近代国家の体裁を整えようとしますが、1869（明治2）年に明治新政府軍の攻撃を受け、降伏に至りました。

もっと知りたい！　五稜郭に集まった男たちの中には、かつての新選組副長・土方歳三がいました。土方は戊辰戦争を会津戦争、宮古湾海戦と転戦し、開陽丸に乗船して五稜郭に入りました。「陸軍奉行並」というポストを与えられ、新政府軍が上陸すると先頭に立って戦い、野戦の中で討死しました。箱館戦争を通じ、蝦夷共和国首脳部で死亡したのは土方だけでした。

キルカーン城

所在地：イギリス（スコットランド）　ハイランド地方フォート・ウイリアム

オー湖周辺を領地とするコリン・キャンベル卿によって建設されるも、18世紀の落雷によって半壊し、廃城となったキルカーン城。

18世紀に落雷で廃城となった大きな湖の小島に残る古城

　スコットランド最大の淡水湖オー湖に浮かぶ小島の上には、1760年に落雷で激しく損壊し、放置されて廃墟になったキルカーン城があります。近年、地元の歴史遺産を保護する団体「ヒストリック・スコットランド」によって復元され、かえって中世の面影を色濃く伝える史跡として復活しました。

　領主コリン・キャンベル卿によって1450年頃築城されたキルカーン城は、17世紀まで城主がめまぐるしく替わり、拡張や改築が繰り返されました。そのためか、いびつな中庭に5階建てのタワーハウス、城の南側に平屋のホールと、不規則に並んだ建造物をつなぎあわせたような城です。ただ、オー湖の向こうに緑豊かな山並みをバックにして佇む姿は、目を奪われるような美しさです。

　1688年のイングランド名誉革命に反抗する「ジャコバイトの蜂起」が起こった時期には、軍の駐屯地として使用された歴史があります。その時に増設された兵舎が残っていますが、イギリスで現存する最古の兵舎として知られています。

もっと知りたい！　スコットランドでは、最終氷河期の氷河の侵食でできた細長い淡水の入り江や湖が数多く存在し、「ロッホ」と呼ばれています。急峻な山系と渓谷が細長く交互に並んでいることで、この地方独特の絶景が各所で見られるのです。なおキルカーン城内の公開は、寒冷な気候の影響もあり夏限定となっています。

アルハンブラ宮殿

世界遺産

所在地：スペイン王国　アンダルシア州グラナダ

列柱や壁面にアラベスクに施された華麗な装飾も、アルハンブラ宮殿の見どころのひとつです。

イベリア半島に咲いた最後のイスラム王朝の盛衰を見守った宮殿

　アフリカ大陸に突き出した形のスペインのグラナダ半島は、800年にわたりイスラム勢力が王国を築いた都市です。最後のナスル朝グラナダ王国では、首都になっています。

　711年、ウマイヤ朝の北アフリカ総督が武将ターリクに命じ、トレドまでを占領。その後数年でイベリア半島全域がイスラム圏になりました。ウマイヤ朝時代の都はコルドバで、グラナダの丘の上にはアルハンブラ宮殿のもっとも西の部分に軍事要塞が築かれただけでした。

　1031年の後ウマイヤ朝滅亡後にカトリックのレコンキスタ（国土回復運動）が本格化し、アンダルシア地方南部を除いてほぼ征服されます。アルハンブラ宮殿が拡張されたのはこの時期で、グラナダを首都としたナスル朝の時代でした。

　「アンダルシアの宝石」と呼ばれ、イスラム建築の最高峰といわれる壮麗なアルハンブラ宮殿は、その後、ナスル朝の全盛期を通じ長い歳月をかけて整備・拡張されました。

　イスラム勢力のヨーロッパ最後の拠点であったアルハンブラ宮殿ですが、1492年のレコンキスタでグラナダが陥落、800年近いイスラム支配の歴史が終わることになったのです。

もっと知りたい！　スペインはモスクを教会に変え、礼拝堂や修道院を建築して、アルハンブラ宮殿にキリスト教文化を加えていきました。現在の建物は1万4000㎢の敷地に、ナスル朝宮殿、カルロス宮殿（城塞）、ヘネラリフェ（離宮）の4つで構成されます。とくにナスル朝宮殿は、贅を尽くした内装に圧倒されます。1984年にアルハンブラ宮殿は世界遺産に登録されました。

紫禁城

世界遺産

所在地：中華人民共和国　北京市

壮麗な建造物群が72haの広大な敷地内にひしめく明・清王朝の宮殿・紫禁城。

清朝末期の紫禁城で権勢をふるった「西太后」の末路

　清朝第9代の咸豊帝の妃であった西太后は、第10代同治帝の生母であり、同治帝が6歳で即位すると、正室の東太后とともに皇帝を後見する役割を担いました。しかし、勝ち気で政治的野心の強い西太后は、温厚な東太后を押しのけて実権を掌握し、太平天国の乱以後は内乱と外圧で動揺する清朝支配の維持に努めました。

　1875年同治帝が没すると、強引に甥の幼い光緒帝を第11代皇帝とし、自ら摂政となって皇帝の成人後も実権を握り続けました。

　西太后の鮮烈な生涯はさまざまな伝説を生み、悪女として喧伝されるようになります。同治帝没後その皇后を餓死させ、東太后を毒殺し（実際は病死）、さらには光緒帝の改革を潰して幽閉して自らの死を前に光緒帝を毒殺したとされています。

　1900年、義和団の乱を利用して西欧列強に宣戦布告しますが、西太后は敗れて西安に逃れます。清朝の没落が明らかになるなか、1908年、光緒帝急逝の翌日に71歳で没した彼女は、「以後、再び女性に国政を任せてはならない」と遺言したと伝わります。

もっと知りたい！　西太后の鮮烈な生涯はさまざまな伝説を生み、とくに嫉妬深く残忍だとされ、ライバルの麗妃の手足を切断して甕の中で飼ったという有名な話が伝わっています。他にも、下級官吏の貧しい家に生まれ育った円明園の宮女だった時に咸豊帝に声と容姿を見初められて妃になったなど、フィクションに多くの伝承が伝えられています。

本書で紹介した以外にも、ヨーロッパで最も美しい城のひとつといわれるイーエスコウ城（デンマーク）のほか、チェスキー・クルムロフ城（チェコ）、ロッホ・ローモンド、カービスデイル・カッスル（イギリス）、バビア宮殿（モロッコ）、昌徳宮、徳寿宮（韓国）、京都御所、皇居（江戸城）、旧天守の残る国の重要文化財の高知城、宇和島城、弘前城、丸岡城など、まだまだたくさんの魅力あふれる城や宮殿があります。本書を入口にお城や宮殿の世界へのご興味を膨らませていただければ幸いです。

—— おとぎの国はすぐそこにある！

さくいん

小林克己 こばやし・かつみ

1975年、早稲田大学教育学部地理歴史専修卒業。旅行ライター。海外旅行地理博士、日本旅行記者クラブ個人会員、綜合旅行業務取扱管理者。世界遺産、グルメ、鉄道などのテーマを中心に執筆活動を行なっており、取材旅行の延べ日数は海外約6年間、国内約5年間に及ぶ。主な著書に、『世界遺産一度は行きたい100選ヨーロッパ』『世界遺産一度は行きたい100選アジア・アフリカ』『世界遺産一度は行きたい100選南北アメリカ・オセアニア』（JTBパブリッシング）『誰も知らないとっておきの世界遺産ベスト100』（SBクリエイティブ）など多数。

★主な参考文献（順不同）

『イギリスの城郭・宮殿・邸宅歴史図鑑』チャールズ・フィリップス、『悲劇の女王の物語 儚く散った50人』クリス・ウォルダー、『ダークヒストリー 図説イギリス王室史』ブレンダ・ラルフ・ルイス（以上、原書房）／『ムガル帝国史（一）』ベルニエ（岩波書店）／『イギリスの古城（世界の城郭）』『ヨーロッパの古城―城郭の発達とフランスの城（世界の城郭）』『ドイツ・北欧・東欧の古城（世界の城郭）』太田静六（以上、吉川弘文館）／『ハワイの歴史と文化』矢口祐人、『フリードリヒ大王 啓蒙君主のペンと剣』飯塚信雄、『マリー・アントワネット フランス革命と対決した王妃』安達正勝、『マリー・アントワネットの生涯』藤本ひとみ、『物語 スペインの歴史 人物篇』岩根国和、『物語 北欧の歴史』武田龍夫、『西太后 大清帝国最後の光芒』加藤徹、『本当にこわい宮廷の物語』桐生操（以上、中央公論新社）／『名画で読み解くハプスブルク家12の物語』『名画で読み解くブルボン王朝12の物語』中野京子、『イタリア24の都市の物語』池上英洋（以上、光文社）／『イギリス王室一〇〇〇年史』石井美樹子、『ハプスブルク帝国』、『ハプスブルク恋の物語』『フランス王室一〇〇〇年史』新人物往来社編、『ヨーロッパの古城と宮殿』藤井信行（以上、新人物往来社）／『ヨーロッパ古城物語』ジャン・メスキ、『ロシア皇帝歴代誌』デヴィット・ウォーンズ、『世界の城と要塞』『世界の大宮殿』アンリ・スティルラン、『プリンセス・オブ・ウェールズ』デボラ・フィッシャー（以上、創元社）／『狂王伝説ルートヴィヒ二世』関楠生、『図説 ヨーロッパ 宮廷の愛人たち』石井美樹子、『図説テューダー朝の歴史』水井万里子、『図説ルネサンスに生きた女たち』佐藤幸三、『図説ヴェルサイユ宮殿』中嶋智章、『図説ヨーロッパの王朝』加藤雅彦、『図説神聖ローマ帝国』菊池良生、『ルートヴィヒ二世の生涯』シュミット村木眞寿美（以上、河出書房新社）／『ルネサンスの女たち』『愛の年代記』塩野七生（以上、新潮社）／『ここだけは行ってみたい城のある景色』瀧亮子（ピエ・ブックス）／『すぐわかる イスラームの美術』桝屋友子（東京美術）／『ハワイ王朝最後の女王』猿谷要、『世界悪女大全』桐生操（文藝春秋）／『ジョージ王朝時代のイギリス』ジョルジュ・ミノワ（白水社）／『フランツ・ヨーゼフ ハプスブルク「最後」の皇帝』江村洋（東京書籍）／『プロヴァンス古城物語 南仏の秘められた歴史』高草茂（里文出版）／『ホントは怖い英国王室残酷物語』渡辺みどり（洋泉社）／『残酷な王と悲しみの王妃』中野京子、『愛と欲望のフランス王列伝』八幡和郎（集英社）／『図説スコットランドの歴史』リチャード・チレーン、『スペイン フェリペ二世の生涯』西川和子（彩流社）／『世界で一番美しい宮殿』中島智章監修（エクスナレッジ）／『聖なる王権 ブルボン家』長谷川輝夫（講談社）／『中世のイギリス』エドマンド・キング（慶應義塾大学出版会）／『北欧悲史』武田龍夫（明石書店）／『歴史的古城を読み解く』マルコム・ヒスロップ（ガイアブックス）／『中世ヨーロッパの城塞』J・E・カウフマン／H・Wカウフマン、中島智章訳（マール社）／『歴史発見vol.3 ディープな城入門』、『世界の絶景 お城&宮殿』（以上、学研パブリッシング）